Felisberto Hernández

D1103989

LAS HORTENSIAS
Y OTROS CUENTOS

Edición

Ana María Hernández

⌒ - STOCKCERO - ⌒

© Herederos de Felisberto Hernández - 1964
Foreword, bibliography & notes © Ana María Hernández del Castillo
Of this edition © Stockcero 2011
1st. Stockcero edition: 2011

This edition has been possible thanks to the collaboration of the Felisberto
Hernández Foundation.
www.felisberto.org.uy
The included texts have been corrected by Walter Diconca, grandson of the
author, who performed the comparison with the originals.

ISBN: 978-1-934768-42-6

Library of Congress Control Number: 2011924293

Set in Linotype Granjon font family typeface
Printed in the United States of America on acid-free paper.

Published by Stockcero, Inc.
3785 N.W. 82nd Avenue
Doral, FL 33166
USA
stockcero@stockcero.com

www.stockcero.com

Felisberto Hernández

Las Hortensias
Y OTROS CUENTOS

Indice

Felisberto Hernández - 1943. Imagen cedida por la Fundación Felisberto Hernández.
http://www.felisberto.org.uy/fundacion.html

Introducción

Para Carlos Julián Hernández

... objetos, hechos, sentimientos, ideas, todos eran elementos del misterio; y en cada instante de vivir, el misterio acomodaba todo de la más extraña manera. En esa extraña reunión de elementos de un instante, un objeto venía a quedar al lado de una idea (...) una cosa quieta venía a quedar al lado de una que se movía; otras cosas llegaban, se iban, interrumpían, sorprendían, eran comprensibles o incomprensibles o la reunión se deshacía (...) entonces pensaba que el alma del misterio sería un movimiento que se disfrazara de distintas cosas: hechos, sentimientos, ideas; pero de pronto el movimiento se disfrazaba de cosa quieta y era un objeto extraño que sorprendía por su inmovilidad. De pronto no sólo los objetos tenían detrás una sombra, sino que también los hechos, los sentimientos y las ideas tenían una sombra. *Por los tiempos de Clemente Colling*, 1942

Eran muebles que además de poder estar quietos se movían; y se movían por voluntad propia. A los muebles que estaban quietos yo los quería y ellos no me exigían nada; pero los muebles que se movían no sólo exigían que se les quisiera y se les diera un beso sino que tenían exigencias peores; y además, de pronto, abrían sus puertas y le echaban a uno todo encima. Pero no siempre las sorpresas eran violentas y desagradables; había algunas que sorprendían con lentitud y silencio, como si por debajo se les fuera abriendo un cajón y empezaran a mostrar objetos desconocidos. (Celina tenía sus cajones cerrados con llave). Había otras personas que también eran muebles cerrados, pero tan agradables, que si uno hacía silencio sentía que adentro tenían música, como instrumentos que tocaran solos. «El caballo perdido», 1943

Si hay espíritus que frecuentan las casas vacías, ¿por qué no pueden frecuentar los cuerpos de las muñecas? Entonces pensó en castillos abandonados, donde los muebles y los objetos, unidos bajo telas espesas, duermen un miedo pesado: sólo están despiertos

> los fantasmas y los espíritus que se entienden con el vuelo de los murciélagos y los ruidos que vienen de los pantanos…En este instante puso atención en el ruido de las máquinas y la copa se le cayó de las manos. Tenía la cabeza erizada. Creyó comprender que las almas sin cuerpo atrapaban esos ruidos que andaban sueltos por el mundo, que se expresaban por medio de ellos y que el alma que habitaba el cuerpo de Hortensia se entendía con las máquinas. «Las hortensias», 1949

> Y de pronto, como si se hubiera encontrado con una cara que le había estado acechando, vio una fuente de agua. Al principio no podía saber si el agua era una mirada falsa en la cara oscura de la fuente de piedra; pero después el agua le pareció inocente; y al ir a la cama la llevaba en los ojos y caminaba con cuidado para no agitarla. A la noche siguiente no hubo ruido pero igual se levantó. Esta vez el agua era poca, sucia y al ir a la cama, como en la noche anterior, le volvió a parecer que el agua la observaba, ahora era por entre hojas que no alcanzaban a nadar. La señora Margarita la siguió mirando, dentro de sus propios ojos y las miradas de los dos se habían detenido en una misma contemplación. Tal vez por eso, cuando la señora Margarita estaba por dormirse, tuvo un presentimiento que no sabía si le venía de su alma o del fondo del agua. Pero sintió que alguien quería comunicarse con ella, que había dejado un aviso en el agua y por eso el agua insistía en mirar y en que la miraran. «La casa inundada», 1960

En sus memorias, Ana María Hernández de Elena afirmó que Felisberto, su padre, estaba convencido de su misión de abrir nuevos caminos para el pensamiento y las artes, y que afirmaba que sus obras no se entenderían hasta cincuenta años más tarde (1982: 337, 338).[1] En los cincuenta años que ya casi han transcurrido desde su muerte la evaluación crítica de Felisberto Hernández ha ubicado al autor dentro del contexto del relato fantástico[2] y ha ido desentrañando el sutil

---

1   Al incluir una traducción de «Las Hortensias» («The Daisy Dolls») en *The Oxford Book of Latin American Short Stories*, Roberto González Echevarría se refiere a Felisberto como «A writer's writer, more admired by his colleagues than known by the public at large» y a «Las Hortensias» como «one of the more bizarre constructions of a subconscious mind on the loose», equiparando el relato con «La metamorfosis» de Kafka (1999:165).

2   En una nota de su estudio sobre «Las Hortensias» Ana María Morales nos da un sumario sobre las posiciones de la crítica ante la ubicación de Felisberto en el campo de lo fantástico: «Como ejemplo de posiciones antagónicas puede verse a Jaime Alazraki (cf. «Contar como se sueña», 1985), que se muestra en total desacuerdo con que las narraciones de Felisberto Hernández puedan ser incluidas dentro de lo fantástico. Es más, no piensa que pueda tener un lugar ni siquiera dentro de lo 'neofantástico', término de su invención y que ha corrido con diversa suerte entre los estudiosos de la literatura fantástica hispanoamericana. En el otro extremo, para Hugo J. Verani, apoyado sobre todo en el estudio de Freud sobre lo *Unheimliche*, una gran parte de los textos de Hernández tienen cabida dentro de esa corriente. Autores como Lucien Mercier prefieren: 'nos re

sistema simbólico que utilizara para adentrarse en los misterios del inconsciente, un sistema cuyo desarrollo se insinúa en la yuxtaposición de las citas anteriores y en el que, según Alain Sicard, «la metáfora no adorna, sino que revela» (Sicard 1977: 325),[3] y de acuerdo a Goloboff se intenta la «persecución de un mundo inédito» (Sicard 1977:136).

El *Seminario sobre Felisberto Hernández* celebrado en la Universidad de Poitiers entre 1973 y 1974, organizado por Alain Sicard, Director del Centro de Investigaciones Latinoamericanas, a diez años de la muerte de Felisberto, marcó un hito en la investigación y la crítica sobre el autor.[4] Entre las contribuciones más importantes del encuentro figuran las de Jean Andreu, Claude Fell, Saúl Yurkievich, Jaime Concha, Nicasio Perera, Mario Goloboff, Gabriel Saad (traductor de Felisberto al francés) y el propio Sicard. Las observaciones de Juan José Saer en torno a la comunicación de Jean Andreu sobre «Las Hortensias» pusieron énfasis en la deliberada exploración del inconsciente por parte de Felisberto, desmintiendo criterios que todavía prevalecían acerca del autor como un «naïf»[5] que produjera imágenes deslumbrantes casi sin darse cuenta. Esta importante apertura investigativa se verá continuada en las obras de Lasarte (1981), Echavarren (1981), Lockhart (1991), Graziano (1997) y Díaz (2000). Del mismo modo, el estudio de Julio Prieto (2002) invalida el estereotipo del Felisberto desenganchado y desubicado al situarlo en relación a las vanguardias rioplatenses cuyas actividades conocía, aunque no participara abiertamente en ellas. Julio Rosario-Andújar,

---

husamos a distinguir entre un Felisberto Hernández 'realista' y un Felisberto Hernández 'fantástico'. Los textos de Felisberto Hernández nos interesan como cuentos' (1975 121)» (Morales 2004 nota[1] 141-142). Comparto el criterio de Mercier. Véase también Graziano (1997:13-33).

3   No otra era la meta del creacionismo, como expresara Huidobro en «Arte poética»: «que el verso sea como una llave/que abra mil puertas».

4   Sicard editó las comunicaciones expuestas en el seminario, publicadas por Monte Ávila en 1977.

5   «...para mí es evidente, pero evidente, que Felisberto ha leído a Freud y lo conoce muy bien, y que todos sus textos, especialmente los últimos, son una especie de puesta en escena de toda una serie de elementos sacados del inconsciente, y toda una serie de metaforizaciones sobre las relaciones de la conciencia con el inconsciente» (Sicard 1977: 48). En otro momento de la discusión sobre la ponencia de Saer, Sicard observa: «Me parece muy interesante ese problema que planteaste de saber si los símbolos en el sentido psicoanalítico de la palabra son voluntarios en Felisberto Hernández. Sin embargo que Felisberto haya leído a Freud o no no cambia mucho el problema, ya que los símbolos surgen con la misma carga de inconsciente» (Sicard 1977:325), a lo que añade Goloboff (Sicard 1977:329) que de todas manera la crítica psicoanalítica enriquece el análisis literario. El estudio de Graziano establece claramente que FH juega a hacerse pasar por inocente por medio de ambigüedades (1997:30), de forma análoga a los narradores no-confiables de Poe y Hoffmann. Ver también Onetti, «Felisberto el 'naif'» en Rela (1982:31-33).

por su parte, señala que «Sin duda Hernández conocía los movimientos europeos del dadaísmo y surrealismo, pero no así, seguramente, la *Proclama de Prisma, Revista Mural de Buenos Aires* de 1922, como tampoco el *Manifiesto del grupo Martín Fierro*»(1999:3).

Los ensayos reunidos en los portales electrónicos de sus nietos Walter Diconca[6] y Sergio Elena[7] intentan desentrañar un sistema simbólico que parte del rechazo de la noción aceptada del individuo y las fórmulas canónicas del cuento y a menudo emula estructuras musicales estudiadas en su formación como pianista y compositor. Sergio Elena, pianista y musicólogo, nos ilumina en cuanto al aspecto casi desconocido de Felisberto como compositor y se refiere a dos piezas sobrevivientes compuestas hacia 1935, «Negros» y «Marcha fúnebre», de carácter stravinskiano y bartokiano en su uso de la disonancia y ritmos sincopados como el candombe uruguayo. En estas piezas su innovación formal como compositor preludia su innovación como narrador (Elena, «FH: del músico»: 5). «Negros» refleja la familiaridad de Felisberto con la vanguardia musical europea y con el desarrollo del nacionalismo musical americano.[8] Norah Giraldi Dei Cas analiza la influencia de la música en el proceso creativo de Felisberto en su tesis de 1992 (publicada en 1998) donde señala que FH «crea parecidos y relaciones insólitas sobre la base más o menos evidente de una relación con un pasado musical» (*Musique* 1998: 7) y que «la variación y la repetición sobre un mismo tema o motif llegará a ser uno de los rasgos esenciales de su literatura» (*Musique* 1998:14; mis traducciones del francés). Jorge Sclavo, a su vez, ve al maestro Clemente Colling como una figura clave en la formación de Felisberto como compositor tanto en el campo musical como en el literario.[9]

La biografía de Norah Giraldi Dei Cas (1975) precede las inter-

---

6   http://www.felisberto.org.uy/

7   http://www.felisbertohernandez.com

8   Elena señala que: /... el salto cualitativo se nos presenta con *Negros*. Es de suponer que las obras ya mencionadas que integraban el tríptico estuviesen a ese nivel musical. Afortunadamente se conservan manuscritos inconclusos – pre-originales de *Negros* en su mayoría, estoy casi convencido de ello- que muestran -al igual que en una sala de edición y montaje, herencia del cine mudo- el proceso, desarrollo, dirección e inserción de los *«acordes aplastados»*. Podemos apreciar, como parte de ese proceso, como Felisberto se metía en «callejones sin salida» y como finalmente esas ideas eran desechadas («Música para piano»)./Los años treinta verán el florecimiento de composiciones que incorporan ritmos y modalidades autóctonos a las estructuras europeas. Entre los compositores más notables de la época figuran Heitor Villa-Lobos, Amadeo Roldán, Ernesto Lecuona, Alejandro García Caturla, Gonzalo Roig, Carlos Chávez y Silvestre Revueltas. En los Estados Unidos, Aaron Copland y George Gershwin siguen una ruta similar.

9   Sclavo apunta: «En el universo felisbertiano la más potente figura masculina será precisamente la de Clemente Colling, el maestro que lo adiestrará en el arte de descifrar las

pretaciones de Washington Lockhart (1991) y José Pedro Díaz (2000) que nos han permitido establecer la importante relación entre la vida de Felisberto y el contexto en el que creó su obra alucinante. Lockhart subraya la importancia del contacto temprano del autor con el profesor de filosofía Carlos Vaz Ferreira, quien lo introdujera al conocimiento de Bergson y James.[10] Julio Rosario-Andújar se enfoca sobre la influencia de un «cuadrilátero filosófico»: Henri Bergson, William James, Carlos Vaz Ferreira y Edmund Husserl (1999:7-25). Por otra parte, la revelación por parte de Barreiro (1998), Dujovne Ortiz (2007) y Vallarino (2007) sobre las actividades secretas de su tercera esposa, María Luisa de Las Heras, ha añadido insospechados matices a la interpretación de «Las Hortensias» y nos abre una rendija hacia el procedimiento cognitivo del autor, que según Dujovne Ortiz capta el misterio de María Luisa «No a través del cerebro, sin duda, sino de algún otro órgano de percepción no identificado: un riñón sutil, un páncreas perspicaz».

Como en la obra de otros predecesores en el género de lo extraño, E.T.A. Hoffmann, Nikolai Gogol, E.A. Poe y Franz Kafka, las aparentes excentricidades en los relatos de Felisberto van formando un complejo tapiz, un sistema coherente de alusiones y correspondencias que alcanzan su máxima expresión en obras maestras como «Las Hortensias» (1949) y «La casa inundada» (1960). Sus cuentos, profundamente intertextuales, establecen correlaciones sutiles basadas en la sinestesia, el símil, la sinécdoque y la metonimia. El caballo, las plantas y el color verde, los muñecos, las máquinas, el agua, la casa, los objetos animados y los contrastes entre blanco y negro (o luz y sombra) recurren a lo largo de su obra, van ganando intensidad evocativa a manera que se reiteran y se recontextualizan, y acaban por usurpar el foco de la caracterización, desplazando a los personajes. La disgregación de la personalidad y su proyección en objetos circundantes ya se observaba en las obras maduras de Hoffmann, especialmente en *La olla de oro* (1819), *La princesa Brambilla* (1820) y su segunda novela, *La vida y opiniones del gato Murr* (1820), así como en obras maestras de Poe como «La caída de la Casa de Usher» (1839) y

---

armonías y la deconstrucción de los estilos de los maestros de la música. Colling le enseñará a Felisberto a seducir con la expresión, será quien le dé el saber y quien le hará adulto en ese arte que Felisberto ha elegido» (np).

10 «...las lecturas y comentarios que hacía Vaz Ferreira de Poe, Tolstoy, Proust, hallaron en Felisberto un atento y atinado oyente, que extraía de esa experiencia aquello que se amoldaba mejor a sus tendencias» (1991: 11-12).

su única novela, *Arthur Gordon Pym de Nantucket* (1838). No sabemos
si Felisberto leyó directamente a Hoffmann, pero por su carrera musical no puede haber desconocido la ópera de Offenbach *Les contes
d'Hoffmann*, basada en cuentos que mezclan la realidad y la fantasía.
Igualmente, dada la popularidad del ballet en el Río de la Plata, sin
duda conocía *El Cascanueces* y *Coppélia*, ambos basados en cuentos de
Hoffmann sobre muñecos que aparentemente cobran vida.[11]

En su discusión sobre el impacto de la obra de Hoffmann en el
desarrollo de la teoría del inconsciente, John Kerr (1999:125-6) concluye que la literatura y la filosofía del movimiento romántico, tanto
en Alemania como en otros países, sembraron los temas e indaga-
ciones que luego florecieron en el psicoanálisis. Los personajes de
Hoffmann materializan conceptos filosóficos, incluyendo una inci-
piente teoría del inconsciente y sus diversas esferas, que rechazan la
noción estática del individuo hasta entonces aceptada. Si no una influencia directa, Hoffmann es sin duda un precursor y un espíritu afín
a Felisberto en el desarrollo de los temas del *doppelgänger* y el muñeco
animado en la literatura post-romántica. Ambos difundieron, en
versión propia, conceptos seminales acerca del proceso cognitivo y la
estructura de la personalidad. Ambos, también, aunque recibieron el
respeto y la admiración de los intelectuales de su época, fueron desconocidos por un público general que los consideraba impenetrables
y extraños. Graziano, por su parte, señala las afinidades entre la obra
de FH y la de Marcel Proust, extendiéndole al primero los comentarios de Genette sobre el segundo, que se refiere a su obra total como
«a palimpsest in which several figures and several meanings are
merged and entangled together, all present together at all times, and
which can only be deciphered together, in their inextricable totality»
(1997:17).[12]

Tal vez Felisberto sea el más imperceptiblemente subversivo[13] de

---

11   «Cascanueces y el rey de los ratones» (1816) y «El arenero» (Der Sandmann, 1817), res-
      pectivamente. Este último, estudiado por Freud en su ensayo «Lo extraño» (Das Un-
      heimliche, 1919), elabora los temas de la visión, el desdoblamiento y la confusión de la
      muñeca con la mujer amada, todos presentes en la obra madura de Felisberto. Ver
      también Cerminatti, 1.

12   Giraldi Dei Cas también analiza el discurso-palimpsesto en el quinto capítulo de *Musique*
      (1998: 85-111) principalmente en relación a los tres relatos extensos: *Por los tiempos de
      Clemente Colling, El caballo perdido* y *Tierras de la memoria* dentro de un contexto musical.

13   Su subversión del orden establecido no se extendía al campo de la política. Onetti señala
      que «Felisberto –siempre se le llamó así– era conservador, hombre de extrema derecha,
      discutidor de alta voz en reuniones con sus colegas, tanto en peñas como en domicilios

los escritores hasta ahora mencionados en cuanto a su rechazo total de lo que Cortázar llamara en *Rayuela* la Gran Costumbre, «el error de la especie descaminada» a lo largo de «los cinco mil años»[14] de sociedad organizada. En su mundo no hay individuos: todos sus personajes son «dividuos» múltiples, ilimitados por fronteras de «personalidad» o «carácter», atrapados o incorporados a los objetos y elementos que los rodean, que hablan por ellos, y a veces contra ellos. Al igual que Hoffmann, que lo precede, y Cortázar, que le sigue, Felisberto propone—insinúa sería tal vez una palabra más justa—un concepto del ser humano que rompe con la insistencia de la sociedad en un rostro, una realidad, un concepto del bien y del mal.[15] En su mundo no existen las antípodas entre el bien y el mal, lo moral y lo inmoral, lo normal y lo mórbido, en que se basan las sociedades de los últimos cinco milenios. Es por eso que los criterios de «pornografía» o «perversión» emitidos acerca de cuentos como «Las Hortensias», «Menos Julia» o «El acomodador» resultan absurdos para el lector que se ha dejado llevar por la corriente de imágenes de Felisberto

---

más o menos privados (...)Una vez más el hombre era juzgado por sus ideas políticas y no por lo hecho en el terreno de su vocación literaria» (En Rela 1982:31). Sabemos que en 1956 se afilia al Movimiento por la Defensa de la Libertad (MONDEL) que patrocinaba un programa radial en el que Felisberto emitía peroratas semanales contra el comunismo (Rela 1982:124).

14 Cortázar apuntó que «como todos nuestros grandes escritores, [FH] nos denuncia sin énfasis y a la vez nos alcanza una llave para abrir las puertas del futuro y salir al aire libre» (en Rela 1982:30). Sigfried Böhm concuerda: «Felisberto Hernández nunca fue un escritor rebelde ni heroico, de esos que proponen un significado definitivo (ideal) al *misterio* de la existencia humana. Felisberto nunca se enfrentó definitivamente al *misterio* para desafiarlo, sino para contemplarlo (Ferré 1986:23). Esta contemplación se centró en lo *nimio* de las cosas. Y esas cosas nimias le alcanzan para hacer toda una literatura. No requiere los grandes temas.»(2).

15 En mi estudio sobre Hoffmann de 2008 me había enfocado en la importancia del pensamiento de los filósofos alemanes del romanticismo temprano en el desarrollo de la visión de Hoffmann sobre la personalidad múltiple y los límites tenues del «yo» frente al «no yo». Novalis, en particular, formula un concepto dinámico de la personalidad en el que propone que la misma está sujeta a cambios constantes a medida que el yo interactúa con el ambiente circundante y «se cierne» sobre varias posibilidades a la vez:

> A truly *synthetic* person is one who resembles many persons at once –a genius. Each person is the germinal point of an *infinite genius*. He is able to be divided into many persons, yet still remain one. The true analysis of a person as such brings forth many persons– the *person* can only be individualized as persons, dissolution and dispersion. A person is a *harmony* [...] (III, 2501; en Donower 2007:15).

Obviamente, este concepto le atañía directamente a Hoffmann que armonizaba en su ser al músico, el compositor, el crítico, el dibujante, el abogado, el juez y el investigador de la psiquiatría, además del escritor. Del mismo modo, Felisberto, libre de las restricciones de clase, disciplina académica o personalidad, era músico, compositor, escritor, filósofo, psicólogo, teórico literario, noble sibarita y humilde proletario, todo a la vez. Su nieto Walter Diconca afirma que Felisberto era de los pocos músicos-escritores-filósofos que se distinguieron en los tres campos («El pianista de las palabras»).

hacia un territorio donde, como en el caos primal, la luz coexiste con la sombra.[16] Felisberto no es un caso clínico, un inocente o un desajustado social: como dijera el poeta Keats, su soledad es sublime. Su intento de romper filas con la literatura de su época y emprender su propio derrotero obedece a una decisión profunda de redefinir el concepto del ser humano y de reemplazar la noción aceptada de la realidad material con lo que él llamara el «misterio»: los aspectos que se quedan fuera de una noción del ser humano cada vez más estrechamente enfocada en lo homogéneo y lo utilitario. Para lograr su propósito tiene que construir un nuevo sistema simbólico, ya que las palabras están viciadas con asociaciones establecidas y los sistemas que con ellas se han construido. De aquí que a menudo recurra a estructuras musicales como en el rondó y el tema con variaciones que relacionan las notas y frases entre sí por medio de la repetición y las variantes. Los cuentos de Felisberto no pueden leerse aisladamente si se aspira a penetrarlos en toda su profundidad. Esta edición intenta trazar el desarrollo de la poética y la praxis de Felisberto a través del comentario de sus cuentos más representativos, poniendo énfasis en la intra- e intertextualidad de símbolos y temas recurrentes que alcanzan su expresión más perfecta en «Las Hortensias» y «La casa inundada».

   «El caballo perdido»(incluido bajo la categoría de «novelas» en la edición Ayacucho a cargo de José Pedro Díaz), escrito cuando FH ya ha abandonado la carrera de pianista para dedicarse plenamente a la escritura, es uno de los relatos más teóricos en su producción y se anticipa a las pirotecnias metanarrativas de Cortázar en «Las babas del diablo». Aquí el autor se manifiesta desde temprano, a pesar de las impiadosas invectivas de Emir Rodríguez Monegal,[17] como un autor maduro y profundamente original que al mismo tiempo está consciente de las corrientes contemporáneas y obviamente conoce la obra

---

16   Lockhart observa respecto a las controversias en torno a «Las Hortensias»: «Esa traslación de un juicio moral al lugar del estético, llevó a críticos superficiales a señalar la 'inmoralidad' de la obra, como si fuera preferible ignorar lo innoble, en lugar de mezclarlo, como en la vida y el sueño, con todo lo que somos y a veces padecemos. Visiones fetichistas, atenidas a lo moral como a un explícalo-todo, dan lugar así a una idea nacida de la facilidad, y que queda pronta para dar un paso ya en terreno de la moral, desvío asombroso, si se comete en nombre del arte» (1991:76).

17   «Toda su inmadurez, su absurda precocidad se manifiesta en esa inagotable cháchara cruzada, a ratos, por alguna expresión feliz» (Díaz 2000:155). Díaz discute detalladamente los ataques de Rodríguez Monegal así como su cambio de actitud años más tarde (2000:152-157).

de Henri Bergson y Marcel Proust.[18] Al enfocarse primordialmente
en los temas de la memoria y el recuerdo, principalmente en su sección
central, el relato abandona las preceptivas tradicionales en cuanto al
desarrollo de la trama, sustituyendo la interacción de los personajes
por contrapuntos temáticos centrados en las metamorfosis del recuerdo a través del tiempo bajo el influjo de los afectos. La multipli-
cidad de enfoques en la sección central del relato, en la que el narrador
somete sus recuerdos a escrutinios detallados desde por lo menos
cuatro enfoques diferentes –el niño, el adulto que recuerda, el amante
poseído, el cínico que ha matado sus emociones a fuerza de disec-
tarlas– muestra una sofisticación perceptiva y narrativa no inferior a
Proust y finamente estudiada por Rosario-Andújar y Graziano. Este
relato asocia el caballo con el recuerdo, asociación que se reiterará en
otros relatos.

De carácter más lúdico es otro de sus relatos teóricos, «Explicación
falsa de mis cuentos» (1955), generalmente adosado a «Las Hortensias» pero escrito posteriormente, menos dado a la divagación y
más sintético que «El caballo perdido» en lo que respecta al enun-
ciado de una poética. Por medio de una metáfora sostenida, la creación literaria como una planta, el autor comunica su teoría de la creación artística como un proceso en el que la lógica desempeña un
papel secundario y supeditado al de la inmersión en los procesos naturales de los sentidos. En su aproximación a una poética Felisberto
difiere marcadamente de previas fórmulas que tal vez hubiera conocido, dada la popularidad de sus autores, como las de Poe («The
Philosophy of Composition», 1846), Quiroga («El manual del perfecto cuentista», «Los trucs del perfecto cuentista», «Decálogo del
perfecto cuentista» y «La retórica del cuento», 1925-28) y Bosch («Ca-
racterísticas del cuento», 1944), mostrando mayor afinidad con los
pronunciamientos posteriores de Cortázar («Del cuento breve y sus
alrededores», 1969) al respecto. Felisberto y Cortázar coinciden en el
rechazo de la lógica y el intento de recuperar una visión –infantil o
«primitiva»– en la que los sentidos se corresponden e intercambian,
la mente no ordena jerárquicamente las percepciones, sino que las co-
rrelaciona, y los hechos no se explican, sino que se yuxtaponen y se
presentan como variaciones de un tema con complejos contrapuntos.

18   El estudio de Julio Rosario-Andújar al respecto es claro y específico (1999:8,17-22).

Esta overtura nos sitúa ante la deslumbrante sucesión de cuentos escritos entre 1943 y 1949. «La mujer parecida a mí» relata la historia de un caballo, metáfora sostenida del espíritu desafiante de la protagonista, Tomasa. También introduce el nombre de «Alejandro», el niño que cuida y protege al caballo rebelde, aludiendo, seguramente, a la afinidad de Alejandro Magno con los caballos, especialmente con el fiero Bucéfalo, y a su espíritu indómito, tan frecuentemente evocado en los libros de historia para niños. FH volverá a utilizar este nombre al menos en otras dos ocasiones: así se llaman «el Schubert del túnel» que organiza los objetos a tocar en «Menos Julia» y el asistente ruso de Horacio en «Las Hortensias». Los tres Alejandros actúan como agentes provocadores que contribuyen a la disrupción del orden establecido en cada uno de los relatos. En la tradición del bestiario literario latinoamericano se inscriben joyas como «El hombre que parecía un caballo» (1914) de Rafael Arévalo Martínez; *Cuentos de la selva* de Horacio Quiroga (1918), influidos por Rudyard Kipling; *Bestiario* de Julio Cortázar (1951); *Confabulario* de Juan José Arreola (1953), los últimos posteriores al relato de FH. Por otra parte, es posible que Felisberto se inspirara en los relatos de animales abusados que se volvieron populares hacia fines del siglo XIX hasta mediados del XX. El más famoso fue *Black Beauty* (1877) de Anna Sewell, inmensamente popular entre niños y adultos, traducido a muchos idiomas y del que se hizo una adaptación al cine igualmente exitosa en 1921.[19] Aunque la meta principal del relato de Sewell fue denunciar el maltrato de los animales, especialmente los caballos, la intención de Felisberto parece estar mayormente relacionada con mostrar maneras alternas de percibir la realidad sin los rígidos límites de la razón y asomarse a la manera en que miran y sienten los animales. El caballo tiene un interés especial por su larga asociación con los humanos y su simultánea existencia libre en algunas zonas rurales de Uruguay y Argentina cada vez más escasas. Como se sugiere en el título, el cuento también establece nexos entre la psiquis humana y una hipotética psiquis animal. El caballo y Tomasa comparten una naturaleza noble y justa. De mayor importancia es la asociación de este caballo con el agua, relación metonímica que se reiterará en sub-

---

19   El comienzo de la novela, también narrada en primera persona desde el punto de vista del caballo, describe una escena de plantas y agua análoga a la del clímax en el relato de Felisberto: «The first place I can remember was a large pleasant meadow with a pond of clear water in it. Some shady trees leaned over it, and rushes and water-lilies grew at the deep end» (Sewell 1998:1).

secuentes referencias a lo largo de su obra, especialmente en «La casa inundada». Mientras que las asociaciones del caballo con el pasado libre de restricciones sociales y el poder del inconsciente son universales e independientemente accesibles a cualquier lector, las asociaciones con otros relatos de Felisberto lo enlazan con los temas del recuerdo y la vuelta a la psiquis múltiple de la niñez.

«El comedor oscuro», basado en los años itinerantes del autor como pianista, elabora el tema del doble y el reflejo por medio de la relación entre la señora Muñeca y Dolly, su sirvienta. En su estudio sobre la música en la obra de FH, Giraldi Dei Cas señala la semejanza de las secuencias iniciales en varios cuentos de Felisberto en los que se presentan varios tipos de espectáculos: conciertos de piano, lecturas de cuentos, funciones teatrales o las escenificaciones de las muñecas en «Las Hortensias». Estas repeticiones crean un efecto reiterativo que enlaza toda su producción (*Musique* 1998: 53-54). El espectáculo también crea una relación especular entre la realidad «vivida» y la «representada» cuyas fronteras no están claramente delineadas.[20] La *mise en abyme* o inclusión de un texto dentro del texto (en este caso la historia de Muñeca y el hombre que la abandona, una prefiguración de la historia de Margarita en «La casa inundada») es otra característica del estilo de Felisberto que está presente en casi todos sus relatos importantes. El relato pinta un retrato devastador de la pequeña burguesía de provincias y sus aspiraciones sociales. Las demoledoras caracterizaciones de Dolly y Muñeca, y su relación especular prefiguran el desdoblamiento de Horacio y su esposa en las muñecas de «Las Hortensias». Cabe señalar, no obstante, que el ambiente en la casa de la señora Muñeca representaba una considerable mejoría en cuanto a las condiciones en las que Felisberto generalmente ejecutaba sus conciertos de provincias entre 1926 y 1942. Sergio Elena cita de una sabrosísima carta del 30 de agosto de 1936:

> ...las puertas laterales del teatro dan al patio donde está el loro; por esas puertas entran los perros que viven en el teatro y como duermen en las butacas, la gente toma de allí para llevar a sus casas, las pulgas. El concierto debería de haber sido el viernes pero como llovía lo dimos ayer. La entrada era gratis y se iba llenando de gente que en su vida había visto un piano [...] Cuando salí a escena se hizo algo de silencio y a la mitad de «Sevilla» de Albéniz se había subido

---

20   Claudia Cerminatti también ha tratado el tema del espectáculo en la obra de Felisberto, específicamente en «Las Hortensias».

el perro de la casa al escenario, ¡y que manera de ladrar! (Exacto),
la gente se reía a descostillarse pero hubo una reacción de respeto y
de admiración misteriosa y «El Convento» se oyó en el más sepulcral silencio. («FH: del músico»: 10)

«El balcón», otro de los cuentos narrados por un pianista, se con-
sidera una de las joyas literarias del autor. Como en otros relatos de
tema musical, Felisberto acorta la distancia entre el autor y el narrador
al atribuirle a éste detalles de su vida como concertista itinerante.
Señala Italo Calvino: «Basta que comience a narrar las pequeñas miserias de una existencia que se ha desarrollado entre las orquestas de
los cafés de Montevideo y las giras de concierto por los villorrios de
provincia del Río de la Plata, para que se amontonen sobre sus páginas los gags, las alucinaciones, las metáforas, en donde los objetos
toman vida como las personas» (en Rela1982:3). José Pedro Díaz
apunta acerca de la génesis de este cuento, escrito en 1940: «Según testimonio del Dr. Alfredo Cáceres que recoge Norah Giraldi, conoce a
una enferma atendida por Cáceres que le inspira su cuento 'El balcón'.
Se trata de una enferma de hidropesía que estaba en una pequeña
pieza sin ventanas y pintada de verde. Al salir dijo: 'A esta mujer le
hace falta una ventana. Voy a escribir un cuento'. Y en cuarenta y ocho
horas escribió 'El balcón'» (Díaz 2000: 397). Lockhart añade que «En
esos años se interesaba por los estudios de psicología, concurriendo regularmente al Centro de Estudios que dirigía el profesor Waclaw Radecki en Montevideo»(1991:117).[21] Felisberto evoca el color verde de
la pieza de la enferma en el vidrio a través del cual ve por primera vez
al narrador y en el sombrero del personaje ideado por ella. El verde,
asociado con las plantas, aparece como un intento de compensar la es-

---

21   Sergio Elena nos da más detalles:
       El doctor y profesor Waclaw Radecki, psiquiatra polaco, que vivió en Monte-
       video dictaba cursos en el Centro de Estudios Psicológicos –ubicado en las calles
       Cebollatí y Magallanes–. Tuvo gran influencia sobre Felisberto. En Buenos
       Aires publicó dos trabajos: *Tratado de Psicología* (1933) y *Psicopatología funcional*
       (1935). Era compositor y tocaba el violoncello. Autor de un cuarteto de cuerdas,
       editado también en Buenos Aires. Era un personaje sumamente excéntrico.
       Existen varias anécdotas increíbles. Era maniático en el uso de dos colores: el
       verde y el plateado. Toda su casa estaba pintada mitad verde, mitad plateada.
       Incluso llegó más lejos, se pintaba la barba con chorretes de estos colores. Mi
       tía abuela María Dolores Nieto, hermana de Amalia y cuñada de Felisberto,
       se desempeñaba como psicóloga y asistente de Radecki. A la muerte de éste,
       mi tía conservó algunos de sus muebles y objetos: una mesa verde, un azucarero
       plateado, etc. («FH:del pianista», nota 51:16).
       Aunque según Sergio Elena la preferencia de Felisberto por el verde era anterior a su
       contacto con Radecki, esta coincidencia aparentemente la acentúa

terilidad del ambiente en el que viven tanto la enferma que inspira el cuento, como el personaje agorafóbico que la refleja. El color verde y las plantas se reiterarán como «motifs» recurrentes en su obra; ambos reaparecerán en «Las Hortensias» y «La casa inundada».

En «Nadie encendía las lámparas» el autor logra una sutil correlación entre la chica sensual de cabello rebelde y la estatua que recibe la atención compensatoria del narrador. El relato reitera la correlación entre una fría estatua y la mujer deseada anteriormente establecida en «El caballo perdido» y que reaparecerá en «Las Hortensias». La narración desplaza las reacciones sexuales que provoca la chica en el narrador hacia los objetos que los rodean[22] por medio de un hábil contrapunto, primero al yuxtaponer a la chica y la estatua, dos temas contrastantes, y luego al yuxtaponer a la chica y la maceta con flores, dos temas semejantes. La narración incluye una graciosa secuencia de sincronicidad junguiana en las «coincidencias significativas» que atan las acciones y pensamientos del narrador y la chica desmelenada durante la recepción que sigue a la lectura del cuento. En la teoría junguiana, tales coincidencias significan «more than mere chance, namely, a peculiar interdependence of objective events among themselves as well as with the subjective (psychic) states of the observer or observers» (Progoff 1980:23). Este pasaje revela el interés de Felisberto en la teoría junguiana que culminará en la elaboración de «La casa inundada». En «Menos Julia» se construyen estas correlaciones de forma más intensa y sostenida al mostrar la transposición del interés erótico del personaje central por la joven Julia en una obsesión por tocar objetos y caras en la oscuridad. La asociación de la sensualidad con la cabellera indomable de la chica en «Nadie encendía las lámparas» se refleja en la caracterización del protagonista del cuento, cuyo pelo se asemeja a las enredaderas. La referencia a estructuras musicales es aquí más explícita, ya que el autor deliberadamente menciona compositores que utilizaran a menudo el tema con variaciones: Franz Schubert (el protagonista se refiere a Alejandro como «el Schubert del túnel», ya que el mismo «compone» las sinfonías de objetos que allí «se tocan») y Claude Debussy («el cuarteto de don Claudio», opus 10 en sol menor, de 1893, se construye en torno a una

---

22   Giraldi Dei Cas establece una analogía entre este tipo de desplazamiento y la transposición musical de una clave a otra; específicamente se refiere a la transposición de una función instrumental a una verbal al principio de este cuento, así como en «El acomodador» y «Las Hortensias» se transponen las funciones musicales a las teatrales, sin cambiar la estructura básica de la overtura del cuento. (*Musique* 1998: 60).

estructura circular de temas relacionados; el cuarto movimiento alude a las variaciones anteriores y reitera el primer tema tras una marcada aceleración).[23]

Analizado en detalle por Rosario Ferré y Frank Graziano, entre otros, «El acomodador» es uno de los relatos que mejor se enfoca en el tema de la visión tanto en el sentido específico (la obsesión de mirar objetos interesantes) como en el simbólico (la penetración en la esencia de los objetos por medio de la «luz» de los ojos). El autor se sirve de una metáfora sostenida a lo largo de todo el relato (la luz en los ojos del protagonista) como antes hiciera en «La mujer parecida a mí» y finalmente en «La casa inundada». Desde su punto de vista de escritora, Ferré interpreta la metáfora sostenida de la luz en los ojos del narrador como un intento del mismo de «imponer su visión ficticia sobre la realidad» (1986:82) y establece una escisión entre «lo ficticio» y «lo real» que tal vez no refleje la visión de Felisberto de una sola realidad sin bordes. Más compleja y tortuosa es la interpretación de Graziano (1997:144-165) que se enfoca en los oscuros matices del comportamiento transgresivo del narrador y su actitud desafiante ante las normas sociales. Felisberto se adentra en el escrutinio de la psiquis humana, con todas sus sombras y sesgos, ante los que la sociedad «se ciega».

El tema de la visión alcanza su óptima expresión en «Las Hortensias», escrito entre 1947 y 1949, y una de las cumbres de su creación artística. Es uno de los pocos relatos en los que el autor prescinde de la primera persona y el protagonista no se presenta como un avatar del Felisberto pianista aunque, como en la mayoría de sus cuentos, está vinculado a un espectáculo. Horacio es un aristócrata adinerado con aficiones esotéricas de comidas, «vino de Francia» y complejas diversiones que «compone» con la ayuda de escenógrafos, diseñadores, músicos, libretistas y peritos técnicos que crean muñecas cada vez más humanas. El protagonista es una especie de des Esseintes rioplatense, un esteta análogo al personaje de Joris-Karl Huysmans (*A contrapelo*, 1884) que vive complejas fantasías *à rebours* en una mansión aislada del resto del mundo, como tantos otros recintos decadentes previamente dibujados en «El balcón», «Menos Julia», «El comedor oscuro» y finalmente «La casa inundada». Estas mansiones, a menudo recónditas y decrépitas, aluden no sólo a un orden social

---

23   Giraldi Dei Cas observa que Debussy y Mallarmé crean un nexo indisoluble entre la poesía y la música que ya no se disolverá y que perdurará hasta nuestros días (*Musique* 133).

obsoleto y en vías de desaparición, sino a todo el edificio de la tradición occidental que se construye en torno a un contrato social en el que los integrantes ceden la libertad a cambio de una protección que exige profundas mutilaciones psíquicas. En su estudio del género fantástico Rosemary Jackson se refiere a las obras de prominentes autores a partir de fines del siglo dieciocho, subrayando que éstas:

> ...attempt to undermine dominant philosophical and epistemological orders. They subvert and interrogate nominal unities of time, space and character, as well as questioning the possibility, or honesty, of fictional re-presentation of those unities [...] By drawing attention to the relative nature of these categories the fantastic moves towards a dismantling of the 'real', most particularly of the concept of 'character' and its ideological assumptions, mocking and parodying a blind faith in psychological coherence and in the value of sublimation as a 'civilizing' activity. A unified, stable 'ego' lies at the heart of this systematic coherence and the fantastic explodes this by seeking to make that heart's darkness visible. From Hoffmann and German Romanticism to the modern fantastic in horror films, fantasy has tried to erode the pillars of society by un-doing categorical structures. (1988:175-176)

En aparente contraste con las posiciones conservadoras de Felisberto, «Las Hortensias» revela un rechazo implícito al curso de la sociedad occidental —como toda la obra de Hoffmann y Cortázar— y muestra la civilización (y sus descontentos) como un largo y doloroso exilio según el cuadro devastador que presentara Rousseau en 1755.[24] Felisberto, *malgré lui*, asume una posición crítica ante el avance de la mecanización y la deshumanización en la fase industrial. Asimismo, su representación de una psiquis humana compleja y fragmentada apunta hacia una integración futura. Giraldi Dei Cas enfrenta el tema al observar que:

> A pesar de su posición política, y de manera bastante extraña, la creación de FH fue conocida y valorizada esencialmente a partir de estos años [los setenta]. Julio Cortázar dijo, por ejemplo, que siempre había considerado a FH como un «pionero», y en este sentido, su literatura comporta elementos y nociones que serán mejor entendidos por generaciones futuras [...] que buscarán la verdadera revolución interior y allí hallarán su verdadera identidad. (*Musique* 1998:24-25; mi traducción).

---

24   En el *Discurso sobre el origen de la desigualdad* Rousseau culpa la razón y la reflexión por el egocentrismo que nos hizo perder el paraíso (1992:37). Freud añade: «Life, as we find it, is too hard for us; it brings us too many pains, disappointments and impossible tasks» *Civilization and Its Discontents* (1962: 22).

Giraldi señala que Casa de las Américas, organización y editorial emblemáticos de la Cuba revolucionaria, edita las obras de Felisberto a finales de la década de los sesenta.

Desde la primera oración en «Las Hortensias» se establece un contrapunto hostil entre el mundo natural, las plantas[25], y el mundo moderno, las máquinas, que se representan como elementos malévolos y destructivos del orden natural en la simbología del arte del último siglo y medio, desde las máquinas de jugar ajedrez de Poe hasta Hal, la siniestra computadora de *2001: una odisea espacial* de Stanley Kubrick (1968). En un estudio anterior[26] mencioné las semejanzas y posibles alusiones en este relato a dos clásicos del cine que Felisberto probablemente conociera: *Metrópolis* de Fritz Lang (1927), y *Modern Times* de Charles Chaplin (1936). Ambas se enfocan sobre el aspecto deshumanizante de las máquinas. Aunque la disgregación de la personalidad, y los antecedentes del tema del autómata en la literatura a partir del romanticismo han sido estudiados por Andreu, Graziano (1997:199-213) y Morales (2004:147-152), entre otros[27], no hay que soslayar el simbolismo de las máquinas como una corriente innatural y en última instancia destructiva. *Metrópolis* presenta tres temas que también aparecen en «Las Hortensias»[28]: la oposición de dos mundos

---

25   Sergio Elena señala: «Quintas, plantas y árboles han sido siempre inseparables (al menos en el Montevideo de aquellos años). La retina de Felisberto niño quedó fuertemente impresionada con este rasgo —no olvidemos que Felisberto nació en una zona de quintas por eso siempre las plantas y los árboles ocuparon un lugar importante en el corazón de Felisberto (y también de la familia)» («Felisberto...»)

26   «Los objetos en tres cuentos de Felisberto Hernández» (2007: 42-43).

27   En su ensayo de 1919, «Das Unheimliche» («Lo extraño») Freud identifica el tema del doble «in all its nuances and manifestations» (2003:141) como uno de los centrales en la literatura de lo extraño. El doble no sólo se asemeja físicamente al protagonista sino que lo complementa o contradice por medio de

        the spontaneous transmission of mental processes from one of these persons to the other...so that the one becomes co-owner of the other's knowledge, emotions and experience. Moreover, a person may identify himself with another and try to become unsure of his true self; or he may substitute the other's self for his own. The self may thus be duplicated, divided and interchanged. Finally, there is the constant recurrence of the same thing, the repetition of the same facial features, the same characters, the same destinies, the same misdeeds, even the same names, through successive generations (2003:141-142).

28   La referencia a *Metrópolis* no es gratuita: la película se mostró en Argentina poco después de su estreno en Berlín y obtuvo un éxito rotundo; recientemente salió a la luz la única copia completa de la versión original, adquirida por un coleccionista argentino y casi olvidada en archivos hasta 2008:

        «An Argentine film distributor, Adolfo Wilson, happened to be in Berlin when the film had its premiere, liked what he saw so much that he immediately purchased rights, and returned to Argentina with the reels in his luggage»(Rohter 2008).

      Esto ocurría en 1927, cuando Felisberto acompañaba películas silentes en el piano.

(la clase dirigente y los obreros, relegados a una existencia subterránea), las máquinas que controlan al humano y lo esclavizan, y la autómata sensual que suplanta a la heroína (también llamada María) para causar enajenación y caos. Como en el cuento de Felisberto, la «falsa María» de la película de Lang hace enloquecer a los hombres con su provocación sensual. El ruido de las máquinas de la fábrica vecina se desarrolla en un *crescendo* musical a lo largo del relato. Hortensia y las muñecas epónimas constituyen una variación del tema de las máquinas (Hortensia «se entendía con las máquinas») y un contrapunto al tema de María y el mundo natural, asociado con las plantas. Hortensia como muñeca forma parte de la niñez y del mundo del pasado, el antiguo orden de la casona negra que se ve amenazado por el avance de la tecnología y la deshumanización del mundo contemporáneo. Pero la Hortensia modificada por la tecnología es un remedo de humanidad que seduce con encantos pre-fabricados; su pasividad es engañosa y su alma de máquina oculta la intención de controlar y suplantar al que aparentemente la maneja a su albedrío. Claudia Cerminatti capta esta inversión del orden natural y el mecanizado cuando observa que «el límite de la vitrina insinúa otros límites. Pero estos límites son paulatinamente vulnerados en forma paralela a la creciente animización de Hortensia (...) que deriva en la huída de María, pues Hortensia la ha sustituido: la 'realidad' es desplazada por la 'ficción'».

«La casa inundada»(1960), el último relato extenso publicado por Felisberto y uno de los que trabajó más intensamente, es una suma de sus temas recurrentes y un compendio de sus métodos de composición. Podría caracterizarse como el equivalente literario de la sinfonía 41 en do mayor de Mozart (K.551, 1788), cuyo cuarto movimiento combina cinco temas en un sinnúmero de posibles iteraciones estructurados en contrapunto quíntuple en forma de fuga, donde los cinco temas, como en un palimpsesto, se superponen unos sobre otros.[29] No me consta que se hubiera basado conscientemente en este modelo; sin embargo, ya que a menudo había recurrido a estructuras

---

[29] El profesor Chris Frigon de Berklee College of Music en Boston describe la coda al final del cuarto movimiento de la sinfonía 41 como «a feat that is very rarely encountered in any type of published music. After twenty-seven measures of polyphonic network involving Themes 1 ,4 and 3, all of the five Themes are announced simultaneously, and thus carried through a complete fugal «exposition" in five successive presentations, and, of course, in Quintuple-counterpoint, so applied that each voice presents the entire set of Themes in succession.»(1) Giraldi Dei Cas, a su vez, dedica el quinto capítulo de su libro al análisis del discurso-palimpsesto en *Clemente Colling* (*Musique* 1998: 85-111).

musicales a lo largo de toda su obra madura, no sería insólito que se hubiera inspirado, como coda a su opus literario, en el modelo más perfecto de la polifonía desde Bach y la obra maestra de la estructura sinfónica en el período clásico. FH logra un efecto análogo al combinar y estructurar a manera de contrapunto los temas más prominentes de toda su obra, que regresan con el valor evocativo de sucesivas iteraciones: el agua en sus múltiples variaciones, las plantas, el color verde, el caballo, la casa aislada, las máquinas. Me apoyo, además, en Giraldi Dei Cas cuyo estudio concluye que los finales en los cuentos de Felisberto siempre recurren a códigos musicales, excepto los cuentos de la primera época: «En los otros casos, de una manera casi sistemática, la última secuencia del texto hace alusión a la música, cargada de todas las connotaciones que recibe a través del discurso» incluyendo «la voz polimodal del narrador con sus diversificaciones» (*Musique* 1998:64; mi traducción).

Los símbolos utilizados en este relato son doblemente polisémicos: son parte del acervo universal del mito y son elementos del sistema personal creado por Felisberto a lo largo de su producción literaria. El uso del mito dentro de un contexto junguiano ocupa un lugar prominente en este relato. Sabemos que desde los años treinta la revista *Sur* había dado a conocer importantes obras en el campo de la psicología y la antropología, entre ellas las obras de Lucien Lévy Brül, Sir James George Frazer y Carl Gustav Jung, que ayudaron a definir el concepto del «arquetipo» y su relación con el inconsciente colectivo (Rivera 1974:174-175). Estas obras relacionaban el mito con procesos mentales y lo interpretaban como la manifestación de una psiquis profunda cuyos balbuceos no estaban sujetos a la lógica. Según Rivera (174-175) la diseminación de estas teorías alcanza su apogeo hacia fines de los cuarenta, los años en los que Felisberto comienza a redactar las primeras versiones de «La casa inundada».[30] No es de extrañar, entonces, la proliferación de símbolos y figuras arquetípicas en el relato: la isla, el agua, el caballo, las plantas, La Gran Madre.

Los comentarios de Reina Reyes, su esposa entre 1954 y 1958, los años en los que se gestaba el relato, revelan una visión felisbertiana del mito imbuida de los conceptos de Frazer y Jung:

...según él la conciencia filosófica nacía de la conciencia mítica. Ex-

---

30   Díaz afirma que, aunque no tenemos una referencia exacta sobre la fecha en que comenzó a escribirlo, se puede suponer que fue hacia 1949 o incluso antes y que por lo tanto lo trabajó por más de diez años, tal vez doce o trece (2000:236-237).

plicaba que el mito se sitúa fuera de la realidad y es sentido y vivido antes de ser inteligentemente formulado [...] Los ritos tienen potencia para afirmar los mitos mediante una liturgia de repetición y producen efectos psicológicos; su realización afirma creencias y su eficacia psíquica se traduce en una imaginada eficiencia física. Estas ideas las expuso ante un selecto y reducido núcleo de amigos para explicar el contenido metafísico de su extraña producción «La casa inundada» (En Díaz 2000:237).

El simbolismo de las plantas como el mundo natural amenazado por la mecanización del mundo contemporáneo ya había aparecido en «Las Hortensias». Ahora se asocia a otro símbolo aún más ominoso, el de la isla. Basándose en Jung, Cirlot señala que «la isla es el refugio de la amenaza de un asalto del 'mar' del inconsciente, o, en otras palabras, es la síntesis de la conciencia y la voluntad». Añade que «la isla es también un símbolo de aislamiento, soledad o muerte» y concluye que «se podría postular una ecuación [...] entre la isla y la mujer por una parte, y el monstruo y el héroe en la otra» (152; mi traducción). Respecto al simbolismo de la casa, apunta Goloboff: «los personajes se parecen a las casas, son las casas mismas, en una serie de figuras que generalmente trazan semejanzas totales o parciales [...] La semejanza es total en 'La casa inundada'» (Sicard 1977:142).

El símbolo central del relato es el agua en todas sus manifestaciones: el mar, el río, el arroyo, la fuente, el vaso, las lágrimas, el pantano y la casa de agua, el útero. El relato es una sinfonía del agua donde se desarrollan todas sus variaciones. Graziano resume estas alusiones al observar que «Water in Greek mythology, as throughout Hernández's canon, is thus linked not only with women and memory but with death, dissociation, and the internalized discourse of the other. Hernández is this poet at the woman-well, haunted internally by a choir of voices resonating in the chambers of his solipsism» (1997:27).

La señora Margarita, al desplazar su enorme cuerpo sobre las aguas en un pequeño bote verde acompañada del narrador, constituye una manifestación del arquetipo de la Gran Madre, estudiado por Erich Neumann, que aúna las connotaciones de refugio y protección con las de asfixia o, en este caso, ahogo. Según Neumann:

The Great Goddess is the flowing unity of subterranean and ce-

lestial primordial water, the sea of heaven on which sail the barks
of the gods of light, the circular life-generating ocean above and
below the earth. To her belong all waters, streams, fountains, ponds
and springs, as well as the rain. She is the ocean of life with its life—
and death-bringing seasons, and life is her child [...] (1972:222).

La relación del narrador y su anfitriona se ve marcada por una
ambigüedad central: Margarita representa protección y amparo (le da
la manera de subsistir), pero también peligro de aniquilación y ahogo
(ella pone todas las reglas y él simplemente obedece). Este peligro se
refleja de manera inversa en el intertexto donde se narra la historia
de Margarita y su casi desintegración tras la desaparición de José, su
esposo, y que provoca su obsesión con el agua. La fijación con la figura
de la madre se observa en otros cuentos de Felisberto como «El caballo perdido», que muestra el interés del narrador, un niño de 10
años, por su maestra de cuarenta, y «Las Hortensias», donde se insinúa el síndrome freudiano de la madre y la cortesana, en el que la
esposa hace el papel de madre y la muñeca (cuyo nombre genérico es
idéntico al de la madre del autor, Juana Hortensia) el de amante.
Señala Lockhart que Felisberto fue «criado por su madre con absorbente amor y cuidados muy estrictos», añadiendo que fue «sobre-
protegido por la madre, de quien nunca pudo separarse definitivamente»(1991:7). Su nieto Sergio Elena confiesa:

> ... no debemos olvidar que tanto él y sus hermanos fueron alcanzados
> por otro círculo de sombra: el que ejerció Calita, su madre. Tal vez
> ella sea el epicentro de muchas conductas y actitudes de Felisberto
> (y hermanos). Tal vez aquí en esta dimensión calito-felisbertiana se
> hallen las causas de los efectos visibles de la penuria existencial y de
> la tónica familiar a la que más arriba hacía referencia, y que tanto
> ha repercutido en mi generación. Pero —y ya encaminándonos hacia
> el tema específico que nos convoca, es decir el salto del Felisberto
> músico al Felisberto escritor— cabe preguntarnos: ¿hasta qué punto
> Calita influyó en el proceso interior de su hijo?, ¿en qué medida con-
> tribuyó o no en esa pulsión? («FH: del músico»: 2)

Según Bachelard (en Cirlot 1962:29) el bote es la cuna redescu-
bierta y el útero materno. Lockhart corrobora, apuntando que «El
bote de 'La casa inundada' es en efecto una suma, el regreso al regazo
maternal» (1991:186). Desde la perspectiva junguiana, podemos in-

terpretar ese regreso, en un plano metafísico, como la vuelta al origen de la conciencia (la isla en medio de las aguas del inconsciente) tras la jornada de la civilización y la vida en sociedades complejas, con su énfasis en el individuo, la ley y la razón. Sigfried Böhm sugiere que la vuelta al origen también implica una crítica temprana a la destrucción ecológica en la que ha desembocado la fase industrial:

> Reflexionar sobre la vida de las cosas inanimadas lleva a una conciencia ecológica y, de hecho, nuestra sobrevivencia depende de cómo cuidamos nuestro cuerpo, nuestra casa y nuestro medio-ambiente. Así como la señora Margarita deberíamos sentir pena por el agua viendo los ríos llenos de espuma, el mar contaminado de petróleo, los lagos cementerios de peces, etcétera.(5)

Neumann nos recuerda: «In the course of the later development of patriarchal values, i.e., of the male deities of the sun and the light, the negative aspect of the Feminine was submerged. Today it is discerned only as a content of the primordial age, or of the unconscious» (1972:155). En su último relato importante, el más impenetrable de toda su obra, Felisberto recurre a una compleja estructura de símbolos arquetípicos para aludir a una realidad atrapada en el inconsciente: «el misterio» del origen y la clave para integrar nuestra realidad fragmentada.

¿Cuál es, en última instancia, el legado de Felisberto? Sin precursores inmediatos ni discípulos reconocibles, Felisberto, a casi cincuenta años de su muerte, sigue sin parecerse a nadie. Su mayor impacto ha sido sobre el lector, a quien reta constantemente a modificar hábitos establecidos de percepción e interpretación. Al igual que otros innovadores radicales en el campo de la música, la danza, o las artes plásticas, Felisberto nos enseña a oír con los ojos, mirar con los dedos, tocar con la boca, y en última instancia a recuperar lo que hemos perdido a fuerza de encerrarlo en sótanos conceptuales. ¿Qué mejor regalo a la posteridad que esta «llave para abrir las puertas del futuro y salir al aire libre»?[31]

---

31 La última palabra es de Julio Cortázar: «Prólogo» a *La casa inundada y otros cuentos*, 1975. (Rela 1982: 30).

Fuentes

Andreu, Jean L. «'Las Hortensias' o los equívocos de la ficción». En Alain Sicard, ed. *Felisberto Hernández ante la crítica actual*. Caracas: Monte Ávila, 1977, 9-31;52-53.

Barreiro, Fernando. «La coronela». *Revista Tres* (Montevideo) agosto 1998.

Böhm, Sigfried. «El soplo de la vida. Análisis de la casa y el agua en 'La casa inundada' de Felisberto Hernández». http://www.felisberto.org.uy/ Marzo 4, 2011.

Cerminatti, Claudia. «Variaciones sobre un aire psicoanalítico: el escritor, las muñecas, lo siniestro (una lectura de *Las Hortensias*)». http://www.felisbertohernandez.com Marzo 7, 2011.

Cirlot, J.E. *A Dictionary of Symbols*. New York: Philosophical Library/Routledge, 1962.

Cortázar, Julio. «Carta en mano propia». En Felisberto Hernández, *Novelas y cuentos*. Selección, notas, cronología y bibliografía de José Pedro Díaz. Caracas: Ayacucho, 1985: ix-xiv.

_____. «Prólogo. *La casa inundada y otros cuentos*. 1975». En Walter Rela. Introducción, selección y bibliografía. *Felisberto Hernández. Valoración crítica*. Montevideo: Editorial Ciencias, 1982: 27-30.

Díaz, José Pedro. *Felisberto Hernández: su vida y su obra*. Montevideo: Planeta, 2000.

Diconca, Walter. «El músico de las palabras». http://www.felisberto.org.uy/ Enero 16, 2011. Enero 16, 2011

Diconca, Walter y Naguy Marcilla. *Felisberto Hernández*. Portal Electrónico. http://www.felisberto.org.uy/ .

Dujovne Ortiz, Alicia. «Felisberto Hernández y la espía soviética». *La Nación*: Buenos Aires, 2007. En http://www.elortiba.org/feliher.html. Enero 16, 2011.

Echavarren Welker, Roberto. *El espacio de la verdad. Práctica del texto en Felisberto Hernández.* Buenos Aires: Editorial Sudamericana,1981.

Elena, Sergio. «Felisberto Hernández: del músico al escritor». http://www.felisberto.org.uy/ Enero 16, 2011.

_____. «Música para piano». http://www.felisberto.org.uy/ Febrero 22, 2011.

Ferré, Rosario. *El acomodador. Una lectura fantástica de Felisberto Hernández.* México: Fondo de Cultura Económica, 1986.

Freud, Sigmund. *Civilization and Its Discontents.* Trad. y ed. James Strachey. New York: Norton, 1962.

_____. *The Uncanny.* Translated by David McClintock. Introduction by Hugh Haughton. New York: Penguin, 2003.

Frigon, Chris. «Symphony Salon: Mozart: Symphony in C major (K.551).» http://symphonysalon.blogspot.com/2005/11/mozart-symphony-in-c-major-k551.html 14 de febrero, 2011.

Gibbs, Christopher H. *The Life of Schubert.* Cambridge (UK): Cambridge UP, 2000.

Giraldi Dei Cas, Norah. *Felisberto Hernández: del creador al hombre.* Montevideo: Ediciones de la Banda Oriental, 1975.

_____. *Felisberto Hernández: musique et littérature.* Paris: INDIGO & Côté-femmes éditions, 1998.

González Echevarría, Roberto. *The Oxford Book of Latin American Short Stories.* Cambridge: Oxford UP, 1999: 165

Graziano, Frank. *The Lust of Seeing; Themes of the Gaze and Sexual Rituals in the Fiction of Felisberto Hernández.* London: Associated UP, 1997.

Hernández, Felisberto. *Obras completas.* México: Siglo XXI, 1983. 2 volúmenes.

Hernández [de Elena], Ana María. «Mis recuerdos.» *Escritura* 7, #13-14 (1982): 337-38.

Hernández [del Castillo], Ana María. *Keats, Poe and the Shaping of Cortázar's Mythopoesis.* Amsterdam: Benjamins, 1981.

_____. «Los objetos en tres cuentos de Felisberto Hernández». *Rumbos de lo fantástico. Actualidad e historia.* Edición de Ana María Morales y José Miguel Sardiñas. Palencia: Cálamo, 2007.

_____. «Poe y Cortázar: dos herederos de Hoffmann». Octavo

Congreso del *Coloquio Internacional de Literatura Fantástica*. Bamberg: septiembre 3, 2008.

Jackson, Rosemary. *Fantasy. The Literature of Subversion*. London: Methuen, 1988.

Jung, Carl Gustav. «Synchronicity: An Acausal Connecting Principle», en *The Structure and Dynamics of the Psyche*, Vol 8 of *The Collected Works of C.G. Jung*, second edition. Princeton: Princeton UP, 1972: 417-531.

Kerr, John. «*The Devil's Elixirs*, Jung's 'Theology' and the Dissolution of Freud's 'Poisoning Complex.*» En Paul Bishop, edición e introducción, *Jung in Contexts*. London: Routledge, 1999:125-53.

Lasarte, Francisco. *Felisberto Hernández y la escritura de «lo otro»*. Madrid: Insula, 1981.

Lockhart, Washington. *Felisberto Hernández: una biografía literaria*. Montevideo: Arca, 1991.

Morales, Ana María. «Lo fantástico en 'Las hortensias' de Felisberto Hernández». *Escritos*. 29 (enero-junio 2004): 141-156.

Munaro, Augusto. «Entrevista a Sergio Elena Hernández». http://www.felisbertohernandez.com Marzo 6, 2011.

Neumann, Erich. *The Great Mother. A Study of the Archetype*. Princeton: Princeton UP, 1972.

Prieto, Julio. *Desencuadernados: Vanguardias excéntricas en el Río de La Plata. Macedonio Fernández y Felisberto Hernández*. Rosario, Argentina: Beatriz Viterbo Editora, 2002.

Progoff, Ira. *Jung, Synchronicity and Human Destiny*. New York: Dell, 1980.

Rela, Walter. Introducción, selección y bibliografía. *Felisberto Hernández. Valoración crítica*. Montevideo: Editorial Ciencias, 1982.

Rivera, Jorge B. «Lo arquetípico en la narrativa argentina del 40,» *Nueva novela latinoamericana*, compilación de Jorge Lafforgue, II. Buenos Aires: Paidós, 1974:174-175.

Rohter, Larry. «Footage Restored to Fritz Lang's *Metropolis*.» *The New York Times*. May 4, 2010: http://www.nytimes.com/2010/05/05/movies/05metropolis.html Febrero 13, 2011.

Rosario-Andújar, Julio A. *El pensamiento filosófico en Felisberto Hernández*. New York: Peter Lang, 1999.

Rousseau, Jean Jacques. *Discourse on the Origin of Inequality*. Trad. Donald A. Cress. Intro James Miller. Indianapolis: Hackett, 1992.

Saad, Gabriel. *Felisberto Hernández. Oeuvres complètes*. Paris: Seuil, 1997.

Sclavo, Jorge. «El caso Clemente Colling». En http://www.felisbertoher-
     nandez.com Marzo 5, 2011.

Sewell, Anna. *Black Beauty*. New York: Random House (Children's
     Classics), 1998.

Sicard, Alain, ed. *Felisberto Hernández ante la crítica actual*. Caracas:
     Monte Ávila, 1977.

Todorov, Tzvetan. *Introduction à la littérature fantastique*. Paris: Seuil,
     1970.

Vallarino, Raúl. *Nombre clave: Patria. Una espía del KGB en Uruguay*.
     Montevideo: Editorial Sudamericana, 2007.

Von Franz, Marie Louise. *The Feminine in Fairytales*. Dallas, Texas:
     Spring Publications, 1972.

LAS HORTENSIAS

Y OTROS CUENTOS

El caballo perdido[1]

Primero se veía todo lo blanco; las fundas grandes del piano y del sofá y otras, más chicas, en los sillones y las sillas. Y debajo estaban todos los muebles; se sabía que eran negros porque al terminar las polleras se les veían las patas. —Una vez que yo estaba solo en la sala le levanté la pollera a una silla; y supe que aunque toda la madera era negra el asiento era de un género verde y lustroso.—[2]

Como fueron muchas las tardes en que ni mi abuela ni mi madre me acompañaron a la lección y como casi siempre Celina —mi maestra de piano cuando yo tenía diez años[3]— tardaba en llegar, yo tuve bastante tiempo para entrar en relación íntima con todo lo que había en la sala. Claro que cuando venía Celina los muebles y yo nos portábamos como si nada hubiera pasado[4].

Antes de llegar a la casa de Celina había tenido que doblar, todavía, por una calle más bien silenciosa. Y ya venía pensando en

---

1 Según Lockhart este relato de 1943 «Ya no será la evocación global y vagabunda, el recorrido del Montevideo pueblerino (....)Ahora se describirá un solo episodio. Uno solo, pero con el alma de quien la registra volcada ya por entero en lo que pasa (...). Lo que se relata es entonces el hecho mismo de recordar, tan huidizo y ambiguo, y el conflicto sin salida que vive al mismo tiempo un espíritu en busca de sí mismo» (50).

2 La frase «le levanté la pollera [falda] a la silla» crea desde el primer párrafo el ambiente de sutil erotismo que subyace todo el relato. Desde el primer párrafo, asimismo, se establece el contraste entre el blanco y el negro, tema recurrente en Felisberto y una alusión a lo consciente y lo inconsciente.

3 Observa Lockhart: «Una experiencia reveladora vive al oír tocar el piano a un pariente suyo ciego, 'El nene'. Sintió por primera vez 'lo serio de la música'. Un mundo válido de por sí surge ante él con evidencia deslumbrante. Empieza desde entonces su carrera de pianista. Toma lecciones a los once años con Celina Moulié, de lo cual dejará un relato de notable sugerencia en 'El caballo perdido'» (1991:9). Celina era una francesa maestra de piano, amiga de la madre de Felisberto.

4 «...los muebles y yo nos portábamos como si nada hubiera pasado...» [...] «unos grandes cuadrados de tierra a los que tímidamente se acercaban algunas losas» [...] «los troncos eran muy gruesos, ellos ya habrían calculado hasta dónde iban a subir y el peso que tendrían que aguantar». La personificación de los objetos es uno de los rasgos más característicos de la prosa de Felisberto a partir de la segunda etapa de su creación. En este caso, los muebles, las losas y los troncos de los árboles poseen la capacidad de sentir y hasta de pensar, y funcionan como una extensión de la conciencia (o el inconsciente) del narrador/personaje.

cruzar la calle hacia unos grandes árboles. Casi siempre interrumpía bruscamente este pensamiento para ver si venía algún vehículo. En seguida miraba las copas de los árboles sabiendo, antes de entrar en su sombra, cómo eran sus troncos, cómo salían de unos grandes cuadrados de tierra a los que tímidamente se acercaban algunas losas. Al empezar, los troncos eran muy gruesos, ellos ya habrían calculado hasta dónde iban a subir y el peso que tendrían que aguantar, pues las copas estaban cargadísimas de hojas oscuras y grandes flores blancas que llenaban todo de un olor muy fuerte porque eran magnolias.

En el instante de llegar a la casa de Celina tenía los ojos llenos de todo lo que habían juntado por la calle. Al entrar en la sala y echarles encima de golpe las cosas blancas y negras que allí había parecía que todo lo que los ojos traían se apagaría. Pero cuando me sentaba a descansar —y como en los primeros momentos no me metía con los muebles porque tenía temor a lo inesperado, en una casa ajena— entonces me volvían a los ojos las cosas de la calle y tenía que pasar un rato hasta que ellas se acostaran en el olvido.

Lo que nunca se dormía del todo, era una cierta idea de magnolias. Aunque los árboles donde ellas vivían hubieran quedado en el camino, ellas estaban cerca, escondidas detrás de los ojos. Y yo de pronto sentía que un caprichoso aire que venía del pensamiento las había empujado, las había hecho presentes de alguna manera y ahora las esparcía entre los muebles de la sala y quedaban confundidas con ellos.

Por eso más adelante —y a pesar de los instantes angustiosos que pasé en aquella sala— nunca dejé de mirar los muebles y las cosas blancas y negras con algún resplandor de magnolias.

Todavía no se habían dormido las cosas que traía de la calle cuando ya me encontraba caminando en puntas de pie —para que Celina no me sintiera— y dispuesto a violar algún secreto de la sala.

Al principio iba hacia una mujer de mármol y le pasaba los dedos por la garganta[5]. El busto estaba colocado en una mesita de patas largas y débiles; las primeras veces se tambaleaba. Yo había tomado a

---

5   Los párrafos que siguen ilustran la manera peculiar en que Felisberto crea un ambiente por medio de la relación íntima o concatenación de los objetos en un espacio determinado. La relación entre el narrador y el busto de mármol se extiende a la mujer de la foto en la pared, y luego a la abuela de los «dedos gordos, rechonchos» que cuando se pinchó «le saltó un chorro de sangre hasta el techo». La descripción de los dedos de la abuela tiene connotaciones eróticas suscitadas por la descripción de las mujeres inanimadas, la de mármol y la de la foto, sin que falte el toque edipal del marido celoso en la foto que la acompaña. La fijación con mujeres inmóviles y provocativas presagia «Las Hortensias», uno de los cuentos más logrados de Felisberto.

la mujer del pelo con una mano para acariciarla con la otra. Se sobreentendía que el pelo no era de pelo sino de mármol. Pero la primera vez que le puse la mano encima para asegurarme que no se movería se produjo algún instante de confusión y olvido. Sin querer, al encontrarla parecida a una mujer de la realidad, había pensado en el respeto que le debía, en los actos que correspondían al trato con una mujer real. Fue entonces que tuve el instante de confusión. Pero después sentía el placer de violar una cosa seria.[6] En aquella mujer se confundía algo conocido –el parecido a una de carne y hueso, lo de saber que era de mármol y cosas de menor interés–; y algo desconocido –lo que tenía de diferente a las otras, su historia (suponía vagamente que la habrían traído de Europa y más vagamente suponía a Europa, en qué lugar estaría cuando la compraran, los que la habrían tocado, etc.) – y sobre todo lo que tenía que ver con Celina. Pero en el placer que yo tenía al acariciar su cuello se confundían muchas cosas más. Me desilusionaban los ojos. Para imitar el iris y la niña habían agujereado el mármol y parecían los de un pescado. Daba fastidio que no se hubieran tomado el trabajo de imitar las rayitas del pelo: aquello era una masa de mármol que enfriaba las manos. Cuando ya iba a empezar el seno, se terminaba el busto y empezaba un cubo en el que se apoyaba toda la figura. Además, en el lugar donde iba a empezar el seno había una flor tan dura que si uno pasaba los dedos apurados podía cortarse. (Tampoco le encontraba gracia imitar una de esas flores: había a montones en cualquiera de los cercos del camino.)

Al rato de mirar y tocar la mujer también se me producía como una memoria triste de saber cómo eran los pedazos de mármol que imitaban los pedazos de ella; y ya se habían deshecho bastante las confusiones entre lo que era ella y lo que sería una mujer real. Sin embargo, a la primera oportunidad de encontrarnos solos, ya los dedos se me iban hacia su garganta. Y hasta había llegado a sentir, en momentos que nos acompañaban otras personas –cuando mamá y Celina hablaban de cosas aburridísimas– cierta complicidad con ella. Al mirarla de más lejos y como de paso, la volvía a ver entera y a tener un instante de confusión.

---

6   Varios críticos se han enfocado en el acercamiento de Felisberto a la sexualidad, principalmente Graziano (1997), quien ha puesto énfasis en la ambigüedad deliberada con la que Felisberto utiliza referencias sexuales mayormente ajenas hasta entonces a la narrativa latinoamericana, y ha señalado los estudios, aunque informales, que hiciera el autor sobre sicología, visitando sanatorios y observando el comportamiento de los pacientes del doctor Radecki.

Dentro de un cuadro había dos óvalos con las fotografías de un matrimonio pariente de Celina. La mujer tenía una cabeza bondadosamente inclinada, pero la garganta, abultada, me hacía pensar en un sapo. Una de las veces que la miraba, fui llamado, no sé cómo, por la mirada del marido. Por más que yo lo observaba de reojo, él siempre me miraba de frente y en medio de los ojos. Hasta cuando yo caminaba de un lugar a otro de la sala y tropezaba con una silla, sus ojos se dirigían al centro de mis pupilas. Y era fatalmente yo, quien debía bajar la mirada. La esposa expresaba dulzura no sólo en la inclinación sino en todas las partes de su cabeza: hasta con el peinado alto y la garganta de sapo. Dejaba que todas sus partes fueran buenas: era como un gran postre que por cualquier parte que se probara tuviera rico gusto.[7] Pero había algo que no solamente dejaba que fuera bueno, sino que se dirigía a mí: eso estaba en los ojos. Cuando yo tenía la preocupación de no poder mirarla a gusto porque al lado estaba el marido, los ojos de ella tenían una expresión y una manera de entrar en los míos que equivalía a aconsejarme: «no le hagas caso yo te comprendo, mi querido». Y aquí empezaba otra de mis preocupaciones. Siempre pensé que las personas buenas, las que más me querían, nunca me comprendieron; nunca se dieron cuenta que yo las traicionaba, que tenía para ellas malos pensamientos. Si aquella mujer hubiera estado presente, si todavía se hubiera conservado joven, si hubiera tenido esa enfermedad del sueño en que las personas están vivas pero no se dan cuenta cuando las tocan y si hubiera estado sola conmigo en aquella sala, con seguridad que yo hubiera tenido curiosidades indiscretas.

Cuando yo sin querer caía bajo la mirada del marido y bajaba rápidamente la vista, sentía contrariedad y fastidio. Y como esto se produjo varias veces, me quedó en los párpados la memoria de bajarlos y la angustia de sentir humillación. De manera que cuando me encontraba con los ojos de él, ya sabía lo que me esperaba. A veces aguantaba un rato la mirada para darme tiempo a pensar cómo haría para sacar rápidamente la mía sin sentir humillación: ensayaba sacarla para un lado y mirar de pronto el marco del cuadro, como si estuviera interesado en su forma. Pero aunque los ojos miraban el marco, la

---

7   FH da aquí un indicio de la oralidad que aparecerá esporádicamente en otros cuentos como «El balcón» y «El comedor oscuro» (en el personaje de Dolly). A partir de los años cuarenta Felisberto desarrolla un voraz apetito que le hace consumir enormes cantidades de comida, transformando su delgadez de juventud en la obesidad que va a exacerbar sus problemas de salud y ayudar a su temprana muerte.

atención y la memoria inmediata que me había dejado su mirada, me humillaban más; y además pensaba que tenía que hacerme trampa a mí mismo. Sin embargo, una vez conseguí olvidarme un poco de su mirada o de mi humillación. Había sacado rápidamente la mirada de los ojos de él y la había colocado rígidamente en sus bigotes. Después del engorde negro que tenía encima de la boca salían para los costados en línea recta y seguían así un buen trecho. Entonces pensé en los dedos de mi abuela: eran gordos, rechonchos —una vez se pinchó y le saltó un chorro de sangre hasta el techo— y aquellos bigotes parecían haber sido retorcidos por ella. (Ella se pasaba mucho rato retorciendo con sus dedos transpirados el hilo negro para que pasara la aguja; y como veía poco y para ver mejor echaba la cabeza hacia atrás y separaba demasiado el hilo y la aguja de los ojos, aquello no terminaba nunca.) Aquel hombre también debió haberse pasado mucho rato retorciéndose el bigote; y mientras hacía eso y miraba fijo, quién sabe qué clase de ideas tendría.

Aunque los secretos de las personas mayores pudieran encontrarse en medio de sus conversaciones o de sus actos, yo tenía mi manera predilecta de hurgar en ellos: era cuando esas personas no estaban presentes y cuando podía encontrar algo que hubieran dejado al pasar; podrían ser rastros, objetos olvidados, o sencillamente objetos que hubieran dejado acomodados mientras se ausentaban —y sobre todo los que hubieran dejado desacomodados por apresuramiento. Pero siempre objetos que hubieran sido usados en un tiempo anterior al que yo observaba.[8] Ellos habrían entrado en la vida de esas personas, ya fuera por azar, por secreta elección, o por cualquier otra causa desconocida; lo importante era que habrían empezado a desempeñar alguna misión o significarían algo para quien los utilizaba y que yo aprovecharía el instante en que esos objetos no acompañaran a esas personas, para descubrir sus secretos o los rastros de sus secretos.

En la sala de Celina había muchas cosas que me provocaban el deseo de buscar secretos. Ya el hecho de estar solo en un lugar desconocido, era una de ellas. Además, el saber que todo lo que había allí pertenecía a Celina, que ella era tan severa y que apretaría tan fuer-

---

8   El autor reitera por medio de su narrador su teoría del «objeto correlativo» que sirve como clave para descifrar los misterios que se escapan a la lógica o la percepción aislada de los sentidos. Los objetos, como hemos visto en la progresión anterior, crean redes sutiles que develan un orden sólo accesible por medio de sensaciones combinadas y correlaciones reiteradas.

temente sus secretos me aceleraba con una extraña emoción, el deseo de descubrir o violar secretos.

Al principio había mirado los objetos distraídamente; después me había interesado por los secretos que tuvieran los objetos en sí mismos; y de pronto ellos me sugerían la posibilidad de ser intermediarios de personas mayores; ellos –o tal vez otros que yo no miraba en ese momento– podrían ser encubridores o estar complicados en actos misteriosos. Entonces me parecía que alguno me hacía una secreta seña para otro, que otro se quedaba quieto haciéndose el disimulado, que otro le devolvía la seña al que lo había acusado primero, hasta que por fin me cansaban, se burlaban, jugaban entendimientos entre ellos y yo quedaba desairado. Debe de haber sido en uno de esos momentos que me rozaron la atención, como de paso, las insinuantes ondulaciones de las curvas de las mujeres. Y así me debo de haber sentido navegando en algunas ondas, para ser interferido después, por la mirada de aquel marido. Pero cuando ya había sido llamado varias veces y de distintos lugares de la sala por los distintos personajes que al rato me desairaban, me encontraba con que el principio había estado orientado hacia un secreto que me interesaba más, y después había sido interrumpido y entretenido por otro secreto inferior.[9] Tal vez anduviera mejor encaminado cuando le levantaba las polleras a las sillas.

Una vez las manos se me iban para las polleras de una silla y me las detuvo el ruido fuerte que hizo la puerta que daba al zaguán, por donde entraba apurada Celina cuando venía de la calle. Yo no tuve más tiempo que el de recoger las manos, cuando llegó hasta mí, como de costumbre y me dio un beso. Esta costumbre fue despiadadamente suprimida una tarde a la hora de despedirnos; le dijo a mi madre algo así: «Este caballero ya va siendo grande y habrá que darle la mano.» Celina traía severamente ajustado de negro su cuerpo alto y delgado como si se hubiese pasado las manos muchas veces por encima de las curvas que hacía el corsé para que no quedara la menor arruga en el

---

9　　«...me encontraba con que el principio había estado orientado hacia un secreto que me interesaba más, y después había sido interrumpido y entretenido por otro secreto inferior.» A lo largo de su obra, Felisberto se refiere «el secreto» o «el misterio» en varios contextos que aluden a percepciones insólitas y a una especie de «realidad complementaria», no sujeta a los procesos lógicos, que abarca una totalidad coherente y unificada. Al final de esta extensa digresión sobre los objetos, volvemos a la mención de las polleras de los muebles, con la que se cierra la sección de este relato impecablemente estructurado por encima de sus aparentes digresiones.

paño grueso del vestido.[10] Y así había seguido hasta arriba ahogándose con un cuello que le llegaba hasta las orejas. Después venía la cara muy blanca, los ojos muy negros, la frente muy blanca y el pelo muy negro, formando un peinado redondo como el de una reina que había visto en unas monedas y que parecía un gran budín quemado.[11]

Yo recién empezaba a digerir la sorpresa de la puerta, de la entrada de Celina y del beso, cuando ella volvía a aparecer en la sala. Pero en vez de venir severamente ajustada de negro, se había puesto encima un batón blanco de tela ligera y almidonada, de mangas cortas, acampanadas y con volados. Del volado salía el brazo con el paño negro del vestido que traía de la calle, ajustado hasta las muñecas. Esto ocurría en invierno; pero en verano, de aquel mismo batón salía el brazo completamente desnudo. Al aparecer de entre los volados endurecidos por el almidón, yo pensaba en unas flores artificiales que hacía una señora a la vuelta de casa. (Una vez mamá se paró a conversar con ella. Tenía un cuerpo muy grande, de una gordura alegre; y visto desde la vereda cuando ella estaba parada en el umbral de su puerta, parecía inmenso. Mi madre le dijo que me llevaba a la lección de piano; entonces ella, un poco agitada, le contestó: «Yo también empecé a estudiar el piano; y estudiaba y estudiaba y nunca veía el adelanto, no veía el resultado. En cambio ahora que hago flores y frutas de cera, las veo... las toco... es algo, usted comprende.» Las frutas eran grandes bananas amarillas y grandes manzanas coloradas. Ella era hija de un carbonero, muy blanca, rubia, con unos cachetes naturalmente rojos y las frutas de cera parecían como hijas de ella.)

Un día de invierno me había acompañado a la lección mi abuela; ella había visto sobre las teclas blancas y negras mis manos de niño de diez años, moradas por el frío, y se le ocurrió calentármelas con las de ella. (El día de la lección se las perfumaba con agua Colonia –mezclada con agua simple, que quedaba de un color lechoso, como la horchata. Con esa misma agua hacía buches para disimular el olor

---

10   La segunda sección estructural del relato se centra en la caracterización de Celina y su relación con el narrador.

11   La blancura de Celina nos recuerda la de la estatua en la introducción, traspasándole el contenido erótico que se le había trasmitido. Su peinado, del mismo modo, nos remite doblemente a la estatua y a la mujer de la fotografía. Celina, por lo tanto, aparece dentro de un contexto erótico previamente establecido en referencia a objetos inanimados. La estatua como objeto correlativo de una mujer deseada se vuelve a utilizar en «Nadie encendía las lámparas», ilustrando el sistema de referencias intratextuales e intertextuales en la obra de Felisberto que activa los procesos asociativos, tanto conscientes como subconscientes, del lector.

a unos cigarros de hoja que venían en paquetes de veinticinco y por
los que tanto rabiaba si mi padre no se los conseguía exactamente de
la misma marca, tamaño y gusto.)

Como estábamos en invierno, pronto era la noche. Pero las ventanas no la habían visto entrar: se habían quedado distraídas contemplando hasta último momento, la claridad del cielo. La noche
subía del piso y de entre los muebles, donde se esparcían las almas
negras de las sillas. Y entonces empezaban a flotar tranquilas, como
pequeños fantasmas inofensivos, las fundas blancas[12]. De pronto
Celina se ponía de pie, encendía una pequeña lámpara y la engarzaba
por medio de un resorte, en un candelabro del piano. Mi abuela y yo
al acercarnos nos llenábamos de luz como si nos hubieran echado
encima un montón de paja transparente. En seguida Celina ponía la
pantalla y ya no era tan blanca su cara cargada de polvos, como una
aparición, ni eran tan crudos sus ojos, ni su pelo negrísimo.

Cuando Celina estaba sentada a mi lado yo nunca me atrevía a mirarla. Endurecía el cuerpo como si estuviera sentado en un carricoche,
con el freno trancado y ante un caballo[13]. (Si era lerdo lo castigarían
para que se apurara; y si era brioso, tal vez disparara desbocado y entonces las consecuencias serían peores.) Únicamente cuando ella hablaba con mi abuela y apoyaba el antebrazo en una madera del piano,
yo aprovechaba a mirarle una mano. Y al mismo tiempo ya los ojos
se habían fijado en el paño negro de la manga que le llegaba hasta la
muñeca.

Los tres nos habíamos acercado a la luz y a los sonidos (más bien
a esperar sonidos, porque yo los hacía con angustiosos espacios de
tiempo y siempre se esperaban más y casi nunca se satisfacía del todo
la espera y éramos tres cabezas que trabajábamos lentamente, como
en los sueños, y pendientes de mis pobres dedos. Mi abuela había

---

12   Las sillas negras y las fundas blancas evocan el contraste entre el blanco y el negro en la
     caracterización de Celina, que alude a un lado tenebroso en su personalidad aparente-
     mente sencilla y benévola, y que se pondrá de manifiesto a medida que se desenvuelve
     el relato. El uso del color negro para formar secuencias asociativas es también promi-
     nente en «Las Hortensias».

13   En esta instancia se establece un nexo entre el caballo y el narrador, ambos subyugados
     por Celina, física o afectivamente. La referencia al caballo subyugado se enlazará después
     a la del caballo perdido del título, y a otro relato, «La mujer parecida a mí».

quedado rezagada en la penumbra porque no había arrimado bastante su sillón y parecía suspendida en el aire. Con su gordura –forrada con un eterno batón gris de cuellito de terciopelo negro– cubría todas las partes del sillón: solamente sobraba un poco de respaldo a los costados de la cabeza. La penumbra disimulaba sus arrugas –las de las mejillas eran redondas y separadas como las que hace una piedra al caer en una laguna; las de la frente eran derechas y añadidas como las que hace un poco de viento cuando pasa sobre agua dormida. La cara redonda y buena, venía muy bien para la palabra «abuela»; fue ella la que me hizo pensar en la redondez de esa palabra. (Si algún amigo tenía una abuela de cara flaca, el nombre de «abuela» no le venía bien y tal vez no fuera tan buena como la mía.)[14]

En muchos ratos de la lección mi abuela quedaba acomodada y como guardada en la penumbra. Era más mía que Celina; pero en aquellos momentos ocupaba el espacio oscuro de algo demasiado sabido y olvidado. Otras veces ella intervenía espontáneamente movida por pensamientos que yo nunca podía prever pero que reconocía como suyos apenas los decía. Algunos de esos pensamientos eran abstrusos y para comunicarlos elegía palabras ridículas –sobre todo si se trataba de música. Cuando ya había repetido muchas veces esas mismas palabras, yo no las atendía y me eran tan indiferentes como objetos que hubiera puesto en mi pieza mucho tiempo antes: de pronto, al encontrarlos en un sitio más importante, me irritaba, pues creía descubrir el engaño de que ellos pretendieran aparecer como nuevos siendo viejos, y porque me molestaba su insistencia, la intención de volver a mostrármelos para que los viera mejor, para que me convenciera de su valor y me arrepintiera de la injusticia de no haberlos considerado desde un principio. Sin embargo es posible que ella pensara cosas distintas y que a pesar del esfuerzo por decirme algo nuevo, esos pensamientos vinieran a sintetizarse, al final, en las mismas palabras, como si me mostrara siempre un mismo jarrón y yo no supiera que adentro hubiera puesto cosas distintas. Algunas veces parecía que ella se daba cuenta, después de haber dicho una misma cosa, que no sólo no decía lo que quería sino que repetía siempre lo mismo. Entonces era ella la que se irritaba y decía a tropezones y que-

---

14   Felisberto hace amplio uso de la sinestesia en sus caracterizaciones; aquí se identifica un
       sonido con una percepción visual: la «redondez» de la palabra «abuela».

riendo ser irónica: «hacé caso a lo que te dice la maestra; ¿no ves que sabe más que vos?»

En casa de Celina –y aunque ella no estuviera presente– los arrebatos de mi abuela no eran peligrosos. Algo había en aquella sala que siempre se los enfriaba a tiempo.

Además, aquel era un lugar en que no sólo yo debía mostrar educación, sino también ella. Tenía un corazón fácil a la bondad y muchas actitudes mías le hacían gracia. Aunque el estilo de mis actitudes fuera el mismo, a ella le parecían nuevas si yo las producía en situaciones distintas y en distintas formas: le gustaba reconocer en mí algo ya sabido y algo diferente al mismo tiempo. Todavía la veo reírse saltándole la barriga debajo de un delantal, saltándole entre los dedos un papel verde untado de engrudo que iba envolviendo en un alambre mientras hacía cabos a flores artificiales –aquellos cabos le quedaban demasiado gruesos, grotescos, abultados por pelotones de engrudo y desproporcionados con las flores. Además le saltaba un pañuelo que tenía en la cabeza y un pucho de cigarro de hoja que siempre tenía en la boca. Pero su corazón también era fácil a la ira. Entonces se le llenaba la cara de fuego, de palabrotas y de gestos; también se le llenaba el cuerpo de movimientos torpes y enderezaba a un lugar donde estaba colgado un rebenque muy lindo con unas anillas de plata que había sido del esposo.

En casa de Celina, apenas si se le escapaba la insinuación de una amenaza. Y mucho menos un manotón: yo podía sentarme tranquilamente al lado de ella. Aún más: cuando Celina era muy severa o se olvidaba que yo no había podido estudiar por alguna causa ajena a mi voluntad, yo buscaba a mi abuela con los ojos; y si no me atrevía a mirarla, la llamaba con la atención, pensando fuertemente en ella y endureciendo mi silencio. Ella tardaba en acudir; al fin la sentía venir en mi dirección, como un vehículo pesado que avanza con lentitud, con esfuerzo, echando humo y haciendo una cantidad de ruidos raros provocados por un camino pedregoso. En aquellos instantes, cuando aparecían en la superficie severa de Celina rugosidades ásperas, cuando yo trancaba mi carricoche y mi abuela acudía afanosa como una aplanadora antigua, parecía que habíamos sido invitados a una pequeña pesadilla. Colocado a través de las teclas, como un riel sobre durmientes, había un largo lápiz rojo.[15] Yo no lo perdía de vista porque quería que me compraran otro igual. Cuando Celina lo tomaba para apuntar en el libro de música, los números que correspondían a los dedos, el lápiz estaba deseando que lo dejaran escribir. Como Celina no lo soltaba, él se movía ansioso entre los dedos que lo sujetaban, y con su ojo único y puntiagudo miraba indeciso y oscilante de un lado para otro. Cuando lo dejaban acercarse al papel, la punta parecía un hocico que husmeaba algo, con instinto de lápiz, desconocido para nosotros, y registraba entre las patas de las notas buscando un lugar blanco donde morder. Por fin Celina lo soltaba y él, con movimientos cortos, como un chanchito cuando mama, se prendía vorazmente del blanco del papel, iba dejando las pequeñas huellas firmes y acentuadas de su corta pezuña negra y movía alegremente su larga cola roja.

Celina me hacía poner las manos abiertas sobre las teclas y con los dedos de ella levantaba los míos como si enseñara a una araña a mover las patas. Ella se entendía con mis manos mejor que yo mismo. Cuando las hacía andar con lentitud de cangrejos entre pedruscos blancos y negros, de pronto las manos encontraban sonidos que encantaban todo lo que había alrededor de la lámpara y los objetos quedaban cubiertos por una nueva simpatía.

Una vez ella me repetía una cosa que mi cabeza entendía pero las manos no. Llegó un momento en que Celina se enojó y vi aumentar su ira más rápidamente que de costumbre. Me tomó tan distraído como si me hubiera olvidado algo en el fuego y de pronto lo sintiera derramarse. En el apuro ya ella había tomado aquel lápiz rojo tan lindo y yo sentía sonar su madera contra los huesos de mis dedos, sin darme tiempo a saber que me pegaba. Tenía que atender muchas cosas que me asaltaban a la vez; pero ya me había empezado a crecer un dolor que no tenía más remedio que atender en primer término. Se me hinchaban unas inaguantables ganas de llorar. Las apretaba con todas mis fuerzas mientras me iba cayendo en los oídos, en la cara, en la cabeza y por todo el cuerpo un silencio de pesadilla. De todo aquello que era el piano, la lámpara y Celina con el lápiz todavía en la mano, me llegaba un calor extraño. En aquel momento los objetos

---

15   La animación del lápiz y su identificación con un chanchito constituye uno de tantos aciertos en este relato. El lápiz rojo, con su forma fálica y su asociación con la satisfacción oral del chanchito, funciona como correlativo del narrador y sus deseos infantiles por la maestra.

tenían más vida que nosotros.[16] Celina y mi abuela se habían quedado quietas y forradas con el silencio que parecía venir de lo oscuro de la sala junto con la mirada de los muebles. En el instante de la sorpresa se me había producido un vacío que en seguida empezó a llenarse con muchas angustias. Después había hecho un gran esfuerzo por salir del vacío y dejar que se llenara solo. Di algo así como un salto hacia atrás retrocediendo en el tiempo de aquel silencio y pensé que también ellas los estarían rellenando con algo. Me pareció sentir que se habían mirado y que esas miradas me habían rozado las espaldas y querían decir: «Fue necesario castigarlo; pero la falta no es grave; además, él sufre mucho.» Pero esta desdichada suposición fue la señal para que alguien rompiera las represas de un río. Fue entonces cuando se llenó el vacío de mi silencio. Por la corriente del río había visto venir —y no lo había conocido— un pensamiento retrasado. Había llegado sigilosamente, se había colocado cerca y después había hecho explosión. ¿Cómo era que Celina me pegaba y me dominaba, cuando era yo el que me había hecho la secreta promesa de dominarla? Hacía mucho que yo tenía la esperanza de que ella se enamorara de mí —si es que no lo estaba ya. Y aquella suposición de hacía un instante —la de que me tendría lástima— fue la que atrajo y apresuró este pensamiento antagónico: mi propósito íntimo de dominarla.

Saqué las manos del teclado y apreté los puños contra mis pantalones. Ella quiso, sin duda, evitar que yo llorara —recuerdo muy bien que no lo hice— y me mandó que siguiera la lección. Yo me quedé mucho rato sin levantar la cabeza ni las manos, hasta que ella volvió a enojarse y dijo: «Si no quiere dar la lección, se irá.» Siguió hablándole a mi abuela y yo me puse de pie. Apenas estuvimos en la puerta de calle la despedida fue corta y mi abuela y yo empezamos a cruzar la noche. En seguida de pasar bajo unos grandes árboles —las magnolias estaban apagadas— mi abuela me amenazó para cuando llegáramos a casa: había dado lugar a que Celina me castigara y además no había querido seguir la lección. A mí no se me importaba ya las palizas que me dieran. Pensaba que Celina y yo habíamos terminado.[17] Nuestra historia había sido bien triste. Y no sólo porque ella fuera mayor que yo —me llevaría treinta años—.

---

16   La afirmación sobre la vida independiente de los objetos, con innumerables variantes, aparece de forma explícita o implícita a lo largo de la obra de Felisberto.

17   La voz narrativa en toda esta sección denota un doble enfoque que muestra la perspectiva infantil del niño prendado de su maestra («nuestra historia», «nuestras relaciones») junto

Nuestras relaciones habían empezado –como ocurre tantas veces– por una vieja vinculación familiar. (Celina había estudiado el piano con mi madre en las faldas. Mamá tendría entonces cuatro años.) Esta vinculación ya se había suspendido antes que yo naciera. Y cuando las familias se volvieron a encontrar, entre las novedades que se habían producido, estaba yo– Pero Celina me había inspirado el deseo de que yo fuera para ella una novedad interesante. A pesar de su actitud severa y de que su cara no se le reía, me miraba y me atendía de una manera que me tentaba a registrarla: era imposible que no tuviera ternura. Al hablarle a mamá se veía que la quería. Una vez, en las primeras lecciones, había dicho que yo me parecía a mi madre. Entonces, en los momentos que nos comparaba, cuando miraba algunos rasgos de mi madre y después los míos, parecía que sus ojos negros sacaran un poco de simpatía de los rasgos de mi madre y la pusieran en los míos. Pero de pronto se quedaba mirando los míos un ratito más y sería entonces cuando encontraba algo distinto, cuando descubría lo nuevo que había en mi persona y cuando yo empezaba a sentir deseos de que ella siguiera preocupándose de mí. Además, yo no sólo sería distinto a mi madre en algunos rasgos sino también en algunas maneras de ser. Yo tenía una manera de estar parado al lado de una silla, con un brazo recostado en el respaldo y con una pierna cruzada, que no la tenía mi madre.

Como siempre tenía dificultad para engañar a las personas mayores –me refiero a uno de los engaños que se prolongan hasta que se hace difícil que las personas mayores los descubran– por eso no creí haber engañado a Celina con mis poses hasta después de mucho tiempo y cuando ella le había llamado la atención a mi madre sobre la condición natural mía de quedar siempre en una buena postura. Y sobre todo creí, porque también habían comentado las poses en que quedaban algunas personas cuando dormían. Y eso era cierto. Casi diría que esa verdad había acogido y envuelto cariñosamente mi mentira. Al principio la observación de Celina me produjo extrañeza y emoción. Ella no sabía qué sentimientos míos había sacudido. Primero yo estaba tan tranquilo como un vaso de agua encima de una mesa; después ella había pasado muy cerca y sin darse cuenta había tropezado con la mesa y había agitado el agua del vaso.[18]

---

con la perspectiva del narrador que sugiere trasfondos inesperados (»el deseo de que yo fuera para ella una novedad interesante«) en la relación de un niño de diez años y su maestra de cuarenta.

18   El vaso funciona como el objeto correlativo que denota los sentimientos del personaje.

A mí me parecía mentira que hubiera logrado engañarla. En seguida empecé a mirarla queriendo saber si se reía de mí; después pensé si yo realmente no podría hacer las poses sin querer. Y por último recordé que cuando Celina me había inspirado la idea de que yo debía gustarle, cuando me daba tanto placer suponer lo que ella pensaría de mí y cuando empecé a creer que yo tendría algo, un no sé qué interesante, entonces decidí cuidar mis poses y tuve el propósito de tratar continuamente de llamarle la atención con una manera de ser original y llena de novedades. Estos recuerdos me fueron tranquilizando, como si el agua del vaso que estaba en la mesa donde Celina había tropezado sin querer, hubiera vuelto a quedarse quieta. Ahora que yo había logrado engañarla —como podría engañar a cualquier persona mayor y sobre todo estando de visita— me sentía más independiente, más personal: y hasta podría encontrar la manera de que Celina se enamorara de mí. Pero claro, esto era muy difícil; además, como yo era muy tímido no me hubiera atrevido a preguntar a nadie cómo se hacía. Tendría que conformarme con seguir siendo interesante, novedoso y esperar que ella me hiciera algunas manifestaciones. Mientras tanto yo iría buscando su ternura y escondiéndome entre los arbustos que habría al borde de uno de los caminos que me llevarían hacia ella. Además, si ella tuviera la ternura que yo creía, entraría en mi silencio y adivinaría mi deseo. Yo no podía dejar de suponer cómo sería una persona severa en el momento de ablandarse, de ser tierna con alguien a quien quisiera. Tal vez aquella mano nudosa, que tenía una cicatriz, se ablandara para hacer una caricia y no importara nada el grueso paño negro que le llegaba hasta las muñecas. Tal vez todo eso fuera lindo y tuviera gracia, como tenían todos los objetos, cuando recibían los sonidos que se levantaban del piano. A lo mejor, mientras me hacía una caricia, inclinaría la cabeza, como en el momento de prender la lámpara, y mientras al piano, como a un viejo somnoliento no, no le importaba que le pusieran aquella luz en el costado.

Ahora Celina había roto en pedazos todos los caminos; y había roto secretos antes de saber cómo eran sus contenidos. Claro que de cualquier manera todas las personas mayores estaban llenas de secretos. Aunque hablaran con palabras fuertes, esas palabras estaban rodeadas por otras que no se oían. A veces se ponían de acuerdo a pesar de decir cosas diferentes y era tan sorprendente como si creyendo estar de frente se dieran la espalda o creyendo estar en presencia uno de otro anduvieran por lugares distintos y alejados. Como yo era niño tenía libertad de andar alrededor de los muebles donde esas personas estaban sentadas; y lo mismo me dejaban andar alrededor de las palabras que ellas utilizaban. Pero ahora yo no tenía más ganas de buscar secretos. Después de la lección en que Celina me pegó con el lápiz, nos tratábamos con el cuidado de los que al caminar esquivan pedazos de cosas rotas. En adelante tuve el pesar de que nuestra confianza fuera clara pero desoladora, porque la violencia había hecho volar las ilusiones. La claridad era tan inoportuna como si en el cine y en medio de un drama hubieran encendido la luz. Ella tenía mi inocencia en sus manos, como tuvo en otro tiempo la de mi madre.

Cuando llegamos a casa –aquella noche que Celina me pegó y que mi abuela me amenazó por la calle– no me castigaron. El camino era oscuro; mi abuela descifraba los bultos que íbamos encontrando. Algunos eran cosas quietas, pilares, piedras, troncos de árboles, otros eran personas que venían en dirección contraria y hasta encontramos un caballo perdido.[19] Mientras ocurrían estas cosas, a mi abuela se le fue el enojo y la amenaza se quedó en los bultos del camino o en el lomo del caballo perdido.

En casa descubrieron que yo estaba triste; lo atribuyeron al desusado castigo de Celina, pero no sospecharon lo que había entre ella y yo.

Fue una de esas noches en que yo estaba triste, y ya me había acostado y las cosas que pensaba se iban acercando al sueño, cuando empecé a sentir la presencia de las personas como muebles que cambiaran de posición. Eso lo pensé muchas noches. Eran muebles que

---

19   Esta referencia aparentemente tangencial le da nombre al relato, de modo análogo a «Nadie encendía las lámparas» o «Menos Julia». El pleno significado de la referencia no se pondrá de manifiesto hasta la segunda mención del caballo perdido, en la siguiente oración, cuando las amenazas de castigo de la abuela se quedan «en los bultos del camino o en el lomo del caballo perdido». La referencia captura uno de los temas centrales del relato: una amenaza (o deseo) que no se cumple, que se esfuma en el recuerdo. Julio Cortázar procede de manera análoga al nombrar uno de sus cuentos más logrados, «Las babas del diablo», en base a una referencia aparentemente tangencial que sus traductores alteran al nombrarlo abiertamente «Blow Up», destruyendo el efecto deliberadamente oblicuo que propusiera el autor. La tangencialidad del título funciona como una invitación para que el lector participe de forma más activa en descifrar el significado del título y del cuento.

además de poder estar quietos se movían; y se movían por voluntad propia. A los muebles que estaban quietos yo los quería y ellos no me exigían nada; pero los muebles que se movían no sólo exigían que se les quisiera y se les diera un beso sino que tenían exigencias peores; y además, de pronto, abrían sus puertas y le echaban a uno todo encima. Pero no siempre las sorpresas eran violentas y desagradables; había algunas que sorprendían con lentitud y silencio como si por debajo se les fuera abriendo un cajón y empezaran a mostrar objetos desconocidos. (Celina tenía sus cajones cerrados con llave.) Había otras personas que también eran muebles cerrados pero tan agradables, que si uno hacía silencio sentía que adentro tenían música, como instrumentos que tocaran solos. Tenían una tía que era como un ropero de espejos colocado en una esquina frente a las puertas: no había nada que no cayera en sus espejos y había que consultarla hasta para vestirse. El piano era una buena persona. Yo me sentaba cerca de él; con unos pocos dedos míos apretaba muchos de los suyos, ya fueran blancos o negros; en seguida le salían gotas de sonidos; y combinando los dedos y los sonidos, los dos nos poníamos tristes.

Una noche tuve un sueño extraño. Estaba en el comedor de Celina. Había una familia de muebles rubios: el aparador y una mesa con todas sus sillas alrededor. Después Celina corría alrededor de la mesa; era un poco distinta, daba brincos como una niña y yo la corría con un palito que tenía un papel envuelto en la punta.[20]

Ha ocurrido algo imprevisto y he tenido que interrumpir esta narración.[21] Ya hace días que estoy detenido. No sólo no puedo escribir,

---

20   El aparador y la mesa con todas sus sillas alrededor se asemejan a una familia, como la que el narrador tal vez quisiera formar con Celina, desafiando toda lógica. No es necesario abundar sobre las connotaciones del «palito» con el que el narrador persigue a su amada Celina en el sueño. El papel en la punta sugiere sublimación de sus deseos por medio de la escritura. El sueño sirve de transición hacia la próxima sección del relato, de carácter marcadamente metanarrativo, donde se pone de manifiesto la dualidad de enfoque que ha caracterizado la narración hasta este punto.

21   En esta sección el narrador abandona la trama central para lanzarse en una digresión sobre el recuerdo, el pasado y la escritura, adentrándose en una zona metanarrativa en la que refexiona sobre la escritura desde la escritura misma. La modernidad y sutileza de FH en este aspecto desdicen de la supuesta «inocencia» que le imputaban algunos de sus primeros críticos. Graziano observa acerca de un pasaje análogo en *Clemente Colling*: «This metafictional interlude identifies the associative mechanism that connects memories as it produces its text, and it does so in the context of the 'two worlds' whose competition 'opens' the work: first memory of the noise itself, and then a second-level memory –the memory of text production– through which the noise is elaborated to suit the tone of the fiction reconstructing it» (1997:31).

sino que tengo que hacer un gran esfuerzo para poder vivir en este tiempo de ahora, para poder vivir hacia adelante. Sin querer había empezado a vivir hacia atrás y llegó un momento en que ni siquiera podía vivir muchos acontecimientos de aquel tiempo, sino que me detuve en unos pocos, tal vez en uno solo; y prefería pasar el día y la noche sentado o acostado. Al final había perdido hasta el deseo de escribir. Y ésta era precisamente, la última amarra con el presente. Pero antes que esta amarra se soltara, ocurrió lo siguiente: yo estaba viviendo tranquilamente en una de las noches de aquellos tiempos. A pesar de andar con pasos lentos, de sonámbulo, de pronto tropecé con una pequeña idea que me hizo caer en un instante lleno de acontecimientos. Caí en un lugar que era como un centro de rara atracción y en el que me esperaban unos cuantos secretos embozados. Ellos asaltaron mis pensamientos, los ataron y desde ese momento estoy forcejeando. Al principio, después de pasada la sorpresa, tuve el impulso de denunciar los secretos. Después empecé a sentir cierta laxitud, un cierto placer tibio en seguir mirando, atendiendo el trabajo silencioso de aquellos secretos y me fui hundiendo en el placer sin preocuparme por desatar mis pensamientos. Fue entonces cuando se fueron soltando, lentamente, las últimas amarras que me sujetaban al presente. Pero al mismo tiempo ocurrió otra cosa. Entre los pensamientos que los secretos embozados habían atado, hubo uno que a los pocos días se desató solo. Entonces yo pensaba: «Si me quedo mucho tiempo recordando esos instantes del pasado, nunca más podré salir de ellos y me volveré loco: seré como uno de esos desdichados que se quedaron con un secreto del pasado para toda la vida. Tengo que remar con todas mis fuerzas hacia el presente.»[22]

«Hasta hace pocos días yo escribía y por eso estaba en el presente. Ahora haré lo mismo, aunque la única tierra firme que tenga cerca sea la isla donde está la casa de Celina y tenga que volver a lo mismo. La revisaré de nuevo: tal vez no haya buscado bien.» Entonces, cuando me dispuse a volver sobre aquellos mismos recuerdos me encontré con muchas cosas extrañas. La mayor parte de ellas no habían ocurrido en aquellos tiempos de Celina, sino ahora, hace poco, mientras recordaba, mientras escribía y mientras me llegaban relaciones oscuras o no comprendidas del todo, entre los hechos que ocu-

---

22   La metáfora sostenida de los secretos como asaltantes embozados se mantiene a lo largo de todo el párrafo con gran habilidad y efecto. Este ejemplo prefigura la maestría de «La casa inundada», donde la metáfora del agua como el inconsciente se sostiene durante todo el relato con infinitas variaciones.

rrieron en aquellos tiempos y los que ocurrieron después, en todos los años que seguí viviendo. No acertaba a reconocerme del todo a mí mismo, no sabía bien qué movimientos temperamentales parecidos había en aquellos hechos y los que se produjeron después; si entre unos y otros había algo equivalente; si unos y otros no serían distintos disfraces de un mismo misterio.[23]

Por eso es que ahora intentaré relatar lo que me ocurría hace poco tiempo, mientras recordaba aquel pasado.

Una noche de verano yo iba caminando hacia mi pieza, cansado y deprimido. Me entregaba a la inercia que toman los pensamientos cuando uno siente la maligna necesidad de amontonarlos porque sí, para sentirse uno más desgraciado y convencerse de que la vida no tiene encanto. Tal vez la decepción se manifestaba en no importárseme jugar con el peligro y que las cosas pudieran llegar a ser realmente así; o quizá me preparaba para que al otro día empezara todo de nuevo, y sacara más encanto de una pobreza más profunda. Tal vez, mientras me entregaba a la desilusión, tuvieran bien agarradas en el fondo del bolsillo las últimas monedas.

Cuando llegué a casa todavía se veían bajo los árboles torcidos y sin podar, las camisas blancas de vecinos que tomaban el fresco. Después de acostado y apagada la luz, daba gusto quejarse y ser pesimista, estirando lentamente el cuerpo entre sábanas más blancas que las camisas de los vecinos.

Fue en una de esas noches, en que hacía el recuento de los años pasados como de monedas que hubiera dejado resbalar de los dedos sin mucho cuidado, cuando me visitó el recuerdo de Celina. Eso no me extrañó como no me extrañaría la visita de una vieja amistad que recibiera cada mucho tiempo. Por más cansado que estuviera, siempre podría hacer una sonrisa para el recién llegado. El recuerdo de Celina volvió al otro día y a los siguientes. Ya era de confianza y yo podía

---

23   «...distintos disfraces de un mismo misterio...» El autor, por medio de su narrador, nos da de nuevo una clave para desentrañar su sistema simbólico, por medio del cual se presenta un concepto a través de una multitud de alusiones metafóricas, y nunca por medio de una definición específica. Respecto a la manifestación del «misterio» o «lo extraño» en la obra de FH observa Graziano: «These two worlds in the fantastic according to Hernández are not the natural and the supernatural but rather the world evoked by the everyday object (street sign, sculpture) and the same world 'othered' when it is mobilized by the subject projecting 'the contradiction of his desires'» (1997: 31).

dejarlo solo, atender otras cosas y después volver a él.[24] Pero mientras lo dejaba solo, él hacía en mi casa algo que yo no sabía. No sé que pequeñas cosas cambiaba y si entraba en relación con otras personas que ahora vivían cerca. Hasta me pareció que una vez que llegó y me saludó, miró más allá de mí y debe haberse entendido con alguien que estaba en el fondo. Pero no sólo ese y otros recuerdos miraban más allá de mí; también me atravesaban y se alejaban algunos pensamientos después de haber estado poco tiempo en mi tristeza.

Y fue una noche en que me desperté angustiado cuando me di cuenta de que no estaba solo en mi pieza: el otro sería un amigo.[25] Tal vez no fuera exactamente un amigo: bien podía ser un socio. Yo sentía la angustia del que descubre que sin saberlo ha estado trabajando a medias con otro y que ha sido el otro quien se ha encargado de todo. No tenía necesidad de ir a buscar las pruebas: éstas venían escondidas detrás de la sospecha como bultos detrás de un paño; invadían el presente, tomaban todas sus posiciones y yo pensaba que había sido él, mi socio, quien se había entendido por encima de mi hombro con mis propios recuerdos y pretendía especular con ellos: fue él quien escribió la narración. ¡Con razón yo desconfiaba de la precisión que había en el relato cuando aparecía Celina!

A mí, realmente a mí, me ocurría otra cosa. Entonces traté de estar solo, de ser yo solo, de saber cómo recordaba yo. Y así esperé que las cosas y los recuerdos volvieran a ocurrir de nuevo.

En la última velada de mi teatro del recuerdo hay un instante en que Celina entra y yo no sé que la estoy recordando. Ella entra, sencillamente; y en ese momento yo estoy ocupado en sentirla. En algún instante fugaz tengo tiempo de darme cuenta de que me ha pasado un aire de placer porque ella ha venido. El alma se acomoda para recordar, como se acomoda el cuerpo en la banqueta de un cine. No puedo pensar si la proyección es nítida, si estoy sentado muy atrás, quiénes son mis vecinos o si alguien me observa. No sé si yo mismo soy el operador; ni siquiera sé si yo vine o alguien me preparó y me trajo para el

---

24   El recuerdo se personifica como un invitado de confianza al que pueden dejar solo, sin supervisión ni atenciones especiales, y volver a él cuando las circunstancias o el deseo lo permitan.

25   Es difícil no pensar en «Las babas del diablo» al leer este relato de 1943. La innovación narrativa de Felisberto al reflexionar sobre el proceso de la escritura desde el relato mismo nos remite también a Macedonio Fernández (Ver Prieto, *Desencuadernados*). Sus divagaciones sobre el recuerdo muestran una «slow-motion, nostalgic, cinematic quality that, as in Proust, is achieved by patiently evoking the past with a fiction that has the texture of memory» (Graziano 1997: 31).

momento del recuerdo. No me extrañaría que hubiera sido la misma Celina: desde aquellos tiempos yo podía haber salido de su lado con hilos que se alargan hacia el futuro y ella todavía los manejara.

Celina no siempre entra en el recuerdo como entraba por la puerta de su sala: a veces entra estando ya sentada al costado del piano o en el momento de encender la lámpara. Yo mismo, con mis ojos de ahora no la recuerdo: yo recuerdo los ojos que en aquel tiempo la miraban; aquellos ojos le transmiten a éstos sus imágenes, y también transmiten el sentimiento en que se mueven las imágenes. En ese sentimiento hay una ternura original. Los ojos del niño están asombrados pero no miran con fijeza. Celina tan pronto traza un movimiento como termina de hacerlo; pero esos movimientos no rozan ningún aire en ningún espacio: son movimientos de ojos que recuerdan.

Mi madre o mi abuela le han pedido que toque y ella se sienta ante el piano. Mi abuela pensará: «Va a tocar la maestra», mi madre: «va a tocar Celina», y yo: «va a tocar ella».[26] Seguramente que es verano porque la luz de la lámpara hace transparencias en las campanas blancas de sus mangas y en sus brazos desnudos: ellos se mueven haciendo ondas que van a terminar en las manos, las teclas y los sonidos. En verano siento más el gusto a la noche, a las sombras con reflejos de plantas, a las noticias sorprendentes, a esperar que ocurra algo, a los miedos equivocados, a los entre—sueños, a las pesadillas y a las comidas ricas. Y también siento más el gusto a Celina. Ella no sólo tiene gusto como si la probara en la boca. Todos sus movimientos tienen gusto a ella: y sus ropas y las formas de su cuerpo.[27] En aquel tiempo su voz también debía tener gusto a ella; pero ahora yo no recuerdo directamente nada que sea de oír; ni su voz, ni el piano ni el ruido de la calle: recuerdo otras cosas que ocurrían cuando en el aire había sonido. El cine de mis recuerdos es mudo. Si para recordar me puedo poner los ojos viejos, mis oídos son sordos a los recuerdos.

Ahora han pasado unos instantes en que la imaginación, como un insecto de la noche, ha salido de la sala para recordar los gustos del

---

26   La múltiple focalización de Celina por parte de la abuela, la madre y el narrador crean una compleja superposición de diversos aspectos de Celina según el personaje que la evoca. Es posible que el entrenamiento musical de Felisberto le haya inspirado a reproducir en la narrativa las estructuras del contrapunto musical, en que melodías relacionadas se tocan al mismo tiempo creando efectos de gran belleza y profundidad.

27   El uso de la sinestesia para evocar el «gusto» de los movimientos de Celina en el recuerdo del narrador se manifiesta de manera especialmente exquisita en todo este párrafo.

verano y ha volado distancias que ni el vértigo ni la noche conocen. Pero la imaginación tampoco sabe quién es la noche, quién elige dentro de ella lugares del paisaje, donde un cavador da vuelta la tierra de la memoria y la siembra de nuevo. Al mismo tiempo alguien echa a los pies de la imaginación pedazos de pasado y la imaginación elige apresurada con un pequeño farol que mueve, agita y entrevera los pedazos y las sombras. De pronto se le cae el pequeño farol en la tierra de la memoria y todo se apaga. Entonces la imaginación vuelve a ser insecto que vuela olvidando las distancias y se posa en el borde del presente. Ahora, el presente en que ha caído es otra vez la sala de Celina y en este momento Celina no toca el piano. El insecto que vuela en el recuerdo ha retrocedido en el tiempo y ha llegado un poco antes que Celina se siente al piano. Mi abuela y mi madre le vuelven a pedir que toque y lo hacen de una manera distinta a la primera vez. En esta otra visión Celina dice que no recuerda. Se pone nerviosa y al dirigirse al piano tropieza con una silla —que debe de haber hecho algún ruido—; nosotros no debemos darnos cuenta de esto. Ella ha tomado una inercia de fuerte impulso y sobrepasa el accidente olvidándolo en el acto. Se sienta al piano, nosotros deseamos que no le ocurra nada desagradable. Ya va a empezar y apenas tenemos tiempo de suponer que será algo muy importante y que después lo contaremos a nuestras relaciones. Como Celina está nerviosa y ella también comprende que es la maestra quien va a tocar, mi abuela y mi madre tratan de alcanzarle un poco de éxito adelantado; hacen desbordar sus mejores suposiciones y están esperando ansiosamente que Celina empiece a tocar, para poner y acomodar en la realidad lo que habían pensado antes.

Las cosas que yo tengo que imaginar son muy perezosas y tardan mucho en arreglarse para venir. Es como cuando espero el sueño. Hay ruidos a los que me acostumbro pronto y puedo imaginar o dormir como si ellos no existieran. Pero el ruido y los pequeños acontecimientos con los que aquellas tres mujeres llenaban la sala me sacudían la cabeza para todos lados. Cuando Celina empezó a tocar me entretuve en recibir lo que me llegaba a los ojos y a los oídos;[28] me iba acostumbrando demasiado pronto a lo que ocurría sin estar muy sor-

---

28   El «gusto» de los movimientos de Celina se ve ahora complementado por estímulos visuales y auditivos, ilustrando la anterior afirmación del narrador acerca de los múltiples disfraces del secreto (Ver nota 19).

prendido y sin dar mucho mérito a lo que ella hacía.

Mi madre y mi abuela se habían quedado como en un suspiro empezado y tal vez tuvieran miedo de que en el instante preciso, cuando tuvieran que realizar el supremo esfuerzo para comprender, sus alas fueran tan pobres y de tan corto alcance como las de las gallinas.

Es posible que pasados los primeros momentos, me haya aburrido mucho.

Me he detenido de nuevo. Estoy muy cansado. He tenido que hacer la guardia alrededor de mí mismo para que él, mi socio, no entre en el instante de los recuerdos. Ya he dicho que quiero ser yo solo[29]. Sin embargo, para evitar que él venga tengo que pensar siempre en él; con un pedazo de mí mismo he formado el centinela que hace la guardia a mis recuerdos y a mis pensamientos; pero al mismo tiempo yo debo vigilar al centinela para que no se entretenga con el relato de los recuerdos y se duerma. Y todavía tengo que prestarle mis propios ojos, mis ojos de ahora.

Mis ojos ahora son insistentes, crueles, exigen un gran esfuerzo a los ojos de aquel niño que debe estar cansado y ya debe ser viejo. Además tiene que ver todo al revés; a él no se le permite que recuerde su pasado: él tiene que hacer el milagro de recordar hacia el futuro. Pero ¿por qué es que yo, sintiéndome yo mismo, veo de pronto todo distinto? ¿Será que mi socio se pone mis ojos? ¿Será que tenemos ojos comunes? ¿Mi centinela se habrá quedado dormido y él le habrá robado mis ojos? ¿Acaso no le es suficiente ver lo que ocurre en la calle a través de las ventanas de mi habitación sino que también quiere ver a través de mis ojos? Él es capaz de abrir los ojos de un muerto para registrar su contenido. Él acosa y persigue los ojos de aquel niño; mira fijo y escudriña cada pieza del recuerdo como si desarmara un reloj. El niño se detiene asustado y a cada momento interrumpe su visión. Todavía el niño no sabe –y es posible que ya no lo sepa nunca más– que sus imágenes son incompletas e incongruentes; no tiene idea

---

29   El doble enfoque del recuerdo se muestra aquí en mayor complejidad, ya que el enfoque se multiplica para incluir la visión del niño y la del adulto, la del amante que embellecía el objeto amado, y la del desengañado que ya no está embrujado por su amor. En esta pluralidad de enfoques, la narración de Felisberto se asemeja a «La olla dorada» de Hoffmann, una de sus obras maestras. En su prólogo a la edición de Ayacucho de 1985, José Pedro Díaz observaba: «Ya *ECP* había provocado, mediante el movimiento de autoanálisis que lo caracteriza, un desdoblamiento o, al menos, una escisión de la personalidad –el que recuerda se reconoce no sólo diferente del recordado, sino del que observa en él mismo cómo recuerda– y esta escisión, (...) le hace hablar ya, en *ECP*, de una parte de sí mismo como de su 'socio', o del 'tipo que era yo aquella noche'» (2000:7).

del tiempo y debe haber fundido muchas horas y muchas noches en una sola. Ha confundido movimientos de muchas personas; ha creído encontrar sentimientos parecidos en seres distintos y ha tenido equivocaciones llenas de encanto. Los ojos de ahora saben esas cosas, pero ignoran muchas otras; ignoran que las imágenes se alimentan de movimiento y que tienen que vivir en un sentimiento dormido. Mi socio detiene las imágenes y el sentimiento se despierta. Clava su mirada en las imágenes como si pinchara mariposas en un álbum. Aunque las imágenes del niño parezcan estar quietas, lo mismo se alimentan de movimiento: hay alguien que hace latir y soñar a los movimientos. Es a ése a quien traicionan mis ojos de ahora. Cuando los ojos del niño toman una parte de las cosas, él supone que están enteras. (Y como a los sueños, al niño no se le importa si sus imágenes son parecidas a las de la vida real o si son completas: él procede como si lo fueran y nada más.) Cuando el niño miraba el brazo desnudo de Celina sentía que toda ella estaba en aquel brazo.[30] Los ojos de ahora quieren fijarse en la boca de Celina y se encuentran con que no pueden saber cómo era la forma de sus labios en relación a las demás cosas de la cara; quieren tomar una cosa y se quedan sin ninguna; las partes han perdido la misteriosa relación que las une; pierden su equilibrio, se separan y se detiene el espontáneo juego de sus proporciones: parecen hechos por un mal dibujante. Si se le antoja articular los labios para ver si encuentra palabras, los movimientos son tan falsos como los de una torpe muñeca de cuerda.

Hay un solo instante en que los ojos de ahora ven bien: es el instante fugaz en que se encuentran con los ojos del niño. Entonces los ojos de ahora se precipitan vorazmente sobre las imágenes creyendo que el encuentro será largo y que llegarán a tiempo. Pero los ojos del niño están defendidos por una inocencia que vive invisible en el aire del mundo. Sin embargo los ojos de ahora persisten hasta cansarse. Todavía antes de dormirse, mi socio, intenta recordar la cara de Celina y al mover el agua del recuerdo las imágenes que están debajo se deforman como vistas en espejos ordinarios donde se movieran los nudos del vidrio.

Recién me doy cuenta de que el recuerdo ha pasado cuando siento en los ojos una molestia física presente, como un escozor de lágrimas

---

30 Además del extenso uso del símil, Felisberto muestra preferencia por la sinécdoque, como en este caso en que el brazo de Celina representa toda su persona.

que se han secado en los párpados.

Hace pocos días al anochecer, se produjo un acontecimiento extraño y sin precedentes en mi persona. Antes, por más raro que fuera lo que ocurría, siempre le encontraba antecedentes: en algún lugar del alma había estado escondido un principio de aquel acontecimiento, alguna otra vez ya se había empezado a ensayar, en mi existencia, un pasaje –acaso el argumento– de aquella última representación. Pero hace pocos días, al anochecer, se inauguró en mí una función sin anuncio previo. No sé si la compañía teatral se había equivocado de teatro, o sencillamente lo había asaltado. Si a mi estado de aquel anochecer le llamara enfermedad, diría que yo no sabía que estaba predispuesto a tenerla; y si esa enfermedad fuera un castigo, diría que habían equivocado la persona del delito. No era el caso que yo sintiera cerca de mí un socio: durante unas horas, yo, completamente yo, fui otra persona: la enfermedad traía consigo la condición de cambiarme. Yo estaba en la situación de alguien que toda la vida ha supuesto que la locura es de una manera; y un buen día, cuando se siente atacado por ella se da cuenta de que la locura no sólo no es como él se imaginaba, sino que el que la sufre, es otro, se ha vuelto otro, y a ese otro no le interesa saber cómo es la locura: él se encuentra metido en ella o ella se ha puesto en él y nada más.

Mientras yo no había dejado de ser del todo quien era y mientras no era quien estaba llamado a ser, tuve tiempo de sufrir angustias muy particulares. Entre la persona que yo fui y el tipo que yo iba a ser, quedaría una cosa común: los recuerdos. Pero los recuerdos, a medida que iban siendo del tipo que yo sería, a pesar de conservar los mismos límites visuales y parecida organización de los datos, iban teniendo un alma distinta. Al tipo que yo sería se le empezaba a insinuar una sonrisa de prestamista, ante la valoración que hace de los recuerdos quien los lleva a empeñar. Las manos del prestamista de los recuerdos pesaban otra cualidad de ellos: no el pasado personal, cargado de sentimientos íntimos y particulares, sino el peso del valor intrínseco.

Después venía otra etapa: la sonrisa se amargaba y el prestamista de los recuerdos ya no pesaba nada en sus manos: se encontraba con recuerdos de arena, recuerdos que señalaban, simplemente, un tiempo que había pasado: el prestamista había robado recuerdos y tiempos sin valor. Pero todavía vino una etapa peor. Cuando al prestamista le aparecía una sonrisa amarga por haber robado inútilmente, todavía le quedaba alma. Después llegó la etapa de la indiferencia. La sonrisa se borró y él llegó a ser quien estaba llamado a ser: un desinteresado, un vagón desenganchado de la vida.[31]

Al principio, cuando en aquel anochecer empecé a recordar y a ser otro, veía mi vida pasada, como en una habitación contigua. Antes yo había estado y había vivido en esa habitación; aún más, esa habitación había sido mía. Y ahora la veía desde otra, desde mi habitación de ahora, y sin darme cuenta bien qué distancia de espacio ni de tiempo había entre las dos. En esa habitación contigua, veía a mi pobre yo de antes, cuando yo era inocente. Y no sólo lo veía sentado al piano con Celina y la lámpara a un lado y rodeado de la abuela y la madre, tan ignorantes del amor fracasado. También veía otros amores. De todos los lugares y de todos los tiempos llegaban personas, muebles y sentimientos, para una ceremonia que habían iniciado los «habitantes» de la sala de Celina. Pero aunque en el momento de llegar se mezclaran o se confundieran –como si se entreveraran pedazos de viejas películas– en seguida quedaban aislados y se reconocían y se juntaban los que habían pertenecido a una misma sala; se elegían con un instinto lleno de seguridad –aunque reflexiones posteriores demostraran lo contrario–. (Algunos, aún después de estas reflexiones, se negaban a separarse y al final no tenían más remedio que conformarse. Otros insistían y lograban apabullar o confundir las reflexiones. Y había otros que desaparecían con la rapidez con que el viento saca un papel de nuestra mesa. Algunos de los que desaparecían como soplados, volaban indecisos, nos llevaban los ojos tras su vuelo y veíamos que iban a caer en otro lugar conocido.) Hechas estas salvedades puedo decir que todos los lugares, tiempos y recuerdos que simpatizaban y concurrían en aquella ceremonia, por más unidos que estuvieran por hilos y sutiles relaciones, tenían la virtud de ignorar absolutamente la existencia de otros que no fueran de su misma estirpe. Cuando una estirpe ensayaba el recuerdo de su historia, solía quedarse mucho rato en el lugar contiguo al que estaba yo cuando ob-

---

31   El trasfondo psicológico en la narrativa de Felisberto ha sido estudiado a fondo por Graziano (1997), mientras que Rosario-Andújar se ha acercado a la misma desde la perspectiva de la filosofía del conocimiento y el recuerdo en su obra. Rosario Andújar (1999)

servaba. De pronto se detenían, empezaban una escena de nuevo o ensayaban otra que había sido muy anterior. Pero las detenciones y los cambios bruscos, eran amortiguados como si los traspiés fueran hechos por pasos de seda. No se avergonzaban jamás de haberse equivocado y tardaba mucho en cansarse o deformarse la sonrisa, que se repetía mil veces. Siempre, un sentimiento anhelante que buscaba algún detalle perdido en la acción animaba todo de nuevo. Cuando un detalle ajeno traía la estirpe que correspondía al intruso, la anterior se desvanecía; y si al rato aparecía de nuevo aparecía sin resentimiento.

La simpatía que unía a estas estirpes desconocidas entre sí y no dispuestas jamás ni a mirarse, estaba por encima de sus cabezas; era un cielo de inocencia y un mismo aire que todos respiraban. Todavía y además de reunirse en un mismo lugar y en un cercano tiempo para la ceremonia y los ensayos del recuerdo, tenían otra cosa común: era como una misma orquesta que tocara para distintos «ballets»;[32] todos recibían el compás que les marcaba la respiración del que los miraba. Pero el que los miraba –es decir, yo, cuando me faltaba muy poco para empezar a ser otro– sentía que los habitantes de aquellos recuerdos, a pesar de ser dirigidos por quien los miraba y de seguir con tan mágica docilidad sus caprichos, tenían escondida, al mismo tiempo, una voluntad propia llena de orgullo. En el camino del tiempo que pasó desde que ellos actuaron por primera vez –cuando no eran recuerdos–, hasta ahora, parecía que se hubieran encontrado con alguien que les habló mal de mí y que desde entonces tuvieron cierta independencia; y ahora, aunque no tuvieran más remedio que estar bajo mis órdenes, cumplían su misión en medio de un silencio sospechoso; yo me daba cuenta de que no me querían, de que no me miraban, de que cumplían resignadamente un destino impuesto por mí, pero sin recordar siquiera la forma de mi persona: si yo hubiera entrado en el ámbito de ellos, con seguridad que no me hubieran conocido. Además, vivían una cualidad de existencia que no me permitía tocarlos, hablarles, ni ser escuchado; yo estaba condenado a ser alguien de ahora; y si quisiera repetir aquellos hechos, jamás serían los mismos. Aquellos hechos eran de otro mundo y sería inútil correr tras ellos. Pero ¿por qué yo no podía ser feliz viendo vivir aquellos

---

32   El entrenamiento musical de Felisberto y su experiencia como acompañante en diferentes contextos sirve de base para numerosas referencias musicales a lo largo de su obra, así como para la elaboración de algunas de sus estructuras narrativas.

habitantes en su mundo? ¿Sería que mi aliento los empañaba o les hacía daño porque yo ahora tenía alguna enfermedad? ¿Aquellos recuerdos serían como niños que de pronto sentían alguna instintiva repulsión a sus padres o pensaban mal de ellos? ¿Yo tendría que renunciar a esos recuerdos como un mal padre renuncia a sus hijos? Desgraciadamente, algo de eso ocurría.

En la habitación que yo ocupaba ahora, también había recuerdos. Pero éstos no respiraban el aire de ningún cielo de inocencia ni tenían el orgullo de pertenecer a ninguna estirpe. Estaban fatalmente ligados a un hombre que tenía «cola de paja» y entre ellos existía el entendimiento de la complicidad. Éstos no venían de lugares lejanos ni traían pasos de danza; éstos venían de abajo de la tierra,[33] estaban cargados de remordimientos y reptaban en un ambiente pesado, aun en las horas más luminosas del día.

Es angustiosa y confusa la historia que se hizo en mi vida, desde que fui el niño de Celina hasta que llegué a ser el hombre de «cola de paja».

Algunas mujeres veían al niño de Celina, mientras conversaban con el hombre. Yo no sabía que ese niño era visible en el hombre. Pero fue el mismo niño quien observó y quien me dijo que él estaba visible en mí, que aquellas mujeres lo miraban a él y no a mí. Y sobre todo fue él quien las atrajo y las engañó primero. Después las engañó el hombre valiéndose del niño. El hombre aprendió a engañar como engañan los niños; y tuvo mucho que aprender y que copiarse. Pero no contó con los remordimientos y con que los engaños, si bien fueron aplicados a pocas personas, éstas se multiplicaban en los hechos y en los recuerdos de muchos instantes del día y de la noche. Por eso es que el hombre pretendía huir de los remordimientos y quería entrar en la habitación que había tenido antes, donde ahora los habitantes de la sala de Celina habían iniciado la ceremonia. Pero la tristeza de que en aquellas estirpes no lo quisieran y que ni siquiera lo miraran se agrandaba cada vez más, al recordar algunas personas engañadas. El hombre las había engañado con las artimañas del niño; pero después el niño había engañado al mismo hombre que lo utilizaba, porque el hombre se había enamorado de algunas de sus víctimas. Eran amores tardíos, como de lejana o legendaria perversidad. Y esto no fue lo más

---

33 «...abajo de la tierra» es una referencia al inconsciente.

grave. Lo peor fue que el niño, con su fuerza y su atracción logró seducir al mismo hombre que él fue después; porque los encantos del niño fueron más grandes que los del hombre y porque al niño le encantaba más la vida que al hombre.

Y fue en las horas de aquel anochecer, al darme cuenta de que ya no podía tener acceso a la ceremonia de las estirpes que vivían bajo el mismo cielo de inocencia, cuando empecé a ser otro.

Primero había comprendido que los representantes de aquellas estirpes no me miraban porque yo estaba del otro lado de los recuerdos, de los que tenían el lomo cargado de remordimientos; y la carga estaba tan bien pegada como la joroba de los camellos. Después comprendí que los dos lados de los recuerdos eran como los dos lados de mi cuerpo:[34] me apoyaba en uno o en otro, cambiaba de posición como el que no se puede dormir y no sabía sobre cuál de los dos caería la suerte del sueño. Pero antes de dormir estaba a expensas de los recuerdos como un espectador obligado a presenciar el trabajo de dos compañías de cualidades muy distintas y sin saber qué escenario y qué recuerdos se encenderían primero, cómo sería su alternancia y las relaciones que tendrían los que actuaban, pues las compañías tenían un local y un empresario común, participaba casi siempre un mismo autor y trabajaban siempre un niño y un hombre.

Entonces, cuando supe que no podría prescindir de aquellos espectáculos y de que a pesar de ser tan imprecisos y actuar en un tiempo tan mezclado, tenían tan fuerte influencia en la vida que se dirigía hacia el futuro, entonces, empecé a ser otro, a cambiar el presente y el camino del futuro, a ser el prestamista que ya no pesaba nada en sus manos y a tratar de suprimir el espacio donde se producían todos los espectáculos del recuerdo. Tenía una gran pereza de sentir; no quería tener sentimientos ni sufrir con recuerdos que eran entre sí como enemigos irreconciliables. Y como no tenía sentimientos había perdido hasta la tristeza de mí mismo: ni siquiera tenía tristeza de que los recuerdos ocuparan un lugar inútil. Yo también me volvía tan inútil como si quedara para hacer la guardia alrededor de una fortaleza que no tenía soldados, armas ni víveres.

---

34   Felisberto expresa el tema del doble de manera consciente y con autoridad, principalmente en «Las Hortensias». Ver Graziano (1997: 68-132).

Solamente me había quedado la costumbre de dar pasos y de mirar cómo llegaban los pensamientos: eran como animales que tenían la costumbre de venir a beber a un lugar donde ya no había más agua. Ningún pensamiento cargaba sentimientos: podía pensar, tranquilamente en cosas tristes: solamente eran pensadas. Ahora se me acercaban los recuerdos como si yo estuviera tirado bajo un árbol y me cayeran hojas encima: las vería y las recordaría porque me habían caído y porque las tenía encima. Los nuevos recuerdos serían como atados de ropa que me pusieran en la cabeza: al seguir caminando los sentiría pesar en ella y nada más. Yo era como aquel caballo perdido de la infancia:[35] ahora llevaba un carro detrás y cualquiera podía cargarle cosas: no las llevaría a ningún lado y me cansaría pronto.

Aquella noche, al rato de estar acostado, abrí los párpados y la oscuridad me dejó los ojos vacíos. Pero allí mismo empezaron a levantarse esqueletos de pensamientos –no sé qué gusanos les habrían comido la ternura–. Y mientras tanto, a mí me parecía que yo iba abriendo, con la más perezosa lentitud, un paraguas sin género.[36]

Así pasé las horas que fui otro. Después me dormí y soñé que estaba en una inmensa jaula acompañado de personas que había conocido en mi niñez; además había muchas terneras que salían por una puerta para ir al matadero.[37] Entre las terneras había una niña que también llevarían a matar. La niña decía que no quería ir porque estaba cansada y todas aquellas gentes se reían por la manera con que aquella inocente quería evitar la muerte; pero para ellos ir a la muerte era una cosa que tenía que ser así y no había por qué afligirse.

Cuando me desperté me di cuenta de que en el sueño, la niña era considerada como ternera por mí también; yo tenía el sentimiento de que era una ternera; no sentía la diferencia más que como una mera variante de forma y era muy natural que se le diera trato de ternera. Sin embargo me había conmovido que hubiera dicho que no quería ir porque estaba cansada; y yo estaba bañado en lágrimas.

---

35   La nueva referencia al caballo perdido, con su efecto reiterativo, logra atrapar, en la conclusión del relato, su asociación con el recuerdo y el tiempo perdido.

36   «...un paraguas sin género...» La deslumbrante metáfora de un paraguas sin tela capta el sentimiento del recuerdo que ha perdido su valor sentimental y evocativo, y por lo tanto se ha vuelto fútil y superfluo. La imagen nos trae a la mente los paraguas de las obras de René Magritte (1898-1967), contemporáneo de Felisberto, que protegen al alter ego del artista de fenómenos meta-climatológicos.

37   El segundo sueño dentro del relato, un intertexto onírico, nos prepara para la conclusión reiterando la muerte inevitable de la inocencia, aquí representada por la niña/ternera.

Durante el sueño la marea de las angustias había subido hasta casi ahogarme. Pero ahora me encontraba como arrojado sobre una playa y con un gran alivio. Iba siendo más feliz a medida que mis pensamientos palpaban todos mis sentimientos y me encontraba a mí mismo. Ya no sólo no era otro, sino que estaba más sensible que nunca: cualquier pensamiento, hasta la idea de una jarra con agua, venía lleno de ternura. Amaba mis zapatos, que estaban solos, desabrochados y siempre tan compañeros uno al lado del otro. Me sentía capaz de perdonar cualquier cosa, hasta los remordimientos. Más bien serían ellos los que me tenían que perdonar a mí.

Todavía no era la mañana. En mí todo estaba aclarando un poco antes que el día. Había pensado escribir. Entonces reapareció mi socio: él también se había salvado: había sido arrojado a otro lugar de la playa. Y apenas yo pensara escribir mis recuerdos, ya sabía que él aparecía.

Al principio, mi socio apareció como de costumbre: esquivando su presencia física, pero amenazando entrar en la realidad bajo la forma vulgar que trae cualquier persona que viene del mundo. Porque antes de aquella madrugada, yo estaba en un lugar y el mundo en otro. Entre el mundo y yo había un aire muy espeso; en los días muy claros yo podía ver el mundo a través de ese aire y también sentir el ruido de la calle y el murmullo que hacen las personas cuando hablan. Mi socio era el representante de las personas que habitaban el mundo. Pero no siempre me era hostil y venía a robar mis recuerdos y a especular con ellos; a veces se presentaba casi a punto de ser una madre que me previniera contra un peligro y me despertaba el instinto de conservación; otras veces me reprendía porque yo no salía al mundo; —y como si me reprendiera mi madre, yo bajaba los ojos y no lo veía—; también aparecía como un amigo que me aconsejaba escribir mis recuerdos y despertaba mi vanidad. Cuando más lo apreciaba era cuando me sugería la presencia de amigos que yo había querido mucho y que me ayudaban a escribir dándome sabios consejos. Hasta había sentido algunas veces, que me ponía una mano en un hombro. Pero otras veces yo no quería los consejos ni la presencia de mi socio bajo ninguna forma. Era en algunas etapas de la enfermedad del re-

cuerdo: cuando se abrían las representaciones del drama de los remordimientos y cuando quería comprender algo de mi destino a
través de las relaciones que había en distintos recuerdos de distintas
épocas. Si sufría los remordimientos en una gran soledad, después me
sentía con derecho a un período más o menos largo de alivio; ese sufrimiento era la comida que por más tiempo calmaba a las fieras del
remordimiento. Y el placer más grande estaba en registrar distintos
recuerdos para ver si encontraba un secreto que les fuera común, si
los distintos hechos eran expresiones equivalentes de un mismo
sentido de mi destino. Entonces, volvía a encontrarme con un olvidado sentimiento de curiosidad infantil, como si fuera a una casa
que había en un rincón de un bosque donde yo había vivido rodeado
de personas y ahora revolviera los muebles y descubriera secretos que
en aquel tiempo yo no había sabido —tal vez los hubieran sabido las
otras personas—. Esta era la tarea que más deseaba hacer solo, porque
mi socio entraría en esa casa haciendo mucho ruido y espantaría el
silencio que se había posado sobre los objetos. Además mi socio traería
muchas ideas de la ciudad, se llevaría muchos objetos, les cambiaría
su vida y los pondría de sirvientes de aquellas ideas; los limpiaría, les
cambiaría las partes, los pintaría de nuevo y ellos perderían su alma
y sus trajes. Pero mi terror más grande era por las cosas que supri-
miría, por la crueldad con que limpiaría sus secretos, y porque los des-
pojaría de su real imprecisión, como si quitara lo absurdo y lo fantástico a un sueño.

Era entonces cuando yo disparaba de mi socio; corría como un
ladrón al centro de un bosque a revisar solo mis recuerdos y cuando
creía estar aislado empezaba a revisar los objetos y a tratar de rode-
arlos de un aire y un tiempo pasado para que pudieran vivir de nuevo.
Entonces empujaba mi conciencia en sentido contrario al que había
venido corriendo hasta ahora; quería volver a llevar savia a plantas,
raíces o tejidos que ya debían estar muertos o disgregados. Los dedos
de la conciencia no sólo encontraban raíces de antes sino que descu-
brían nuevas conexiones; encontraban nuevos musgos y trataban de
seguir las ramazones; pero los dedos de la conciencia entraban en un
agua en que estaban sumergidas las puntas; y como esas terminaciones

eran muy sutiles y los dedos no tenían una sensibilidad bastante fina, el agua confundía la dirección de las raíces y los dedos perdían la pista. Por último los dedos se desprendían de mi conciencia y buscaban solos. Yo no sabía qué vieja relación había entre mis dedos de ahora y aquellas raíces; si aquellas raíces dispusieron en aquellos tiempos que estos dedos de ahora llegaran a ser así y tomaran estas actitudes y estos caminos de vuelta, para encontrarse de nuevo con ellas. No podía pensar mucho en esto, porque sentía pisadas. Mi socio estaría detrás de algún tronco o escondido en la copa de un árbol. Yo volvía a emprender la fuga como si disparara más hacia el centro de mí mismo; me hacía más pequeño, me encogía y me apretaba hasta que fuera como un microbio perseguido por un sabio; pero bien sabía yo que mi socio me seguiría, que él también se transformaría en otro cuerpo microscópico y giraría a mi alrededor atraído hacia mi centro.

Y mientras me rodeaba, yo también sabía qué cosas pensaba, cómo contestaba a mis pensamientos y a mis actos; casi diría que mis propias ideas llamaban las de él; a veces yo pensaba en él con la fatalidad con que se piensa en un enemigo y las ideas de él me invadían inexorablemente. Además tenían la fuerza que tienen las costumbres del mundo. Y había costumbres que me daban una gran variedad de tristezas. Sin embargo aquella madrugada yo me reconcilié con mi socio. Yo también tenía variedad de costumbres tristes; y aunque las mías no venían bien con las del mundo, yo debía tratar de mezclarlas. Como yo quería entrar en el mundo, me propuse arreglarme con él y dejé que un poco de mi ternura se derramara por encima de todas las cosas y las personas. Entonces descubrí que mi socio era el mundo. De nada valía que quisiera separarme de él. De él había recibido las comidas y las palabras. Además cuando mi socio no era más que el representante de alguna persona –ahora él representaba al mundo entero–, mientras yo escribía los recuerdos de Celina, él fue un camarada infatigable y me ayudó a convertir los recuerdos –sin suprimir los que cargaban remordimientos–, en una cosa escrita. Y eso me hizo mucho bien. Le perdono las sonrisas que hacía cuando yo me negaba a poner mis recuerdos en un cuadriculado de espacio y de tiempo. Le perdono su manera de golpear con el pie cuando le impacientaba mi

escrupulosa búsqueda de los últimos filamentos del tejido del recuerdo; hasta que las puntas se sumergían y se perdían en el agua;
hasta que los últimos movimientos no rozaban ningún aire en ningún
espacio.

En cambio debo agradecerle que me siguiera cuando en la noche
yo iba a la orilla de un río a ver correr el agua del recuerdo. Cuando
yo sacaba un poco de agua en una vasija y estaba triste porque esa agua
era poca y no corría, él me había ayudado a inventar recipientes en
qué contenerla y me había consolado contemplando el agua en las va-
riadas formas de los cacharros. Después habíamos inventado una em-
barcación para cruzar el río y llegar a la isla donde estaba la casa de
Celina. Habíamos llevado pensamientos que luchaban cuerpo a
cuerpo con los recuerdos; en su lucha habían derribado y cambiado
de posición muchas cosas; y es posible que haya habido objetos que
se perdieran bajo los muebles. También debemos de haber perdido
otros por el camino; porque cuando abríamos el saco del botín, todo
se había cambiado por menos, quedaban unos poquitos huesos y se
nos caía el pequeño farol en la tierra de la memoria.[38]

Sin embargo, a la mañana siguiente volvíamos a convertir en cosa
escrita lo poco que habíamos juntado en la noche.

Pero yo sé que la lámpara que Celina encendía aquellas noches,
no es la misma que ahora se enciende en el recuerdo. La cara de ella
y las demás cosas que recibieron aquella luz, también están cegadas
por un tiempo inmenso que se hizo grande por encima del mundo.
Y escondido en el aire de aquel cielo, hubo también un cielo de
tiempo: fue él quien le quitó la memoria a los objetos. Por eso es que
ellos no se acuerdan de mí. Pero yo los recuerdo a todos y con ellos
he crecido y he cruzado el aire de muchos tiempos, caminos y ciu-
dades. Ahora, cuando los recuerdos se esconden en el aire oscuro de
la noche y sólo se enciende aquella lámpara, vuelvo a darme cuenta
de que ellos no me reconocen y que la ternura, además de haberse
vuelto lejana también se ha vuelto ajena. Celina y todos aquellos habitantes de su sala me miran de lado; y si me miran de frente, sus miradas pasan a través de mí, como si hubiera alguien detrás, o como si
en aquellas noches yo no hubiera estado presente. Son como rostros

---

38   «...se nos caía el pequeño farol en la tierra de la memoria.» *Tierras de la memoria* (1960)
        también se enfoca en el tema del recuerdo.

de locos que hace mucho se olvidaron del mundo. Aquellos espectros no me pertenecen. ¿Será que la lámpara y Celina y las sillas y su piano están enojados conmigo porque yo no fui nunca más a aquella casa? Sin embargo yo creo que aquel niño se fue con ellos y todos juntos viven con otras personas y es a ellos a quienes los muebles recuerdan. Ahora yo soy otro, quiero recordar a aquel niño y no puedo. No sé cómo es él mirado desde mí. Me he quedado con algo de él y guardo muchos de los objetos que estuvieron en sus ojos; pero no puedo encontrar las miradas que aquellos «habitantes» pusieron en él.

Montevideo, 1943

EXPLICACIÓN FALSA DE MIS CUENTOS

Obligado o traicionado por mí mismo a decir cómo hago mis cuentos, recurriré a explicaciones exteriores a ellos.[1] No son completamente naturales, en el sentido de no intervenir la conciencia. Eso me sería antipático. No son dominados por una teoría de la conciencia. Esto me sería extremadamente antipático. Preferiría decir que esa intervención es misteriosa. Mis cuentos no tienen estructuras lógicas. A pesar de la vigilancia constante y rigurosa de la conciencia, ésta también me es desconocida. En un momento dado pienso que en un rincón de mí nacerá una planta.[2] La empiezo a acechar creyendo que en ese rincón se ha producido algo raro, pero que podría tener porvenir artístico. Sería feliz si esta idea no fracasara del todo. Sin embargo, debo esperar un tiempo ignorado: no sé cómo hacer germinar la planta, ni cómo favorecer, ni cuidar su crecimiento: sólo presiento o deseo que tenga hojas de poesía; o algo que se transforme en poesía si la miran ciertos ojos. Debo cuidar que no ocupe mucho espacio, que no pretenda ser bella o intensa, sino que sea la planta que

---

1 Este texto se publica por primera vez en *Entregas de La Licorne,* 5-6, septiembre 1955, Montevideo. Luego aparece en la colección *Las Hortensias* ,Tomo V de las *Obras completas,* Montevideo: Arca, 1967 (Díaz, xv). Su carácter teórico lo incorpora a la lista de maestros del cuento que labran una poética en torno al género. Entre ellos figuran Edgar Alan Poe; Horacio Quiroga; Juan Bosch; Julio Cortázar. El texto manifiesta el procedimiento felisbertiano de jugar con el lector y buscar su complicidad por medio de la utilización de contradicciones veladas, giros inesperados y sutiles comparaciones. Lockhart observa: «Sin embargo, parece innecesario agregar que Felisberto tenía una conciencia bastante clara de lo que es explicable o no en el surgimiento de un cuento. Sabía sí que lo decisivo era esa fuente inexplicable que es la propia visión del mundo y la experiencia infusa que la determina; al respetar ese origen, la consecuencia inmediata es que toda intervención voluntaria debe retener sus excesos, limitarse a exigencias generales de poesía sin apoyaturas que pudieran deteriorarlas» (107). (1991:50)

2 En este texto Felisberto utiliza el sistema de analogías que desarrolla a lo largo de sus cuentos seminales; en este caso, la escritura es como una planta, cuidada por el autor, pero con vida propia. Un procedimiento análogo se observa en el cuento temprano de Julio Cortázar, «Carta a una señorita en París», en el que se establece una analogía entre los conejitos que «vomita» el protagonista y el proceso de la creación artística, una mezcla de espontaneidad y deliberación donde la espontaneidad predomina.

ella misma esté destinada a ser, y ayudarla a que lo sea. Al mismo tiempo ella crecerá de acuerdo a un contemplador al que no hará mucho caso si él quiere sugerirle demasiadas intenciones o grandezas. Si es una planta dueña de sí misma tendrá una poesía natural, desconocida por ella misma. Ella debe ser como una persona que vivirá no sabe cuánto, con necesidades propias, con un orgullo discreto, un poco torpe y que parezca improvisado. Ella misma no conocerá sus leyes, aunque profundamente las tenga y la conciencia no las alcance.[3] No sabrá el grado y la manera en que la conciencia intervendrá, pero en última instancia impondrá su voluntad. Y enseñará a la conciencia a ser desinteresada.

Lo más seguro de todo es que yo no sé cómo hago mis cuentos, porque cada uno de ellos tiene su vida extraña y propia. Pero también sé que viven peleando con la conciencia para evitar los extranjeros que ella les recomienda.

---

3   En su libro sobre John Keats, Cortázar, que describe el proceso de creación como una posesión de corrientes del inconsciente, anota lo siguiente: «Ya nadie ignora que esos relatos son supervivencias de una mecánica ritual, restos enormemente alterados de conductas primitivas, de tabúes y comportamientos...» (En Hernández, *Keats, Poe...*1981:1). No es de extrañar el profundo interés de Cortázar por Felisberto, a quien consideraba uno de «los eleatas de nuestro tiempo, los presocráticos que nada aceptan de las categorías lógicas porque la realidad no tiene nada de lógica» (xiii).

La mujer parecida a mí

Hace algunos veranos empecé a tener la idea de que yo había sido caballo.[1] Al llegar la noche ese pensamiento venía a mí como a un galpón de mi casa. Apenas yo acostaba mi cuerpo de hombre, ya empezaba a andar mi recuerdo de caballo. En una de las noches yo andaba por un camino de tierra y pisaba las manchas que hacían las sombras de los árboles. De un lado me seguía la luna; en el lado opuesto se arrastraba mi sombra; ella, al mismo tiempo que subía y bajaba los terrones, iba tapando las huellas. En dirección contraria venían llegando, con gran esfuerzo, los árboles, y mi sombra se estrechaba con la de ellos.

Yo iba arropado en mi carne cansada y me dolían las articulaciones próximas a los cascos. A veces olvidaba la combinación de mis manos con mis patas traseras, daba un traspiés y estaba a punto de caerme.

De pronto sentía olor a agua; pero era un agua pútrida que había en una laguna cercana. Mis ojos eran también como lagunas y en sus superficies lacrimosas e inclinadas se reflejaban simultáneamente cosas grandes y chicas, próximas y lejanas. Mi única ocupación era distinguir las sombras malas y las amenazas de los animales y los hombres; y si bajaba la cabeza hasta el suelo para comer los pastitos que se guarecían junto a los árboles, debía evitar también las malas hierbas. Si se me clavaban espinas tenía que mover los belfos hasta que ellas se desprendieran.

En las primeras horas de la noche y a pesar del hambre, yo no me detenía nunca. Había encontrado en el caballo algo muy parecido a lo que había dejado hacía poco en el hombre: una gran pereza; en ella

---

1   Cirlot apunta: «Considerando que el caballo pertenece a la zona natural, inconsciente e intuitiva, no es sorprendente que en la antigüedad se le atribuyeran poderes adivinatorios. En la fábula y la leyenda, a los caballos, como clarividentes, se les atribuye el cargo de dar la alarma a sus dueños, como en la fábula de los Grimm. Jung se preguntaba si el caballo no sería un símbolo de la madre, y no dudaba en afirmar que representaba el lado mágico del Hombre, 'la madre de adentro', o sea, el entendimiento intuitivo» (Cirlot 1962:145).

podían trabajar a gusto los recuerdos. Además, yo había descubierto que para que los recuerdos anduvieran, tenía que darles cuerda caminando. En esa época yo trabajaba con un panadero. Fue él quien me dio la ilusión de que todavía podía ser feliz. Me tapaba los ojos con una bolsa; me prendía a un balancín enganchado a una vara que movía un aparato como el de las norias, pero que él utilizaba para la máquina de amasar. Yo daba vueltas horas enteras llevando la vara, que giraba como un minutero. Y así, sin tropiezos, y con el ruido de mis pasos y de los engranajes, iba pasando mis recuerdos.

Trabajábamos hasta tarde de la noche; después él me daba de comer y con el ruido que hacía el maíz entre los dientes seguían deslizándose mis pensamientos. (En este instante, siendo caballo, pienso en lo que me pasó hace poco tiempo, cuando todavía era hombre.[2] Una noche que no podía dormir porque sentía hambre, recordé que en el ropero tenía un paquete de pastillas de menta. Me las comí; pero al masticarlas hacían un ruido parecido al maíz.)

Ahora, de pronto, la realidad me trae a mi actual sentido de caballo. Mis pasos tienen un eco profundo; estoy haciendo sonar un gran puente de madera. Por caminos muy distintos he tenido siempre los mismos recuerdos. De día y de noche ellos corren por mi memoria como los ríos de un país. Algunas veces yo los contemplo; y otras veces ellos se desbordan.

En mi adolescencia tuve un odio muy grande por el peón que me cuidaba. Él también era adolescente. Ya se había entrado el sol cuando aquel desgraciado me pegó en los hocicos; rápidamente corrió el incendio por mi sangre y me enloquecí de furia. Me paré de manos y derribé al peón mientras le mordía la cabeza; después le trituré un muslo y alguien vio cómo me volaba la crin cuando me di vuelta y lo rematé con las patas de atrás.

Al otro día mucha gente abandonó el velorio para venir a verme en el instante en que varios hombres vengaron aquella muerte. Me mataron el potro y me dejaron hecho un caballo.[3]

Al poco tiempo tuve una noche muy larga; conservaba de mi vida anterior algunas «mañas» y esa noche utilicé la de saltar un cerco que

---

2   El cuento no describe la metamorfosis del hombre a caballo; otro modelo para la representación de la existencia doble de hombre/animal puede haber sido la obra del uruguayo Horacio Quiroga, *Juan Darién* (1912).

3   Se insinúa que lo castran como venganza y para volverlo dócil.

daba sobre un camino; apenas pude hacerlo y salí lastimado. Empecé a vivir una libertad triste. Mi cuerpo no sólo se había vuelto pesado sino que todas sus partes querían vivir una vida independiente y no realizar ningún esfuerzo; parecían sirvientes que estaban contra el dueño y hacían todo de mala gana. Cuando yo estaba echado y quería levantarme, tenía que convencer a cada una de las partes. Y a último momento siempre había protestas y quejas imprevistas. El hambre tenía mucha astucia para reunirlas; pero lo que más pronto las ponía de acuerdo era el miedo de la persecución. Cuando un mal dueño apaleaba a una de las partes, todas se hacían solidarias y procuraban evitar mayores males a las desdichadas; además, ninguna estaba segura. Yo trataba de elegir dueños de cercos bajos; y después de la primer paliza me iba y empezaba el hambre y la persecución.

Una vez me tocó un dueño demasiado cruel. Al principio me pegaba nada más que cuando yo lo llevaba encima y pasábamos frente a la casa de la novia. Después empezó a colocar la carga del carro demasiado atrás; a mí me levantaba en vilo y yo no podía apoyarme para hacer fuerza; él, furioso, me pegaba en la barriga, en las patas y en la cabeza. Me fui una tardecita; pero tuve que correr mucho antes de poder esconderme en la noche. Crucé por la orilla de un pueblo y me detuve un instante cerca de una choza; había fuego encendido y a través del humo y de una pequeña llama inconstante veía en el interior a un hombre con el sombrero puesto. Ya era la noche; pero seguí.

Apenas empecé a andar de nuevo me sentí más liviano. Tuve la idea de que algunas partes de mi cuerpo se habrían quedado o andarían perdidas en la noche. Entonces, traté de apurar el paso.

Había unos árboles lejanos que tenían luces movedizas entre las copas. De pronto comprendí que en la punta del camino se encendía un resplandor. Tenía hambre, pero decidí no comer hasta llegar a la orilla de aquel resplandor. Sería un pueblo. Yo iba recogiendo el camino cada vez más despacio y el resplandor que estaba en la punta no llegaba nunca. Poco a poco me fui dando cuenta que ninguna de mis partes había desertado. Me venían alcanzando una por una; la que no tenía hambre tenía cansancio; pero habían llegado primero las que tenían dolores. Yo ya no sabía cómo engañarlas; les mostraba el recuerdo del dueño en el momento que las desensillaba; su sombra corta y chata se movía lentamente alrededor de todo mi cuerpo. Era a ese hombre a quien yo debía haber matado cuando era potro, cuando mis partes no estaban divididas, cuando yo, mi furia y mi voluntad éramos una sola cosa.

Empecé a comer algunos pastos alrededor de las primeras casas. Yo era una cosa fácil de descubrir porque mi piel tenía grandes manchas blancas y negras; pero ahora la noche estaba avanzada y no había nadie levantado. A cada momento yo resoplaba y levantaba polvo; yo no lo veía, pero me llegaba a los ojos. Entré a una calle dura donde había un portón grande. Apenas crucé el portón vi manchas blancas que se movían en la oscuridad. Eran guardapolvos de niños. Me espantaron y yo subí una escalerita de pocos escalones. Entonces me espantaron otros que había arriba. Yo hice sonar mis cascos en un piso de madera y de pronto aparecí en una salita iluminada que daba a un público. Hubo una explosión de gritos y de risas. Los niños vestidos de largo que había en la salita salieron corriendo; y del público ensordecedor, donde también había muchos niños, sobresalían voces que decían: «Un caballo, un caballo...» Y un niño que tenía las orejas como si se las hubiera doblado encajándose un sombrero grande, gritaba: «Es el tubiano de los Méndez».[4] Por fin apareció, en el escenario, la maestra. Ella también se reía; pero pidió silencio, dijo que faltaba poco para el fin de la pieza y empezó a explicar cómo terminaba. Pero fue interrumpida de nuevo. Yo estaba muy cansado, me eché en la alfombra y el público volvió a aplaudirme y a desbordarse. Se dio por terminada la función y algunos subieron al escenario. Una niña como de tres años se le escapó a la madre, vino hacia mí y puso su mano, abierta como una estrellita, en mi lomo húmedo de sudor. Cuando la madre se la llevó, ella levantaba la manita abierta y decía: «Mamita, el caballo está mojado».

Un señor, aproximando su dedo índice a la maestra como si fuera a tocar un timbre, le decía con suspicacia: «Usted no nos negará que tenía preparada la sorpresa del caballo y que él entró antes de lo que usted pensaba. Los caballos son muy difíciles de enseñar. Yo tenía uno...» El niño que tenía las orejas dobladas me levantó el belfo superior y mirándome los dientes dijo: «Este caballo es viejo». La

---

4   Tubiano: vulg. por *tobiano*, (Argentina y Uruguay): caballo pinto, de grandes manchas blancas y otro color contrastante como negro, tostado, etc. El color del caballo muestra su naturaleza mixta, medio humano, medio animal; medio manso, medio indómito.

maestra dejaba que creyeran que ella había preparado la sorpresa del caballo. Vino a saludarla una amiga de la infancia. La amiga recordó un enojo que habían tenido cuando iban a la escuela; y la maestra recordó a su vez que en aquella oportunidad la amiga le había dicho que tenía cara de caballo. Yo miré sorprendido, pues la maestra se me parecía. Pero de cualquier manera aquello era una falta de respeto para con los seres humildes. La maestra no debía haber dicho eso estando yo presente.

Cuando el éxito y las resonancias se iban apagando, apareció un joven en el pasillo de la platea, interrumpió a la maestra –que estaba hablándoles a la amiga de la infancia y al hombre que movía el índice como si fuera a apretar un timbre– y le gritó:

—Tomasa, dice don Santiago que sería más conveniente que fuéramos a conversar a la confitería, que aquí se está gastando mucha luz.

—¿Y el caballo?

—Pero, querida, no te vas a quedar toda la noche ahí con él.

—Ahora va a venir Alejandro con una cuerda y lo llevaremos a casa.

El joven subió al escenario, siguió conversando para los tres y trabajando contra mí.

—A mí me parece que Tomasa se expone demasiado llevando ese caballo a casa de ella. Ya las de Zubiría iban diciendo que una mujer sola en su casa, con un caballo que no piensa utilizar para nada, no tiene sentido; y mamá también dice que ese caballo le va a traer muchas dificultades.

Pero Tomasa dijo:

—En primer lugar yo no estoy sola en mi casa porque Candelaria algo me ayuda. Y en segundo lugar, podría comprar una volanta, si es que esas solteronas me lo consienten. Después entró Alejandro con la cuerda; era el chiquilín de las orejas dobladas. Me ató la soga al pescuezo y cuando quisieron hacerme levantar yo no podía moverme. El hombre del índice, dijo:—Este animal tiene las patas varadas; van a tener que hacerle una sangría.

Yo me asusté mucho, hice un gran esfuerzo y logré pararme. Caminaba como si fuera un caballo de madera; me hicieron salir por la escalerita trasera y cuando estuvimos en el patio Alejandro me hizo un medio bozal, se me subió encima y empezó a pegarme con los talones y con la punta de la cuerda. Di la vuelta al teatro con increíble sufrimiento; pero apenas nos vio la maestra hizo bajar a Alejandro.

Mientras cruzábamos el pueblo y a pesar del cansancio y de la monotonía de mis pasos, yo no me podía dormir. Estaba obligado, como un organito roto y desafinado, a ir repitiendo siempre el mismo repertorio de mis achaques. El dolor me hacía poner atención en cada una de las partes del cuerpo, a medida que ellas iban entrando en el movimiento de los pasos. De vez en cuando, y fuera de este ritmo, me venía un escalofrío en el lomo; pero otras veces sentía pasar, como una brisa dichosa, la idea de lo que ocurriría después, cuando estuviera descansando; yo tendría una nueva provisión de cosas para recordar.

La confitería era más bien un café; tenía billares de un lado y salón para familias del otro. Estas dos reparticiones estaban separadas por una baranda de anchas columnas de madera. Encima de la baranda había dos macetas forradas de papel crêpe amarillo; una de ellas tenía una planta casi seca y la otra no tenía planta; en medio de las dos había una gran pecera con un solo pez. El novio de la maestra seguía discutiendo; casi seguro que era por mí. En el momento en que habíamos llegado, la gente que había en el café y en el salón de familias –muchos de ellos habían estado en el teatro– se rieron y se renovó un poco mi éxito. Al rato vino el mozo del café con un balde de agua; el balde tenía olor a jabón y a grasa, pero el agua estaba limpia. Yo bebía brutalmente y el olor del balde me traía recuerdos de la intimidad de una casa donde había sido feliz. Alejandro no había querido atarme ni ir para adentro con los demás; mientras yo tomaba agua me tenía de la cuerda y golpeaba con la punta del pie como si llevara el compás a una música. Después me trajeron pasto seco. El mozo dijo:

—Yo conozco este tubiano.

Y Alejandro, riéndose, lo desengañó:

—Yo también creí que era el tubiano de los Méndez.

—No, ése no –contestó en seguida el mozo–; yo digo otro que no es de aquí.

La niña de tres años que me había tocado en el escenario apareció de la mano de otra niña mayor; y en la manita libre traía un puñadito de pasto verde que quiso agregar al montón donde yo hundía mis dientes; pero me lo tiró en la cabeza y dentro de una oreja.

Esa noche me llevaron a la casa de la maestra y me encerraron en un granero; ella entró primero; iba cubriendo la luz de la vela con una mano.

Al otro día yo no me podía levantar. Corrieron una ventana que daba al cielo y el señor del índice me hizo una sangría. Después vino Alejandro, puso un banquito cerca de mí, se sentó y empezó a tocar una armónica. Cuando me pude parar me asomé a la ventana; ahora daba sobre una bajada que llegaba hasta unos árboles; por entre sus troncos veía correr, continuamente, un río. De allí me trajeron agua; y también me daban maíz y avena. Ese día no tuve deseos de recordar nada. A la tarde vino el novio de la maestra; estaba mejor dispuesto hacia mí; me acarició el cuello y yo me di cuenta, por la manera de darme los golpecitos, que se trataba de un muchacho simpático. Ella también me acarició; pero me hacía daño; no sabía acariciar a un caballo; me pasaba las manos con demasiada suavidad y me producía cosquillas desagradables. En una de las veces que me tocó la parte de adelante de la cabeza, yo dije para mí: «¿Se habrá dado cuenta que ahí es donde nos parecemos?» Después el novio fue del lado de afuera y nos sacó una fotografía a ella y a mí asomados a la ventana. Ella me había pasado un brazo por el pescuezo y había recostado su cabeza en la mía.

Esa noche tuve un susto muy grande. Yo estaba asomado a la ventana, mirando el cielo y oyendo el río, cuando sentí arrastrar pasos lentos y vi una figura agachada. Era una mujer de pelo blanco. Al rato volvió a pasar en dirección contraria. Y así todas las noches que viví en aquella casa. Al verla de atrás con sus caderas cuadradas, las piernas torcidas y tan agachada, parecía una mesa que se hubiera puesto a caminar. El primer día que salí la vi sentada en el patio pelando papas con un cuchillo de mango de plata. Era negra. Al principio me pareció que su pelo blanco, mientras inclinaba la cabeza sobre las papas, se movía de una manera rara; pero después me di cuenta que, además del pelo, tenía humo; era de un cachimbo pequeño que apretaba a un costado de la boca.

Esa mañana Alejandro le preguntó:

—Candelaria, ¿le gusta el tubiano?

Y ella contestó:

—Ya vendrá el dueño a buscarlo.

Yo seguía sin ganas de recordar.

Un día Alejandro me llevó a la escuela. Los niños armaron un gran alboroto. Pero hubo uno que me miraba fijo y no decía nada. Tenía orejas grandes y tan separadas de la cabeza que parecían alas en el momento de echarse a volar; los lentes también eran muy grandes; pero los ojos, bizcos, estaban junto a la nariz. En un momento en que Alejandro se descuidó, el bizco me dio tremenda patada en la barriga. Alejandro fue corriendo a contarle a la maestra; cuando volvió, una niña que tenía un tintero de tinta colorada me pintaba la barriga con el tapón en un lugar donde yo tenía una mancha blanca; en seguida Alejandro volvió a la maestra diciéndole: «Y esta niña le pintó un corazón en la barriga».

A la hora del recreo otra niña trajo una gran muñeca y dijo que a la salida de la escuela la iban a bautizar. Cuando terminaron las clases, Alejandro y yo nos fuimos en seguida; pero Alejandro me llevó por otra calle y al dar vuelta la iglesia me hizo parar en la sacristía. Llamó al cura y le preguntó:

—Diga, padre, ¿cuánto me cobraría por bautizarme el caballo?

—¡Pero mi hijo! Los caballos no se bautizan.

Y se puso a reír con toda la barriga.

Alejandro insistió:

—¿Usted se acuerda de aquella estampita donde está la virgen montada en el burro?

—Sí.

—Bueno, si bautizan el burro, también pueden bautizar el caballo.

—Pero el burro no estaba bautizado.

—¿Y la virgen iba a ir montada en un burro sin bautizar?

El cura quería hablar; pero se reía. Alejandro siguió:

—Usted, bendijo la estampita; y en la estampita estaba el burro.

Nos fuimos muy tristes. A los pocos días nos encontramos con un negrito[5] y Alejandro le preguntó:

---

5   Uruguay aún posee aproximadamente un 5% de población de descendencia africana que ha conservado celosamente sus tradiciones musicales procedentes del Congo (Candombe). En varias ocasiones Felisberto hace referencia a la población negra, como «el hombre del sombrero verde» en *El balcón*. Una de las piezas más innovadoras compuestas por Felisberto es un candombe titulado «Negros».

—¿Qué nombre le pondremos al caballo?

El negrito hacía esfuerzo por recordar algo. Al fin dijo:

—¿Cómo nos enseñó la maestra que había que decir cuando una cosa era linda?

—Ah, ya sé –dijo Alejandro–, «ajetivo».

A la noche Alejandro estaba sentado en el banquito, cerca de mí, tocando la armónica, y vino la maestra.

—Alejandro, vete para tu casa que te estarán esperando.

—Señorita: ¿Sabe qué nombre le pusimos al tubiano? «Ajetivo».

—En primer lugar, se dice «adjetivo»; y en segundo lugar, adjetivo no es nombre; es... adjetivo —dijo la maestra después de un momento de vacilación.

Una tarde que llegamos a casa yo estaba complacido porque había oído decir detrás de una persiana: «Ahí va la maestra y el caballo».

Al poco rato de hablarme en el granero –era uno de los días que no estaba Alejandro– vino la maestra, me sacó de allí y con un asombro que yo nunca había tenido, vi que me llevaba a su dormitorio. Después me hizo las cosquillas desagradables y me dijo: «Por favor, no vayas a relinchar». No sé por qué salió en seguida. Yo, solo en aquel dormitorio, no hacía más que preguntarme: «¿Pero qué quiere esta mujer de mí?» Había ropas revueltas en las sillas y en la cama. De pronto levanté la cabeza y me encontré conmigo mismo, con mi olvidada cabeza de caballo desdichado. El espejo también mostraba partes de mi cuerpo; mis manchas blancas y negras parecían también ropas revueltas. Pero lo que más me llamaba la atención era mi propia cabeza; cada vez yo la levantaba más. Estaba tan deslumbrado que tuve que bajar los párpados y buscarme por un instante a mí mismo, a mi propia idea de caballo cuando yo era ignorado por mis ojos.

Recibí otras sorpresas. Al pie del espejo estábamos los dos, Tomasa y yo, asomados a la ventana en la foto que nos sacó el novio. Y de pronto las patas se me aflojaron; parecía que ellas hubieran comprendido, antes que yo, de quién era la voz que hablaba afuera. No pude entender lo que «él» decía, pero comprendí la voz de Tomasa cuando le contestó: «Conforme se fue de su casa, también se fue de la mía. Esta mañana le fueron a traer el pienso y el granero estaba tan vacío como ahora».

Después las voces se alejaron. En cuanto me quedé solo se me vinieron encima los pensamientos que había tenido hacía unos instantes y no me atrevía a mirarme al espejo. ¡Parecía mentira! ¡Uno podía ser un caballo y hacerse esas ilusiones! Al mucho rato volvió la maestra. Me hizo las cosquillas desagradables; pero más daño me hacía su inocencia.

Pocas tardes después Alejandro estaba tocando la armónica cerca de mí. De pronto se acordó de algo; guardó la armónica, se levantó del banquito y sacó de un bolsillo la foto donde estábamos asomados Tomasa y yo. Primero me la puso cerca de un ojo; viendo que a mí no me ocurría nada, me la puso un poco más lejos; después hizo lo mismo con el otro ojo y por último me la puso de frente y a distancia de un metro. A mí me amargaban mis pensamientos culpables. Una noche que estaba absorto escuchando al río, desconocí los pasos de Candelaria, me asusté y pegué una patada al balde de agua. Cuando la negra pasó dijo: «No te asustes, que ya volverá tu dueño». Al otro día Alejandro me llevó a nadar al río; él iba encima mío y muy feliz en su bote caliente. A mí se me empezó a oprimir el corazón y casi en seguida sentí un silbido que me heló la sangre; yo daba vuelta mis orejas como si fueran periscopios. Y al fin llegó la voz de «él» gritando: «Ese caballo es mío». Alejandro me sacó a la orilla y sin decir nada me hizo galopar hasta la casa de la maestra. El dueño venía corriendo detrás y no hubo tiempo de esconderme. Yo estaba inmóvil en mi cuerpo como si tuviera puesto un ropero. La maestra le ofreció comprarme. Él le contestó: «Cuando tenga sesenta pesos, que es lo que me costó a mí, vaya a buscarlo». Alejandro me sacó el freno, añadido con cuerdas pero que era de él. El dueño me puso el que traía. La maestra entró en su dormitorio y yo alcancé a ver la boca cuadrada que puso Alejandro antes de echarse a llorar. A mí me temblaban las patas; pero él me dio un fuerte rebencazo y eché a andar. Apenas tuve tiempo de acordarme que yo no le había costado sesenta pesos: él me había cambiado por una pobre bicicleta celeste sin gomas ni inflador. Ahora empezó a desahogar su rabia pegándome seguido y con todas sus fuerzas. Yo me ahogaba porque estaba muy gordo. ¡Bastante que me había cuidado Alejandro! Además, yo había entrado a aquella casa por un éxito que ahora quería recordar y había conocido la felicidad hasta en el momento en que ella me trajo pensamientos culpables. Ahora me empezaba a subir de las entrañas un mal humor inaguantable. Tenía mucha sed y recordaba que pronto cruzaría un arroyito donde un árbol estiraba un brazo seco casi hasta el centro del camino. La noche era de luna y de lejos vi brillar las piedras del arroyo como si fueran escamas. Casi sobre el arroyito empecé a detenerme; él comprendió y me empezó a pegar de nuevo. Por unos instantes me sentí invadido por sensaciones que se trababan en lucha como enemigos que se encuentran en la oscuridad y que primero se tantean olfateándose apresuradamente. Y en seguida me tiré para el lado del arroyito donde estaba el brazo seco del árbol. Él no tuvo tiempo más que para colgarse de la rama dejándome libre a mí; pero el brazo seco se partió y los dos cayeron al agua luchando entre las piedras.

Yo me di vuelta y corrí hacia él en el momento en que él también se daba vuelta y salía de abajo de la rama. Alcancé a pisarlo cuando su cuerpo estaba de costado; mi pata resbaló sobre su espalda; pero con los dientes le mordí un pedazo de la garganta y otro pedazo de la nuca. Apreté con toda mi locura y me decidí a esperar, sin moverme. Al poco rato, y después de agitar un brazo, él también dejó de moverse. Yo sentía en mi boca su carne ácida y su barba me pinchaba la lengua. Ya había empezado a sentir el gusto a la sangre cuando vi que se manchaban el agua y las piedras. Crucé varias veces el arroyito de un lado para otro sin saber qué hacer con mi libertad. Al fin decidí ir a lo de la maestra; pero a los pocos pasos me volví y tomé agua cerca del muerto.[6]

Iba despacio porque estaba muy cansado; pero me sentía libre y sin miedo. ¡Qué contento se quedaría Alejandro! ¿Y ella? Cuando Alejandro me mostraba aquel retrato yo tenía remordimientos. Pero ahora, ¡cuánto deseaba tenerlo! Llegué a la casa a pasos lentos; pensaba entrar al granero; pero sentí una discusión en el dormitorio de Tomasa. Oí la voz del novio hablando de los sesenta pesos; sin duda los que hubiera necesitado para comprarme. Yo ya iba a alegrarme de pensar que no les costaría nada, cuando sentí que él hablaba de casamiento; y al final, ya fuera de sí y en actitud de marcharse, dijo: «O el caballo o yo».

---

6   El caballo bebiendo agua en el arroyo reaparece en «La casa inundada» donce se recapitulan otros temas de la obra del autor.

Al principio la cabeza se me iba cayendo sobre la ventana colorada que daba al dormitorio de ella. Pero después, y en pocos instantes, decidí mi vida. Me iría. Había empezado a ser noble y no quería vivir en un aire que cada día se iría ensuciando más. Si me quedaba llegaría a ser un caballo indeseable. Ella misma tendría para mí, después, momentos de vacilación.

No sé bien cómo es que me fui. Pero por lo que más lamentaba no ser hombre era por no tener un bolsillo donde llevarme aquel retrato.

EL COMEDOR OSCURO

Durante algunos meses mi ocupación consistió en tocar el piano en un comedor oscuro.[1] Me oía una sola persona. Ella no tenía interés en sentirme tocar precisamente a mí. Y yo, por otra parte, tocaba de muy mala gana. Pero en el tiempo que debía transcurrir entre la ejecución de las piezas –tiempo en que ninguno de los dos hablábamos– se producía un silencio que hacía trabajar mis pensamientos de una manera desacostumbrada.

Primero yo había ido una tarde a la Asociación de Pianistas. Los muchachos de allí me habían conseguido trabajo muy a menudo en orquestas de música popular, y hacía poco tiempo habían patrocinado un concierto mío.

Aquella tarde el gerente de la sociedad me llamó aparte:

—Ché, tengo un trabajito para vos. Es poca cosa (ya había empezado a poner cara de segunda intención) pero puede resultarte de gran porvenir. Una viuda rica quiere que le hagan música dos veces por semana. Son dos sesiones de una hora y paga uno cincuenta por sesión.

Aquí se interrumpió y salió un instante porque lo habían estado llamando de la pieza de al lado.

Él creía que a mí me deprimiría lo de ir a trabajar por tan poco; y dijo todo medio en broma y en tono de querer convencerme, porque había poco trabajo y era conveniente que yo me prendiera de lo primero que encontrara.

De buena gana yo le hubiera confiado lo contento que estaba con aquel ofrecimiento; pero a mí me hubiera sido muy difícil explicar, y a él comprender, por qué yo necesitaba entrar en casas desconocidas.

Cuando él volvió yo estaba flotando en plena vanidad, pensaba

---

[1] Así como «El balcón», este cuento hace referencia a los años de Felisberto como concertista y acompañante de cine mudo en las provincias.

que la viuda habría oído mi concierto, o mi nombre, o visto fotografías o artículos en los diarios. Entonces le pregunté:

—¿Ella me mandó buscar a mí?

—No, ella mandó buscar un pianista.

—¿Para hacer música buena?[2]

—Yo no sé. Tú te arreglas con ella. Aquí está la dirección. Tienes que preguntar por la señora Muñeca.

La casa era de altos, balcones de mármol. Apenas entré al zaguán fui detenido por dimensiones desacostumbradas y mármoles más finos que los del balcón; eran colores indefinidos y aun estando allí parecían vivir en lugares lejanos.

Me miraban los cristales biselados de las puertas que daban al patio; ellas tenían poca madera y parecían damas escotadas o de talle muy bajo; las cortinas eran muy tenues y daban la impresión de que uno sorprendiera a las puertas en ropa interior[3]. Detrás de las cortinas se veía, inclinándose apenas, un helecho casi tan alto como una palmera.

Hacía rato que había tocado el timbre cuando vi aparecer en el fondo del patio una inmensa mujer. Hasta que no abrió la puerta no quise convencerme de que traía colgando de los labios un cigarrillo rubio. Sin saludarme, preguntó:

—¿Usted viene de la sociedad de los pianistas?

Apenas le hube contestado abrió la puerta, se dio vuelta y caminó hacia el patio como indicándome que la siguiera. Yo tenía pegado en los ojos, todavía, el recuerdo de su boca en el momento de hablarme; los labios eran carnosos y entre ellos se bamboleaba el cigarrillo encendido. Me había hecho pasar a un rincón del patio que no era visible desde el zaguán. No bien me senté en un sillón que ella me había indicado con una mirada de párpados bajos, le pregunté:

---

2   «Música buena» es obviamente «música clásica», cuya apreciación era privilegio y distintivo de la clase alta y el filtro que separaba a los miembros establecidos de la misma de los aspirantes a penetrar sus círculos exclusivos. Observa Graziano respecto a la madre de Felisberto: «From Calita's lower-middle class perspective, music, and particularly piano music, was a symbol of the Montevideo elite, which took its social and cultural cues from Europe. Calita wanted to invest in her son 'a different culture, like that of the upper classes in their parlors and mansions'. Studying the piano (...) implied the dream of someday playing in the company of this elite, of breaking through the barriers of exclusivity and gaining access to their homes, of being among them as the focus of their attention» (1997:50).

3   Ensartando dos personificaciones consecutivas de las puertas como «damas escotadas» sorprendidas en «ropa interior», el autor crea un inquietante ambiente de intimidad y expectativa.

—¿Usted es la señora Muñeca?[4]

—Si la señora Muñeca lo oye decirme eso a mí, nos echa a los dos. Pero no se aflija, tengo todo previsto.

Abrió la puerta que daba al comedor. En el vidrio había dibujado un paisaje de cigüeñas. La cabeza de la mujer daba a una altura del vidrio donde también había una cabeza de cigüeña que tenía un pescado en el pico y estaba a punto de tragárselo.[5]

Yo apenas tuve tiempo de mirar el gran patio, lleno de plantas y mayólicas de colores; en seguida apareció de nuevo la mujer rubia con un platillo de postre. Se sentó en una silla que había cerca de mi sillón y puso el platillo en otra silla. Entonces dijo:

—No debe tardar mucho. La acostumbré a que toque el timbre cada vez que llegue. Le dije que si dejaba la puerta abierta podían robarle algo.

Yo fui a hablar y no encontraba la voz; tardé como si hubiera tenido que buscar el sonido en algún bolsillo.

—Ella ha tenido buen gusto...

No me dejó terminar.

—El gusto no es de ella. Aquí vivía un «dotor». A él se le murió una hija y le vendió la casa a ésta, que ya era viuda y rica desde jovencita.

Echó la ceniza del cigarrillo en el platillo de postre y yo creí que el platillo se caería.

—Lo que no tenía el «dotor» era piano. Lo compró ésta; y bastantes lágrimas que le costó.

Yo la miré, abriendo los ojos y tal vez la boca. Parecía que a ella le gustara mi manera de escuchar, porque después de tanto silencio despectivo estuvo de charla hasta que vino la dueña de casa. Lo que más la hacía conversar era algo que tuviera que ver con la señora Muñeca; aunque empezara hablando de otra cosa parecía que sin darse cuenta se fuera resbalando despacito hasta caer en el mismo tema.

Yo le pregunté:

—¿La señora Muñeca es alta como usted?

---

4   El apodo de la protagonista, «Muñeca», sugiere su deseo de aparentar lo que no es—una persona culta y conocedora de la «música buena». La señora Muñeca y su doble, Dolly, que refleja su verdadera naturaleza burda y soez, entablan un «juego» en el que la cultura se vuelve un instrumento para sobresalir socialmente, más que un tema de conocimiento y exploración.

5   El narrador enlaza la cigüeña que se traga el pescado con la cabeza que se lo puede tragar a él.

Se rió.

—Cuando vinimos aquí tuve que bajar todos los espejos; y la que me tengo que agachar soy yo.

De pronto y sin venir al caso volvió a lo del piano: era como algo que hubiera dejado cocinándose y ahora tuviera que seguir revolviendo.

—Buenas lágrimas le costó el piano. Lo compró para que tocara un novio que tuvo. Él hizo un tango y le puso «Muñeca», por ella. Después, una noche en que él se iba para Buenos Aires y no quería que lo fueran a despedir, ella se encaprichó y fuimos las dos. Pero él llegó tarde al vapor; venía del brazo de otra y subieron corriendo «la escalerita».

Yo hice el ademán de agarrar el platillo en un momento que creí que se caería. Ella comprendió y me dijo que no tuviera miedo; pero como tocaron el timbre salió corriendo con el platillo y se introdujo en el paisaje de las cigüeñas.

A los pocos instantes alcancé a ver una mancha violeta pegada a la puerta que daba al zaguán. Unas uñas impacientes golpeaban el vidrio. Cuando la mujer grande abrió, entró en seguida una mujer chica y le empezó a hablar del carnicero. A mí me parecía que un ojo de la recién llegada miraba hacia mí; yo la veía de perfil; aunque ya de edad, no parecía fea; pero recuerdo lo que ocurrió cuando empezó a dar vuelta la cara lentamente y yo la empecé a ver de frente; era tan enjuta que fui recibiendo un chasco como el que dan las casas que uno ve de frente y después de pasarlas y mirarlas de costado resulta que no tienen fondo y terminan en un ángulo muy agudo. Casi podría decirse que aquella cara existía nada más que de perfil; y que de frente apenas era un poco ancha donde estaban los ojos; los tenía extraviados de manera que el izquierdo miraba hacia el frente y el derecho hacia la derecha. Para compensar la estrechez de la cara se peinaba haciéndose un gran promontorio; aparecían varios colores de pelo: negro, diversos matices del castaño y mechones sucios tendiendo al blanco. Encima de todo tenía un pequeño moño que en apretada síntesis era la muestra de todos los colores.

Cuando empezó a caminar hacia mí, nos miramos sin hablar; y así en todo el rato que ella empleó en cruzar el patio.

—¿Usted es el pianista? ¿Quiere pasar?

Llevó el promontorio hacia la puerta del comedor. A pesar de todo aquel pelo, apenas alcanzaba a las patas de la cigüeña del pescado en el pico. Cuando retiramos las sillas que estaban junto a la gran mesa, el ruido hizo un eco que parecía un rugido. Aquel comedor, oscuro por sus muebles y su poca luz, tenía un silencio propio. Daba pena que aquella mujer lo violara cuando me decía:

—En mi familia (movía los ojos y yo no sabía cuál mirarle, porque tampoco sabía cuál de ellos me miraba a mí), en mi familia, todos han respetado la música.[6] Y yo quiero que en esta casa, dos veces por semana, *se toque la música.*

En seguida la llamaron porque había venido el carnicero. Se levantó agitando una gran cadena dorada que le daba varias vueltas por el pecho y que al final terminaba atada al costado izquierdo de la cintura.

Había, paradas en el trinchante, dos bandejas ovaladas que miraban al patio y de allí recogían la única luz que iba quedando en el comedor. También blanqueaban un poco, los pescados de un cuadro que había encima del trinchante. Yo tenía adormecida la palma de la mano porque la había estado pasando por encima de la carpeta[7] que ahora se veía de un color verde oscuro. Cuando ella volvió, yo traté de apresurar la entrevista.

—¿Qué clase de música desea la señora?

—¿Cómo qué clase de música? La que toca todo el mundo, la que está de moda[8].

—Muy bien. ¿Se puede probar el piano?

—Ya lo debía haber hecho.

—¿Dónde está?

—Detrás suyo. ¿No lo ve?

—No, señora, hay poca luz.

Arrimó una pantalla de pie al rincón donde estaba el piano.

---

6   El uso del artículo definido, «*la* música», crea un efecto burlón que denota las pretensiones de Muñeca ante un arte que obviamente desconoce.

7   Tapete pequeño. Es de color verde, uno de los colores más mencionados en la obra de Felisberto.

8   La respuesta de la señora muestra que no tiene idea de las categorías y mucho menos del vocabulario musical. «Todo el mundo» muestra la reducción que hace Muñeca de un ambiente que le es ajeno, y al que homogeniza con el público del «café japonés». Es posible que las aspiraciones de Muñeca reflejaran en parte las de Calita, la madre de Felisberto: «Calita herself was incapable or realizing that dream [la entrada y aceptación a los círculos artísticos de la clase alta] but she was 'obsessed with the good intention' of using music instruction as a social-climbing device for her children» (Graziano, 1997:50).

Tropezó y empezó a rezongar. Cuando encontró el enchufe, la luz dio sobre el color guindo de un piano chico. Después que lo probé y hube dicho otro «muy bien», se me ocurrió preguntarle:

—¿Con qué intervalo debo hacer las piezas?

—¿Qué quiere decir con eso?

—¿Cuántos minutos tienen que pasar después de terminar una pieza y...?

—Lo mismo que tardan en el café japonés.

Dije el último «muy bien» y me despedí hasta el día fijado.

La tarde que fui a tocar por primera vez, tampoco estaba la señora Muñeca. La mujer grande me hizo pasar al comedor y empezó a darme charla. Ella se llamaba Filomena, pero desde niña se había hecho llamar Dolly; era el nombre de una desdichada que se había tirado al mar en una película de aquel tiempo. Según pude averiguar después, ni ella ni la dueña de casa sabían que Dolly, en inglés, quería decir muñequita.[9] Y, no sé por qué, temí sacarlas de esa ignorancia. Por último me habló de un hermano de la señora Muñeca. Ella le había hecho conseguir un empleo; y si seguía portándose «como es debido», le escrituraría, a nombre de él, una pequeña casa que tenía en el Prado al lado de un chalet que también era de ella.

A mí se me había dormido la palma de la mano porque la había estado pasando por el cuerpo repujado de una silla vecina.[10]

Cuando la señora Muñeca tocó el timbre yo llevé mi silla al piano, puse las músicas en el atril y la esperé, pronto para empezar. Apenas ella entró, se llevó las manos al costado izquierdo y sacó la punta de la cadena, donde tenía un pequeño reloj; aquello era tan desproporcionado como si hubiera atado un perrito con una cadena de aljibe. Ella me dijo: «Puede empezar.» Después se sentó en el otro extremo de la mesa y se le ocurrió, como a mí, pasar la mano por encima de la carpeta.

Yo empecé a tocar un tango y, antes de terminarlo, apareció la grandota; hablaba fuerte para cubrir el ruido del piano.

—Muñeca, ¿dónde dejó la caldera?

Muñeca tenía otro sentido de las cosas que estaban sucediendo; a

---

9   El contraste de sus fisionomías y el juego con los nombres establece una relación de dobles entre las dos mujeres, en la que Muñeca es el rostro público y aparentemente refinado de Dolly, la sirvienta soez que muestra su verdadero rostro.

10   Por segunda vez el narrador describe el gesto de pasar la mano por una superficie—antes el tapete, ahora la silla de cuero repujado, y luego de nuevo la carpeta. Aparentemente es un gesto nervioso o compensatorio del desagrado que siente. Recordemos al protagonista de «Menos Julia» y su hábito de tocar objetos.

ella se le había ocurrido hacer tocar música y la pagaba como algo serio, como si hiciera dar teatro para ella; y esta otra venía a interrumpir la función y a romper ese sentido de dignidad y de aristocracia que ella quería tener en su casa. Entonces se paró enojada y dijo:

—Nunca más vengas a gritar y a interrumpir la música.

La grandota dio media vuelta y se fue. Pero casi al instante la señora Muñeca volvió a llamarla gritándole:

—¡Dolly!

Y en seguida contestó la otra:

—¿Muñeca?

—*Prepará* [11] el mate. La caldera está en el cuarto de baño. Yo ya había terminado el tango; miraba los muebles y pensaba en el doctor. Aquella casa tenía algo de tumba sagrada que había sido abandonada precipitadamente. Después se habían metido en ella aquellas mujeres y profanaban los recuerdos. Encima del trinchante había un paquete de yerba empezado; y dentro de una cristalera, para hacer entrar una botella de vino ordinario, habían empujado, unas encima de otras, las copas de cristal.

Dolly trajo en silencio lo que le habían pedido; yo empecé a tocar un «vals sentimental» y ya nadie habló más. La señora Muñeca tomaba mate, miraba hacia el patio y parecía, lo mismo que las bandejas, no hacer otra cosa que recibir la última luz. Yo no pedí que me encendieran la portátil de pie. Toqué algunas piezas de memoria y en los intervalos pensé en mis cosas. La señora Muñeca no sólo parecía que no oía la música, sino que había dejado el mate y una de sus manos quedó inmóvil encima de la carpeta.

En las sesiones siguientes, ya tenían todo preparado. Y después que la señora Muñeca tomaba los primeros mates y yo tocaba los primeros tangos, ella se quedaba inmóvil y yo pensaba en mis asuntos.

Cuando ya hacía más de un mes que trabajaba allí, volvió a ocurrir que la señora Muñeca no tenía preparado el servicio del mate. Llegó un poco nerviosa a donde estaba yo y me dijo que ella me oiría lo mismo desde otra pieza. Aquella tarde volvió a decir a Dolly que le

---

11   El uso de la cursiva pone énfasis en el uso del voseo de parte de la señora Muñeca, que resulta fuera de lugar dentro del ambiente aristocrático que pretende crear. El resto del párrafo reitera esta caracterización al presentar a las dos mujeres como seres soeces que «profanaban» la casa, y al describir las copas finas empujadas sin respeto para hacerle lugar a una botella de vino ordinario (las clases altas, como Horacio en «Las Hortensias», beben «vino de Francia»). Una señora aristocrática de la época tampoco tomaría mate, sino té.

preparara el mate y que la caldera estaba en el cuarto de baño. Cuando Dolly volvió la señora no estaba en el comedor. Entonces aprovechó para decirme:

—Hoy hace dos años que vimos al novio de Muñeca cuando subía la escalerita del vapor dándole el brazo a la otra. Así que *tené* cuidado y *portáte* bien.

A mí me hizo muy mala impresión que me tratara de tú y me disponía a reprochárselo cuando llegó la señora. Esa tarde ella aparecía y desaparecía como esas lloviznas que interrumpen el buen tiempo.

A los pocos días me mandaron buscar de la Asociación de Pianistas y el gerente me dijo:

—Estuvo aquí la señora Muñeca a pedir otro pianista. Dice que vos sos un tipo triste y que tu música no alegra. Yo le contesté: «Mire, señora, ése es el primer pianista de la asociación» y traté de convencerla diciéndole que cambiarías el repertorio y que tocarías con más vida.

Yo estaba deprimido. Y me fue violento ir a la sesión siguiente, pues tenía que tocar «con más vida» y además decirle a Dolly que no me tratara de tú. Pero, cuando llegué al comedor, ocurrieron cosas inesperadas. Estaba de visita el hermano de la señora Muñeca y resultó ser conocido mío. En seguida se paró, me dio la mano y me dijo:

—¿Cómo está, maestro? Lo felicito; ya sé que tuvo mucho éxito en su concierto. Vi los artículos y las fotografías en los diarios.

Los ojos de Muñeca disparaban miradas para todos lados y parecía que aquella desviación fuera a propósito para desconfiar de todo el mundo. Entonces nos interrumpió exclamando:

—¿Cómo? ¡No me habían dicho que usted era una persona que salía en los diarios![12]

Siguió el hermano:

—¡Si cómo no! Y una vez salimos juntos en el mismo diario; estábamos separados nada más que por una columna. Fue aquella vez que me nombraron secretario del club.

Intervino Muñeca:

—Y que te felicitó el presidente. –Y después dijo–:
Vení.

---

12   FH continúa su caracterización impiadosa de Muñeca, que trata de suplir su falta de criterio propio ante un arte que desconoce adoptando lo que opina «todo el mundo», en este caso la prensa.

Yo tenía la cabeza baja y vi salir del comedor oscuro, primero el vestido violeta y, a poca distancia, los pantalones negros del hermano.

Después empecé a recordar el café donde yo tocaba cuando conocí a este muchacho. No sé por qué le llamaban «Arañita» y por qué él lo toleraba, ya que era tan bravo. Y ahora yo me había empecinado en hacer entrar a la señora Muñeca, con el vestido violeta, en la historia de este muchacho. Ella llegaba tarde a la idea que yo tenía de él; y aunque me hubiera sido más cómodo dejar este trabajo para otro día, no podía pasar sin imaginarme de nuevo todo lo que sabía de Arañita, pero agregándole esta hermana. También me parecía que era ella quien quería entrar en la historia; y tan a la fuerza como en un ómnibus repleto.[13]

Aquel café estaba escondido detrás de unos árboles y debajo de un primer piso con balcones. Todo el que pretendiera entrar era detenido en la puerta. Apenas se ponía la mano en la manija, que era grande y negra como la de una plancha de sastre, ésta daba vuelta para todos lados sin ofrecer resistencia. Parecía que la puerta se riera de uno. Si a pocos pasos del vidrio había una persona –estando más lejos ya la suciedad del vidrio no permitiría verla–, es posible que la persona hiciera un ademán con el brazo como diciendo: «¡Véngase! ¡Empuje!» Entonces uno pegaba un empellón y la puerta rezongaba, pero cedía. Después de estar adentro y apenas se daba la espalda a la calle, la puerta se vengaba descargando un golpe de resorte.

El humo tragaba mucha de la poca luz que daban unas lamparillas y mucho del color de los trajes. Además, se tragaba las columnitas en que se apoyaba el palco donde tocábamos nosotros. Éramos tres: «un violín», «una flauta» y yo. Parecía que también había sido el humo quien hubiera elevado nuestro palco hasta cerca del techo blanco. Como si fuéramos empleados del cielo, enviábamos a través de las nubes de humo aquella música que los de abajo no parecían escuchar. Apenas terminábamos una pieza, nos invadía la conversación de toda aquella gente. Era un murmullo fuerte, uniforme, y en invierno nos llenábamos de modorra. Nos asomábamos sentados en la baranda del palco y no sé qué hacíamos tanto rato con los ojos sobre las cosas. De pronto mirábamos, simplemente, cómo allá abajo las cabezas se aso-

---

13   Se sugiere que Muñeca quiere insertarse en un estrato social más alto con la misma fuerza.

maban a los círculos blancos de las mesas de mármol y las manos llevaban hasta cerca de la nariz el café, que se veía como una pequeña
mancha negra. Uno de los mozos era miope y andaba detrás de unos
cristales muy gruesos; ellos le aconsejaban con mucha lentitud dónde
podía encontrar una cosa; después la nariz oscilaba como una brújula
hasta que se detenía apuntando a su objetivo. En una mano llevaba
una bandeja y con la otra iba tanteando a la gente. Era divorciado,
vuelto a casar y lleno de hijos chicos. Nosotros lo contemplábamos
como a un vaporcito que navegaba entre islas, encallando a cada rato,
o descargando los pedidos en puertos equivocados.

Todo esto ocurría en la noche. Pero en la sección vermouth era
muy distinto; y no sólo por saberse que aquella era una hora de la
tarde y no de la noche; y porque hubiera otro público y se tomaran
otras cosas. A esa hora venía la gente del club político ubicado encima
del café. Llenaban dos mesas del fondo y casi todos eran compañeros
o admiradores de Arañita. Antes de poder conversar con él lo miraban
desde lejos un buen rato y esperaban que él terminara de preparar los
cocktails detrás del mostrador. A esa hora, solamente, se encendía una
luz muy fuerte que iluminaba el blanco del saco, la camisa y los
dientes de Arañita. Contra todo eso se oponía la corbata, las cejas, los
ojos y el pelo de él, que era del más decidido negro. Y como color con-
ciliador estaba el de su cara; era aceituna y apenas sombreado en algunas partes, sobre todo encima de las cejas, pues éstas hubieran resultado inmensas si no se las afeitara dejando apenas dos pedacitos
parecidos al cordón de los zapatos.[14]

Ninguna parte de la cara parecía moverse durante la ceremonia;
ni se sabia cuál era el preciso instante en que él tomaba o dejaba una
botella; la vista no alcanzaba a sincronizar el tiempo exacto en que él
daba impulso a un objeto y el tiempo en que el objeto obedecía. Parecía que las botellas, los vasos, el hielo y los coladores tuvieran vida
propia y hubieran sido educados en un régimen de libertad; no importaba que no obedecieran instantáneamente: ellos eran responsables
y todo llegaría a su tiempo. En el único momento que los ojos podían
saciar su grosera sed de ajuste era mientras Arañita sacudía enérgi-

---

14   La caracterización de Arañita, así como la de Celina en «El caballo perdido», se logra
     por medio de contrastes entre el blanco y el negro. Del mismo modo, el exceso de pelo
     (las cejas en este caso, como la línea del pelo en la frente del personaje de «Nadie en-
     cendía las lámparas»), con sus connotaciones sexuales, se presenta como socialmente in-
     aceptable y remediable por medio de la depilación, sugiriendo una necesaria «castración»
     como condición a la aceptación social.

camente la coctelera. En uno de esos momentos yo alcancé a pasar por una de las mesas del fondo y sentí decir: «Se conoce que es un hombre de carácter, ¿eh?»

Arañita sabía cuál cocktail tenía más salida a una hora determinada. Entonces preparaba muchos vasos al mismo tiempo. Después de sacudir la coctelera repartía el líquido en cada vaso con un mismo movimiento del pulso; pero era tal la precisión, que uno pensaba en los secretos de la naturaleza, cada gota iba a su corral de vidrio como por un instinto de familia. Después de haber depositado la primera carga de la coctelera –que podía ser de gotas de una raza oscura–, preparaba otra de raza blanca y volvía a depositar en la misma forma las nuevas familias. Entonces llegaban los instantes tan esperados por nosotros. Él tomaba una cucharita de cabo largo; con pocos golpes giratorios cruzaba rápidamente las familias que había en cada vaso y surgía lo inesperado: cada vaso cantaba un sonido distinto y comenzaba una música de azar. Porque lo único imprevisible de cada día era la acomodación de vasos aparentemente iguales con el secreto de sonidos distintos.[15]

De pronto veíamos a Arañita ponerse el saco, negro y ajustado, y el sombrero, de alas planas y duras como si fueran de acero. Daba vuelta por el lado de afuera del mostrador y el propio patrón –amigo y correligionario—le servía una caña. Ya los políticos iban saliendo y lo esperarían en el club. Varias veces, a esa hora, yo recordé algo que sabía de él. Había tenido una novia que una vez le pidió permiso para ir a un baile; aunque él se lo negó, ella lo mismo fue. Al poco tiempo él lo supo y cortó las relaciones con palabras que fueron como golpes secos. Una tarde ella vino al café; pero él la mandó despedir con un mozo. Y al poco tiempo ella se envenenó.

Al principio él era muy amigo de nosotros; pero un buen día dejó de saludarnos. En la baranda del palco había muchas bombitas de colores; y él era el encargado de encenderlas cuando empezaba la orquesta. Un día el «violín» descubrió que Arañita las encendía en el preciso instante en que sonaba el primer acorde de la pieza con que

---

15   Los vasos iguales con sonidos distintos en esta metáfora sostenida aluden a uno de los temas centrales del relato: las diferencias de «voces» y «contenidos» en personajes de una misma clase: el pianista, Muñeca, Dolly, Arañita, todos miembros de una baja clase media con aspiraciones de subir en la escala social por diversos medios. En el caso de Muñeca y su doble Dolly, ese medio es el matrimonio, pero ambas buscan «pulirse» por medio de su contacto con el pianista.

nosotros abríamos la sesión. Entonces, pensando en hacerle una broma, una noche hicimos todos al mismo tiempo un solo acorde cualquiera. El estampido del acorde junto con la luz llamó la atención de la gente y algunos aplaudieron. Pero Arañita caminaba rabiosamente detrás del mostrador y parecía próximo a saltar. No nos saludó más; pero mucho tiempo después y cuando yo ya no tocaba en el café, él me vio por la calle, me vino a saludar con una sonrisa muy franca y volvimos a quedar amigos.

Aquella tarde en el comedor oscuro también vino a saludarme, antes de irse, y me dijo:

—Puede estar tranquilo. En esta casa su empleo está seguro.

Menos mal. Ésta era una de las consecuencias del concierto. Pero en seguida pensé que tenía una preocupación y que en ese momento no recordaba cuál era. Pronto la encontré. Era que Dolly no debía tratarme de «tú». Y precisamente en ese instante entró ella tendiéndome la mano. Había venido corriendo en puntas de pie. Yo no tuve más remedio que darle mi mano. Entonces ella me dijo:

—Te felicito –y salió corriendo.

En las sesiones siguientes Muñeca se volvió a sentar silenciosa a tomar mate en el comedor y yo pude pensar a gusto en mis cosas.

Después que Arañita hubo arreglado mi situación en casa de la hermana, Muñeca pasó mucho tiempo sin interrumpir mis pensamientos. Tomaba mate hasta que se le enfriaba el agua y después, dejando quietos sus ojos extraviados, ella también miraba sus recuerdos. Sin embargo, una tardecita que el comedor estaba muy oscuro y faltaba poco para terminar la sesión, Muñeca me habló. Yo en ese momento estaba lejísimo de pensar en ella. Cuando las palabras de Muñeca chocaron contra mí y el silencio se derrumbó, hice un movimiento brusco con los pies y le pegué al piano; la caja armónica quedó sonando y en seguida Muñeca soltó una carcajada chabacana. Después ella repitió sus palabras:

—Le preguntaba cómo se llama ese tanguito que tocó.

Mi primer impulso fue decirle el título; pero después pensé que si se lo decía –el tango se llamaba «¿Te fuiste? Ja, ja...» –, ella pensaría que era una alusión al que se había ido con otra por la «escalerita» del vapor. Entonces prendí la luz y fui a llevarle el ejemplar; pero ella, comprendiendo mi intención, me atajó:

—No, no, dígamelo usted no más.

Lo pronuncié con una voz rara; ella me lo hizo repetir y en seguida dijo:

—¡Jesús! ¡parece un nombre de carnaval!

Yo no deseaba que ese título le trajera malos recuerdos. Sin embargo a mi me atraían los dramas en casas ajenas y una de las esperanzas que me había provocado mi concierto era la de hacer nuevas relaciones que me permitieran entrar en casas desconocidas.

Una tarde que yo pensaba en el drama ajeno sentí en el comedor oscuro un fuerte olor a lechón adobado. Entonces le dije a Dolly:

—¡Qué olor a lechón! ¿Por qué no lo saca de aquí? Es una pena... ¡Un comedor tan lindo...!

Ella se enojó:

—¿Y el lechón no es un olor de comedor? ¿*Querés* que lo ponga en la sala?

Allí estaba, sobre el aparador, en una fuente esmaltada de color azul y tapado con un tul blanco. Dolly se había ido en seguida; pero al rato entró de nuevo y me dijo:

—Ya sé, *querés* comer lechón.[16]

Yo empecé a protestar con fuerza pero ella me chistaba, quería cubrir mi voz y pretendía agarrarme las manos. Mientras yo las esquivaba y ella las perseguía, hacíamos a tientas dibujos en el aire y yo sentía en mi cara congestionada el viento que hacían las cuatro manos. Al fin puse mis manos en la espalda y me resigné a que Dolly hablara:

—Mirá: a las diez de la noche venís por la calle del fondo; allí hay un árbol con unas ramas gruesas que dan a la ventanilla de la cocina. No te hago entrar por el frente porque podrían chismear, y yo tengo novio y pienso casarme.

Quise interrumpirla, pero ella alcanzó a atraparme una mano. Yo

---

16   La insistencia de Dolly en hacer comer lechón al artista, que se resiste hurtándole sus manos de pianista, se presenta como un intento de bajarlo de su plano artístico al plano elemental de ella, que gira en torno a necesidades físicas y materiales. Se implica que «comer lechón» tiene para ella connotaciones sexuales. Dolly asume sin la menor duda que el pianista comparte sus gustos e inclinaciones y que el lechón compartido terminará por igualarlos.

la quité con brusquedad y mientras me quedé pensando en mi movimiento grosero, ella reanudó la explicación:

—Te *subís* al árbol y *entrás* a las diez; yo tendré pronto el lechón, un litrito de vino y verás qué fiesta vamos a hacer.

Por fin me dejó decir:

—¿Y si me oye Muñeca? ¿Voy a perder el empleo por un pedazo de lechón?

Me miró unos instantes en silencio y extrañada. Y después dijo:

—A las nueve y media yo ya he llevado a Muñeca a la cama completamente dormida y hasta podría desnudarla al otro día de mañana.

—¿Cómo? ¿Tiene sueño tan pesado?

Dolly se empezó a reír a gritos; después se sentó, desnudó los pies de unos zapatos rojos, los enrolló en las patas de la silla y me dijo:[17]

—Apenas te vas, ella empieza a tomar vino; después come tomando vino; en seguida del postre sigue tomando vino y cuando está bien borracha la llevo a la cama.

Dolly miró mi cara, se entusiasmó y siguió diciendo:

—Mucho decir que haga las cosas como es debido, mucha aristocracia, mucho no dejarme conversar con nadie que la visite, ni siquiera con el hermano, y después se emborracha como una chancha.

Yo bajé la cabeza y en seguida ella me preguntó:

—¿Y en qué quedamos? ¿*Venís* a comer el lechón o no? Yo empecé a improvisar disculpas torpes; una de las peores fue decirle que me podría caer del árbol; ella comprendió, arrugó la boca de un lado, se calzó y en el momento de irse me dijo:

—*Andá, andá;* a vos te arrancaron verde.

Una tarde, poco tiempo después, no salió a recibirme Dolly; apareció un criado de patillas, chaleco y mangas rayadas. Me entregó una carta en la que Muñeca me comunicaba la suspensión de mis servicios y me entregaba el dinero que me debía.

Después de esto pasé algún tiempo sin trabajo. Y hasta estuve por subir al árbol con la idea de ver a Dolly.

Una mañana de verano yo tenía mucho pesimismo y pensaba en todos mis fracasos. El concierto no sólo no me había dado dinero sino que no me había traído nada de lo que yo esperaba. Ni siquiera relaciones como para entrar en casas desconocidas; la única casa había sido

---

17   Las acciones soeces de la sirvienta prefiguran la confesión sobre la naturaleza soez de la señora, como en un juego de espejos.

la del comedor oscuro; allí apenas sospeché un drama cuando supe que Muñeca se emborrachaba; y Dolly no parecía una mujer que tuviera drama.

Arrastraba lentamente estos pensamientos paseando con las manos atrás por una avenida del Prado, cuando sentí que me hacían cosquillas en la palma de una mano. Me di vuelta y encontré a Dolly. Me dijo:

—Te vi pasar por casa y te seguí.

—¿Cómo? ¿Usted no está más en lo de Muñeca?

—Esa vieja se acordará de mí para toda la vida. Una tarde le dije: «Vaya buscándose otra porque mañana me voy.» Ella me contestó: «Y yo ¿qué te hice, ahora?» Entonces yo le solté esto: «Ahora nada; pero me voy a casar... con su hermano.» Le vino un temblor raro y le empezó a salir espuma por la boca; porque esa misma mañana ella le había escriturado esta casita al hermano.

Habíamos seguido caminando. Pero cuando dijo lo de Arañita me paré a mirarla. Ella me tomó una mano y me dijo:

—*Vení* a ver la casita. A esta hora Arañita siempre está en el empleo.

Yo solté la mano y le dije:

—No, otro día.

A ella le volvió la rabia que tuvo cuando no quise subir al árbol y arrugó el labio de arriba para decirme:

—*Andá, andá*, pobre pianista.

El balcón

Había una ciudad que a mí me gustaba visitar en verano. En esa época casi todo un barrio se iba a un balneario cercano. Una de las casas abandonadas era muy antigua; en ella habían instalado un hotel y apenas empezaba el verano la casa se ponía triste, iba perdiendo sus mejores familias y quedaba habitada nada más que por los sirvientes. Si yo me hubiera escondido detrás de ella y soltado un grito, éste en seguida se hubiese apagado en el musgo.

El teatro donde yo daba los conciertos[1] también tenía poca gente y lo había invadido el silencio: yo lo veía agrandarse en la gran tapa negra del piano. Al silencio le gustaba escuchar la música oía hasta la última resonancia y después se quedaba pensando en lo que había escuchado. Sus opiniones tardaban. Pero cuando el silencio ya era de confianza, intervenía en la música: pasaba entre los sonidos como un gato con su gran cola negra y los dejaba llenos de intenciones.

Al final de uno de esos conciertos, vino a saludarme un anciano tímido. Debajo de sus ojos azules se veía la carne viva y enrojecida de sus párpados caídos; el labio inferior, muy grande y parecido a la baranda de un palco, daba vuelta alrededor de su boca entreabierta. De allí salía una voz apagada y palabras lentas; además, las iba separando con el aire quejoso de la respiración.

Después de un largo intervalo me dijo:

—Yo lamento que mi hija no pueda escuchar su música.

No sé por qué se me ocurrió que la hija se habría quedado ciega; y en seguida me di cuenta que una ciega podía oír, que más bien podía haberse quedado sorda, o no estar en la ciudad; y de pronto me detuve

---

1   Como en otros cuentos de tema musical, Felisberto acorta la distancia entre el autor y el narrador al atribuirle a éste detalles de su vida como concertista itinerante. Señala Italo Calvino: «Basta que comience a narrar las pequeñas miserias de una existencia que se ha desarrollado entre las orquestas de los cafés de Montevideo y las giras de concierto por los villorrios de provincia del Río de la Plata, para que se amontonen sobre sus páginas los gags, las alucinaciones, las metáforas, en donde los objetos toman vida como las personas» (En Rela 1982:3).

en la idea de que podría haberse muerto .[2] Sin embargo aquella noche yo era feliz; en aquella ciudad todas las cosas eran lentas, sin ruido y yo iba atravesando, con el anciano, penumbras de reflejos verdosos.

De pronto me incliné hacia él –como en el instante en que debía cuidar de algo muy delicado– y se me ocurrió preguntarle:

—¿Su hija no puede venir?

Él dijo «ah» con un golpe de voz corto y sorpresivo; detuvo el paso, me miró a la cara y por fin le salieron estas palabras:

—Eso, eso; ella no puede salir. Usted lo ha adivinado. Hay noches que no duerme pensando que al día siguiente tiene que salir. Al otro día se levanta temprano, apronta todo y le viene mucha agitación. Después se le va pasando. Y al final se sienta en un sillón y ya no puede salir.[3]

La gente del concierto desapareció en seguida de las calles que rodeaban al teatro y nosotros entramos en el café. Él le hizo señas al mozo y le trajeron una bebida oscura en un vasito. Yo lo acompañaría nada más que unos instantes; tenía que ir a cenar a otra parte. Entonces le dije:

—Es una pena que ella no pueda salir. Todos necesitamos pasear y distraernos.

Él, después de haber puesto el vasito en aquel labio tan grande y que no alcanzó a mojarse, me explicó:

—Ella se distrae. Yo compré una casa vieja, demasiado grande para nosotros dos, pero se halla en buen estado. Tiene un jardín con una fuente; y la pieza de ella tiene, en una esquina, una puerta que da sobre un balcón de invierno; y ese balcón da a la calle; casi puede decirse que ella vive en el balcón. Algunas veces también pasea por el jardín y algunas noches toca el piano. Usted podrá venir a cenar a

---

2   José Pedro Díaz apunta acerca de la génesis de este cuento, escrito en 1940: «Según testimonio del Dr. Alfredo Cáceres que recoge Norah Giraldi, conoce a una enferma atendida por Cáceres que le inspira su cuento 'El balcón'. Se trata de una enferma de hidropesía que estaba en una pequeña pieza sin ventanas y pintada de verde. Al salir dijo: 'A esta mujer le hace falta una ventana. Voy a escribir un cuento'. Y en cuarenta y ocho horas escribió 'El balcón'» (Díaz 2000:397). Lockhart añade que «En esos años se interesaba por los estudios de psicología, concurriendo regularmente al Centro de Estudios que dirigía el profesor Waclaw Radecki en Montevideo» (1991:117). Felisberto preserva el efecto del color verde de la pieza de la enferma en el vidrio por el que ve por primera vez al narrador, y en el sombrero del personaje ideado por ella. El verde, asociado con las plantas, aparece como un intento de compensar la esterilidad del ambiente en el que viven tanto la enferma que inspira el cuento, como el personaje agorafóbico que la refleja.

3   La agorafobia de la joven es sintomática de otros desórdenes de su personalidad. La narración alude al carácter vagamente incestuoso de la relación entre el padre y la hija ,a menudo latente en las tramas de los cuentos de hadas. El balcón amado es antiguo y estacionario como el padre, que también está preso en esta anómala relación.

mi casa cuando quiera y le guardaré agradecimiento.

Comprendí en seguida; y entonces decidimos el día en que yo iría a cenar y a tocar el piano.

Él me vino a buscar al hotel una tarde en que el sol todavía estaba alto. Desde lejos, me mostró la esquina donde estaba colocado el balcón de invierno. Era un primer piso. Se entraba por un gran portón que había al costado de la casa y que daba a un jardín con una fuente y estatuillas que se escondían entre los yuyos. El jardín estaba rodeado por un alto paredón;[4] en la parte de arriba le habían puesto pedazos de vidrio pegados con mezcla. Se subía a la casa por una escalinata colocada delante de una galería desde donde se podía mirar al jardín a través de una vidriera. Me sorprendió ver, en el largo corredor, un gran número de sombrillas abiertas; eran de distintos colores y parecían grandes plantas de invernáculo. En seguida el anciano me explicó:

—La mayor parte de estas sombrillas se las he regalado yo. A ella le gusta tenerlas abiertas para ver los colores. Cuando el tiempo está bueno elige una y da una vueltita por el jardín. En los días que hay viento no se puede abrir esta puerta porque las sombrillas se vuelan, tenemos que entrar por otro lado.

Fuimos caminando hasta un extremo del corredor por un trecho que había entre la pared y las sombrillas. Llegamos a una puerta, el anciano tamborileó con los dedos en el vidrio y de adentro respondió una voz apagada. El anciano me hizo entrar y en seguida vi a su hija de pie en medio del balcón de invierno; frente a nosotros y de espaldas a vidrios de colores. Sólo cuando nosotros habíamos cruzado la mitad del salón ella salió de su balcón y nos vino a alcanzar. Desde lejos ya venía levantando la mano y diciendo palabras de agradecimiento por mi visita. Contra la pared que recibía menos luz había recostado un

---

4   La trama de la joven atrapada en una casa encantada es común en los cuentos de hadas y en la mitología (pensemos en «La bella y la bestia,» en la famosa versión cinematográfica de Cocteau); la casa que la encarcela tiene algo de fortaleza («el jardín estaba rodeado por un alto paredón») y la joven se comporta como una prisionera. Tradicionalmente el carcelero explícito o aludido es un dragón, u otro tipo de monstruo que representa la autoridad paterna. En este caso el carcelero es el balcón. Para un estudio de la relación padre/hija en los cuentos de hadas, véase Marie Louise von Franz, *The Feminine in Fairytales*, especialmente 79-93. Von Franz señala que las jóvenes que padecen de un complejo de padre están «condenadas a la pasividad y el aislamiento, a la inactividad en la vida» (1972:83; mi traducción).

5   La caracterización de la joven se elabora por un proceso metonímico sutil en el que su inocencia se exterioriza por medio de la «sonrisa ingenua» del piano, así como la posesividad del padre se manifiesta a través de un balcón dotado de sentimientos, capaz de expresarse y recibir caricias («le puso los brazos desnudos en los vidrios como si los recostara sobre el pecho de otra persona»).

pequeño piano abierto, su gran sonrisa amarillenta parecía ingenua.[5]

Ella se disculpó por el hecho de no poder salir y señalando al balcón vacío, dijo:

—Él es mi único amigo.

Yo señalé al piano y le pregunté:

—Y ese inocente ¿no es amigo suyo también?

Nos estábamos sentando en sillas que había a los pies de la cama de ella.[6] Tuve tiempo de ver muchos cuadritos de flores pintadas colocados todos a la misma altura y alrededor de las cuatro paredes como si formaran un friso. Ella había dejado abandonada en medio de su cara una sonrisa tan inocente como la del piano; pero su cabello rubio y desteñido y su cuerpo delgado también parecían haber sido abandonados desde mucho tiempo. Ya empezaba a explicar por qué el piano no era tan amigo suyo como el balcón, cuando el anciano salió casi en puntas de pie. Ella siguió diciendo:

—El piano era un gran amigo de mi madre.

Yo hice un movimiento como para ir a mirarlo; pero ella, levantando una mano, y abriendo los ojos, me detuvo:

—Perdone, preferiría que probara el piano después de cenar, cuando haya luces encendidas. Me acostumbré desde muy niña a oír el piano nada más que por la noche. Era cuando lo tocaba mi madre. Ella encendía las cuatro velas de los candelabros y tocaba notas tan lentas y tan separadas en el silencio como si también fuera encendiendo, uno por uno, los sonidos.[7]

Después se levantó y pidiéndome permiso se fue al balcón; al llegar a él le puso los brazos desnudos en los vidrios como si los recostara sobre el pecho de otra persona. Pero en seguida volvió y me dijo:

—Cuando veo pasar varias veces a un hombre por el vidrio rojo, casi siempre resulta que él es violento o de mal carácter.

No pude dejar de preguntarle:

—Y yo ¿en qué vidrio caí?

—En el verde. Casi siempre les toca a las personas que viven solas en el campo.

—Casualmente a mí me gusta la soledad entre plantas –le contesté.

---

6   El trasfondo sexual del relato se pone de manifiesto en esta ubicación inmediata de los personajes al pie de la cama de ella, a pesar de que están, como ha dicho el padre, en una casa «demasiado grande para nosotros dos».

7   La sinestesia («encendiendo...los sonidos») en este caso crea un efecto mágico, como en la película de Cocteau antes mencionada.

Se abrió la puerta por donde yo había entrado y apareció el anciano seguido por una sirvienta tan baja que yo no sabía si era niña o enana. Su cara roja aparecía encima de la mesita que ella misma traía en sus bracitos. El anciano me preguntó:

—¿Qué bebida prefiere?

Yo iba a decir «ninguna»; pero pensé que se disgustaría y le pedí una cualquiera. A él le trajeron un vasito con la bebida oscura que yo le había visto tomar a la salida del concierto. Cuando ya era del todo la noche fuimos al comedor y pasamos por la galería de las sombrillas; ella cambió algunas de lugar y mientras yo se las elogiaba se le llenaba la cara de felicidad.

El comedor estaba en un nivel más bajo que la calle y a través de pequeñas ventanas enrejadas se veían los pies y las piernas de los que pasaban por la vereda. La luz, no bien salía de una pantalla verde, ya daba sobre un mantel blanco; allí se habían reunido, como para una fiesta de recuerdos, los viejos objetos de la familia.[8] Apenas nos sentamos, los tres nos quedamos callados un momento; entonces todas las cosas que había en la mesa parecían formas preciosas del silencio. Empezaron a entrar en el mantel nuestros pares de manos: ellas parecían habitantes naturales de la mesa. Yo no podía dejar de pensar en la vida de las manos. Haría muchos años, unas manos habían obligado a estos objetos de la mesa a tener una forma. Después de mucho andar ellos encontrarían colocación en algún aparador. Estos seres de la vajilla tendrían que servir a toda clase de manos. Cualquiera de ellas echaría los alimentos en las caras lisas y brillosas de los platos; obligarían a las jarras a llenar y a volcar sus caderas; y a los cubiertos, a hundirse en la carne, a deshacerla y a llevar los pedazos a la boca. Por último los seres de la vajilla eran bañados, secados y conducidos a sus pequeñas habitaciones. Algunos de estos seres podrían sobrevivir a muchas parejas de manos; algunas de ellas serían buenas con ellos, los amarían y los llenarían de recuerdos; pero ellos tendrían que seguir sirviendo en silencio.

Hacía un rato, cuando nos hallábamos en la habitación de la hija de la casa y ella no había encendido la luz —quería aprovechar hasta último momento el resplandor que venía de su balcón—, estuvimos hablando de los objetos. A medida que se iba la luz, ellos se acurrucaban

---

8   El pasaje que sigue ilustra la peculiar visión animista de los objetos que permea los cuentos maduros de Felisberto.

en la sombra como si tuvieran plumas y se prepararan para dormir. Entonces ella dijo que los objetos adquirían alma a medida que entraban en relación con las personas. Algunos de ellos antes habían sido otros y habían tenido otra alma (algunos que ahora tenían patas, antes habían tenido ramas, las teclas habían sido colmillos), pero su balcón había tenido alma por primera vez cuando ella empezó a vivir en él.

De pronto apareció en la orilla del mantel la cara colorada de la enana. Aunque ella metía con decisión sus bracitos en la mesa para que las manitas tomaran las cosas, el anciano y su hija le acercaban los platos a la orilla de la mesa. Pero al ser tomados por la enana, los objetos de la mesa perdían dignidad. Además el anciano tenía una manera apresurada y humillante de agarrar el botellón por el pescuezo y doblegarlo hasta que le salía vino.

Al principio la conversación era difícil. Después apareció dando campanadas un gran reloj de pie; había estado marchando contra la pared situada detrás del anciano; pero yo me había olvidado de su presencia. Entonces empezamos a hablar. Ella me preguntó:

—¿Usted no siente cariño por las ropas viejas?

—¡Cómo no! Y de acuerdo a lo que usted dijo de los objetos, los trajes son los que han estado en más estrecha relación con nosotros –aquí yo me reí y ella se quedó seria–; y no me parecería imposible que guardaran de nosotros algo más que la forma obligada del cuerpo y alguna emanación de la piel.

Pero ella no me oía y había procurado interrumpirme como alguien que intenta entrar a saltar cuando están torneando la cuerda. Sin duda me había hecho la pregunta pensando en lo que respondería ella. Por fin dijo:

—Yo compongo mis poesías después de estar acostada –ya, en la tarde había hecho alusión a esas poesías– y tengo un camisón blanco que me acompaña desde mis primeros poemas. Algunas noches de verano voy con él al balcón. El año pasado le dediqué una poesía.

Había dejado de comer y no se le importaba que la enana metiera los bracitos en la mesa. Abrió los ojos como ante una visión y empezó a recitar:

—A mi camisón blanco.

Yo endurecía todo el cuerpo y al mismo tiempo atendía a las

manos de la enana. Sus deditos, muy sólidos, iban arrollados hasta los objetos, y sólo a último momento se abrían para tomarlos.

Al principio yo me preocupaba por demostrar distintas maneras de atender; pero después me quedé haciendo un movimiento afirmativo con la cabeza, que coincidía con la llegada del péndulo a uno de los lados del reloj. Esto me dio fastidio; y también me angustiaba el pensamiento de que pronto ella terminaría y yo no tenía preparado nada para decirle; además, al anciano le había quedado un poco de acelga en el borde del labio inferior y muy cerca de la comisura.

La poesía era cursi; pero parecía bien medida; con «camisón» no rimaba ninguna de las palabras que yo esperaba; le diría que el poema era fresco. Yo miraba al anciano y al hacerlo me había pasado la lengua por el labio inferior; pero él escuchaba a la hija. Ahora yo empezaba a sufrir porque el poema no terminaba. De pronto dijo «balcón» para rimar con «camisón», y ahí terminó el poema.

Después de las primeras palabras, yo me escuchaba con serenidad y daba a los demás la impresión de buscar algo que ya estaba a punto de encontrar.

—Me llama la atención –comencé– la calidad de adolescencia que le ha quedado en el poema. Es muy fresco y...

Cuando yo había empezado a decir «es muy fresco», ella también empezaba a decir:

—Hice otro...

Yo me sentí desgraciado; pensaba en mí con un egoísmo traicionero. Llegó la enana con otra fuente y me serví con desenfado una buena cantidad. No quedaba ningún prestigio: ni el de los objetos de la mesa, ni el de la poesía, ni el de la casa que tenía encima, con el corredor de las sombrillas, ni el de la hiedra que tapaba todo un lado de la casa. Para peor, yo me sentía separado de ellos y comía en forma canallesca;[9] no había una vez que el anciano no manoteara el pescuezo del botellón que no encontrara mi copa vacía.

Cuando ella terminó el segundo poema, yo dije:

—Si esto no estuviera tan bueno –yo señalaba el plato–, le pediría que me dijera otro.

---

9   Felisberto pone algo más de sí mismo en el apetito «canallesco» del narrador: son legendarios sus excesos gastronómicos a partir de 1946, aproximadamente. Observa Onetti, que lo conociera desde la época anterior a su obesidad: «Y ahora un casi **nota bene** para explicar por qué señalé la flacura del Felisberto inicial. Cuando pasaron los años de aquel encuentro, después del viaje a París, el escritor comenzó a engordar, a pedir en los restaurantes cantidades asombrosas de platos. Llegó a deformarse físicamente y eran muchos los amigos del pasado que no lograban reconocerlo a primera vista» (En Rela 33).

En seguida el anciano dijo:

—Primero ella debía comer. Después tendrá tiempo.

Yo empezaba a ponerme cínico, y en aquel momento no se me hubiera importado dejar que me creciera una gran barriga. Pero de pronto sentí como una necesidad de agarrarme del saco de aquel pobre viejo y tener para él un momento de generosidad. Entonces señalándole el vino le dije que hacía poco me habían hecho un cuento de un borracho. Se lo conté, y al terminar, los dos empezaron a reírse desesperadamente; después yo seguí contando otros. La risa de ella era dolorosa; pero me pedía por favor que siguiera contando cuentos; la boca se le había estirado para los lados como un tajo impresionante; las «patas de gallo» se le habían quedado prendidas en los ojos llenos de lágrimas, y se apretaba las manos juntas entre las rodillas. El anciano tosía y había tenido que dejar el botellón antes de llenar la copa. La enana se reía haciendo un saludo de medio cuerpo.

Milagrosamente todos habíamos quedado unidos, y yo no tenía el menor remordimiento.

Esa noche no toqué el piano. Ellos me rogaron que me quedara, y me llevaron a un dormitorio que estaba al lado de la casa que tenía enredaderas de hiedra. Al empezar a subir la escalera, me fijé que del reloj de pie salía un cordón que iba siguiendo a la escalera, en todas sus vueltas. Al llegar al dormitorio, el cordón entraba y terminaba atado en una de las pequeñas columnas del dosel de mi cama. Los muebles eran amarillos, antiguos, y la luz de una lámpara hacía brillar sus vientres. Yo puse mis manos en mi abdomen y miré el del anciano. Sus últimas palabras de aquella noche habían sido para recomendarme:

—Si usted se siente desvelado y quiere saber la hora, tire de este cordón. Desde aquí oirá el reloj del comedor; primero le dará las horas y, después de un intervalo, los minutos.

De pronto se empezó a reír, y se fue dándome las «buenas noches». Sin duda se acordaría de uno de los cuentos, el del borracho que conversaba con un reloj.

Todavía el anciano hacia crujir la escalera de madera con sus pasos pesados cuando yo ya me sentía solo con mi cuerpo. Él —mi cuerpo— había atraído hacia sí todas aquellas comidas y todo aquel alcohol como un animal tragando a otros;[10] y ahora tendría que luchar con

---

10   Este símil se asemeja al que utiliza años más tarde en «La casa inundada» para referirse al agua de mar que se tragaba la lluvia: «La señora Margarita volvió a mirar el mar, que recibía y se tragaba la lluvia con la naturalidad con que un animal se traga a otro».

ellos toda la noche. Lo desnudé completamente y lo hice pasear descalzo por la habitación.

En seguida de acostarme quise saber qué cosa estaba haciendo yo con mi vida en aquellos días; recibí de la memoria algunos acontecimientos de los días anteriores, y pensé en personas que estaban muy lejos de allí. Después empecé a deslizarme con tristeza y con cierta impudicia por algo que era como las tripas del silencio.

A la mañana siguiente hice un recorrido sonriente y casi feliz de las cosas de mi vida. Era muy temprano; me vestí lentamente y salí a un corredor que estaba a pocos metros sobre el jardín. De este lado también había yuyos altos y árboles espesos. Oí conversar al anciano y a su hija, y descubrí que estaban sentados en un banco colocado bajo mis pies. Entendí primero lo que decía ella:

—Ahora Úrsula sufre más; no sólo quiere menos al marido, sino que quiere más al otro.[11]

El anciano preguntó:

—¿Y no puede divorciarse?

—No; porque ella quiere a los hijos, y los hijos quieren al marido y no quieren al otro.

Entonces el anciano dijo con mucha timidez:

—Ella podría decirle a los hijos que el marido tiene varias amantes.

La hija se levantó enojada:

—¡Siempre el mismo, tú! ¡Cuándo comprenderás a Úrsula! ¡Ella es incapaz de hacer eso!

Yo me quedé muy intrigado. La enana no podía ser —se llamaba Tamarinda—. Ellos vivían, según me había dicho el anciano, completamente solos. ¿Y esas noticias? ¿Las habrían recibido en la noche? Después del enojo, ella había ido al comedor y al rato salió al jardín bajo una sombrilla color salmón con volados de gasas blancas. A mediodía no vino a la mesa. El anciano y yo comimos poco y tomamos poco vino. Después yo salí para comprar un libro a propósito para ser leído en una casa abandonada entre yuyos, en una noche muda y después de haber comido y bebido en abundancia.

---

11   Los cuentos que inventa la hija en sus extraños juegos verbales con el padre, que indican una mórbida intimidad entre ambos, tratan de adulterio y reflejan, como bien dice el padre, sentimientos y percepciones de ella. Úrsula, la protagonista de los cuentos, es un doble de la hija, y así como Úrsula piensa traicionar al marido con el hombre del sombrero verde, la hija sopesa la posibilidad de traicionar al balcón (o sea, al padre) con el pianista. El intertexto manifiesta de manera oblicua el trasfondo incestuoso de la relación entre el padre y la hija al establecer un paralelo entre la traición de Úrsula a su marido con el hombre del sombrero verde, y la traición de la hija al balcón (al padre) con el pianista.

Cuando iba de vuelta pasó frente al balcón, un poco antes que yo, un pobre negro viejo y rengo, con un sombrero verde de alas tan anchas como las que usan los mejicanos.

Se veía una mancha blanca de carne, apoyada en el vidrio verde del balcón.

Esa noche, apenas nos sentamos a la mesa, yo empecé a hacer cuentos, y ella no recitó.

Las carcajadas que soltábamos el anciano, y yo nos servían para ir acomodando cantidades brutales de comida y de vinos.

Hubo un momento en que nos quedamos silenciosos. Después, la hija nos dijo:

—Esta noche quiero oír música. Yo iré antes a mi habitación y encenderé las velas del piano. Hace ya mucho tiempo que no se encienden. El piano, ese pobre amigo de mamá, creerá que es ella quien lo irá a tocar.

Ni el anciano ni yo hablamos una palabra más. Al rato vino Tamarinda a decirnos que la señorita nos esperaba.

Cuando fui a hacer el primer acorde, el silencio parecía un animal pesado que hubiera levantado una pata. Después del primer acorde salieron sonidos que empezaron a oscilar como la luz de las velas. Hice otro acorde como si adelantara otro paso. Y a los pocos instantes, y antes que yo tocara otro acorde más, estalló una cuerda. Ella dio un grito. El anciano y yo nos paramos; él fue hacia su hija, que se había tapado los ojos, y la empezó a calmar diciéndole que las cuerdas estaban viejas y llenas de herrumbre. Pero ella seguía sin sacarse las manos de los ojos y haciendo movimientos negativos con la cabeza. Yo no sabía qué hacer; nunca se me había reventado una cuerda. Pedí permiso para ir a mi cuarto; y al pasar por el corredor tenía miedo de pisar una sombrilla.

A la mañana siguiente llegué tarde a la cita del anciano y la hija en el banco del jardín; pero alcancé a oír que la hija decía:

—El enamorado de Úrsula trajo puesto un gran sombrero verde de alas anchísimas.

Yo no podía pensar que fuera aquel negro viejo y rengo que había visto pasar en la tarde anterior; ni podía pensar en quién traería esas noticias por la noche.

Al mediodía, volvimos a almorzar el anciano y yo solos. Entonces aproveché para decirle:

—Es muy linda la vista desde el corredor. Hoy no me quedé más porque ustedes hablaban de una Úrsula, y yo temía ser indiscreto.

El anciano había dejado de comer, y me había preguntado en voz baja:

—¿Usted oyó?

Vi el camino fácil para la confidencia, y le contesté:

—Sí, oí todo; ¡pero no me explico cómo Úrsula puede encontrar buen mozo a ese negro viejo y rengo que ayer llevaba el sombrero verde de alas tan anchas!

—¡Ah! –dijo el anciano–, usted no ha entendido. Desde que mi hija era casi una niña me obligaba a escuchar y a que yo interviniera en la vida de personajes que ella inventaba. Y siempre hemos seguido sus destinos como si realmente existieran y recibiéramos noticias de sus vidas. Ella les atribuye hechos y vestimentas que percibe desde el balcón. Si ayer vio pasar a un hombre de sombrero verde, no se extrañe que hoy se lo haya puesto a uno de sus personajes. Yo soy muy torpe para seguirle esos inventos, y ella se enoja conmigo. ¿Por qué no le ayuda usted? Si quiere yo...

No lo dejé terminar.

—De ninguna manera, señor. Yo inventaría cosas que le harían mucho daño.

A la noche ella tampoco vino a la mesa. El anciano y yo comimos, bebimos y conversamos hasta muy tarde de la noche.

Después que me acosté sentí crujir una madera que no era de los muebles. Por fin comprendí que alguien subía la escalera. Y a los pocos instantes llamaron suavemente a mi puerta. Pregunté quién era, y la voz de la hija me respondió:

—Soy yo; quiero conversar con usted.

Encendí la lámpara, abrí una rendija en la puerta y ella me dijo:

—Es inútil que tenga la puerta entornada; yo veo por la rendija el espejo, y el espejo lo refleja a usted desnudito detrás de la puerta.

Cerré en seguida y le dije que esperara. Cuando le indiqué que podía entrar abrió la puerta de entrada y se dirigió a otra que había en mi habitación y que yo nunca pude abrir. Ella la abrió con la mayor

facilidad y entró a tientas en la oscuridad de otra habitación que yo
no conocía. Al momento salió de allí con una silla que colocó al lado
de mi cama. Se abrió una capa azul que traía puesta y sacó un cuaderno de versos. Mientras ella leía yo hacía un esfuerzo inmenso para
no dormirme; quería levantar los párpados y no podía; en vez, daba
vuelta para arriba los ojos y debía parecer un moribundo. De pronto
ella dio un grito como cuando se reventó la cuerda del piano, y yo salté
en la cama. En medio del piso había una araña grandísima. En el momento que yo la vi ya no caminaba: había crispado tres de sus patas
peludas, como si fuera a saltar. Después yo le tiré los zapatos sin poder
acertarle. Me levanté, pero ella me dijo que no me acercara, que esa
araña saltaba. Yo tomé la lámpara, fui dando la vuelta a la habitación
cerca de las paredes hasta llegar al lavatorio, y desde allí le tiré con el
jabón, con la tapa de la jabonera, con el cepillo, y sólo acerté cuando
le tiré con la jabonera. La araña arrolló sus patas y quedó hecha un
pequeño ovillo de lana oscura. La bija del anciano me pidió que no le
dijera nada al padre porque él se oponía a que ella trabajara o leyera
hasta tan tarde. Después que ella se fue, reventé la araña con el taco
del zapato y me acosté sin apagar la luz. Cuando estaba por dormirme, arrollé sin querer los dedos de los pies; esto me hizo pensar
en que la araña estaba allí, y volví a dar un salto.[12]

A la mañana siguiente vino el anciano a pedirme disculpas por la
araña. Su hija se lo había contado todo. Yo le dije al anciano que nada
de aquello tenía la menor importancia, y para cambiar de conversación le hablé de un concierto que pensaba dar por esos días en una
localidad vecina. Él creyó que eso era un pretexto para irme, y tuve
que prometerle volver después del concierto.

Cuando me fui, no pude evitar que la hija me besara una mano:
yo no sabía qué hacer. El anciano y yo nos abrazamos, y de pronto
sentí que él me besaba cerca de una oreja.

No alcancé a dar el concierto. Recibí a los pocos días un llamado
telefónico del anciano. Después de las primeras palabras, me dijo:

—Es necesaria su presencia aquí.

—¿Ha ocurrido algo grave?

—Puede decirse que una verdadera desgracia.

—¿A su hija?

---

12   La araña exhibe connotaciones eróticas dobles: para la hija, las patas erguidas son la
      amenaza de la penetración sexual; para el pianista, el ovillo de lana dentro del cual in-
      troduce el pie es una consumación simbólica –y violenta– del encuentro sexual que queda
      inconcluso.

—No.

—¿A Tamarinda?

—Tampoco. No se lo puedo decir ahora. Si puede postergar el concierto venga en el tren de las cuatro y nos encontraremos en el Café del Teatro.

—¿Pero su hija está bien?

—Está en la cama. No tiene nada, pero no quiere levantarse ni ver la luz del día; vive nada más que con luz artificial, y ha mandado cerrar todas las sombrillas.

—Bueno. Hasta luego.

En el Café del Teatro había mucho barullo, y fuimos a otro lado. El anciano estaba deprimido, pero tomó en seguida las esperanzas que yo le tendía. Le trajeron la bebida oscura en el vasito, y me dijo:

—Anteayer había tormenta, y a la tardecita nosotros estábamos en el comedor. Sentimos un estruendo, y en seguida nos dimos cuenta que no era la tormenta. Mi hija corrió para su cuarto y yo fui detrás. Cuando yo llegué ella ya había abierto las puertas que dan al balcón, y se había encontrado nada más que con el cielo y la luz de la tormenta. Se tapó los ojos y se desvaneció.

—¿Así que le hizo mal esa luz?

—¡Pero, mi amigo! ¿Usted no ha entendido?

—¿Qué?

—¡Hemos perdido el balcón! ¡El balcón se cayó! ¡Aquella no era la luz del balcón!

—Pero un balcón...

Más bien me callé la boca. Él me encargó que no le dijera a ella una palabra del balcón. Y yo, ¿qué haría? El pobre anciano tenía confianza en mí. Pensé en las orgías que vivimos juntos. Entonces decidí esperar blandamente a que se me ocurriera algo cuando estuviera con ella.

Era angustioso ver el corredor sin sombrillas.

Esa noche comimos y bebimos poco. Después fui con el anciano hasta la cama de la hija y en seguida él salió de la habitación. Ella no había dicho ni una palabra; pero apenas se fue el anciano miró hacia la puerta que daba al vacío y me dijo:

—¿Vio cómo se nos fue?

—¡Pero, señorita! Un balcón que se cae...

—Él no se cayó. Él se tiró.

—Bueno, pero...

—No sólo yo lo quería a él; yo estoy segura de que él también me quería a mí; él me lo había demostrado.

Yo bajé la cabeza. Me sentía complicado en un acto de responsabilidad para el cual no estaba preparado. Ella había empezado a volcarme su alma y yo no sabía cómo recibirla ni qué hacer con ella.

Ahora la pobre muchacha estaba diciendo:

—Yo tuve la culpa de todo. Él se puso celoso la noche que yo fui a su habitación.

—¿Quién?

—¿Y quién va a ser? El balcón, mi balcón.

—Pero, señorita, usted piensa demasiado en eso. Él ya estaba viejo. Hay cosas que caen por su propio peso.

Ella no me escuchaba, y seguía diciendo:

—Esa misma noche comprendí el aviso y la amenaza.

—Pero escuche, ¿cómo es posible que?...

—¿No se acuerda quién me amenazó?.... ¿Quien me miraba fijo tanto rato y levantando aquellas tres patas peludas?

—¡Oh!, tiene razón. ¡La araña![13]

—Todo eso es muy suyo. Ella levantó los párpados. Después echó a un lado las cobijas y se bajó de la cama en camisón. Iba hacia la puerta que daba al balcón, y yo pensé que se tiraría al vacío. Hice un ademán para agarrarla; pero ella estaba en camisón. Mientras yo quedé indeciso, ella había definido su ruta. Se dirigía a una mesita que estaba al lado de la puerta que daba hacia el vacío. Antes que llegara a la mesita, vi el cuaderno de hule negro de los versos.

Entonces ella se sentó en una silla, abrió el cuaderno y empezó a recitar:

—La viuda del balcón...

---

13   La caída del balcón podría interpretarse como consecuencia directa del coito simbólico de la hija con el pianista. Después del suicidio del balcón, la hija interpreta la presencia de la araña como un mensaje del balcón celoso, una prefiguración de su derrota y su partida definitiva. Sin embargo, como la derrota del balcón/padre sólo se produce de manera subliminal —el narrador no posee a la joven más que simbólicamente al matar la araña, y no es el padre el que muere, sino su objeto correlativo, el balcón— el final del cuento no conlleva la liberación de los cuentos tradicionales y la hija sigue prisionera como «la viuda del balcón».

Nadie encendía las lámparas

Hace mucho tiempo leía yo un cuento en una sala antigua. Al principio entraba por una de las persianas un poco de sol. Después se iba echando lentamente encima de algunas personas hasta alcanzar una mesa que tenía retratos de muertos queridos. A mí me costaba sacar las palabras del cuerpo como de un instrumento de fuelles rotos. En las primeras sillas estaban dos viudas dueñas de casa; tenían mucha edad, pero todavía les abultaba bastante el pelo de los moños. Yo leía con desgano y levantaba a menudo la cabeza del papel; pero tenía que cuidar de no mirar siempre a una misma persona; ya mis ojos se habían acostumbrado a ir a cada momento a la región pálida que quedaba entre el vestido y el moño de una de las viudas. Era una cara quieta que todavía seguiría recordando por algún tiempo un mismo pasado. En algunos instantes sus ojos parecían vidrios ahumados detrás de los cuales no había nadie. De pronto yo pensaba en la importancia de algunos concurrentes y me esforzaba por entrar en la vida del cuento. Una de las veces que me distraje vi a través de las persianas moverse palomas encima de una estatua.[1] Después vi, en el fondo de la sala, una mujer joven que había recostado la cabeza contra la pared; su melena ondulada estaba muy esparcida y yo pasaba los ojos por ella como si viera una planta que hubiera crecido contra el muro de una casa abandonada. A mí me daba pereza tener que comprender de nuevo aquel cuento y transmitir su significado; pero a veces las palabras solas y la costumbre de decirlas producían efecto sin que yo interviniera y me sorprendía la risa de los oyentes. Ya había vuelto a pasar los ojos por la cabeza que estaba recostada en la pared y pensé que la mujer acaso se hubiera dado cuenta; entonces, para no

---

[1] Al alternar la observación de la estatua rodeada de palomas con la de la chica desmelenada que se recuesta contra la pared, el narrador crea una correlación entre ambos. La frialdad e inmovilidad de la estatua, así como la inocencia de las palomas, contrastan con los gestos provocadores de la chica, que cierra los ojos y mueve la cabeza «como si estuviera recostada en una almohada»

ser indiscreto, miré hacia la estatua. Aunque seguía leyendo, pensaba en la inocencia con que la estatua tenía que representar un personaje que ella misma no comprendería. Tal vez ella se entendería mejor con las palomas: parecía consentir que ellas dieran vueltas en su cabeza y se posaran en el cilindro que el personaje tenía recostado al cuerpo. De pronto me encontré con que había vuelto a mirar la cabeza que estaba recostada contra la pared y que en ese instante ella había cerrado los ojos. Después hice el esfuerzo de recordar el entusiasmo que yo tenía las primeras veces que había leído aquel cuento; en él había una mujer que todos los días iba a un puente con la esperanza de poder suicidarse. Pero todos los días surgían obstáculos. Mis oyentes se rieron cuando en una de las noches alguien le hizo una proposición y la mujer, asustada, se había ido corriendo para su casa.[2]

La mujer de la pared también se reía y daba vuelta la cabeza en el muro como si estuviera recostada en una almohada. Yo ya me había acostumbrado a sacar la vista de aquella cabeza y ponerla en la estatua. Quise pensar en el personaje que la estatua representaba; pero no se me ocurría nada serio; tal vez el alma del personaje también habría perdido la seriedad que tuvo en vida y ahora andaría jugando con las palomas. Me sorprendí cuando algunas de mis palabras volvieron a causar gracia; miré a las viudas y vi que alguien se había asomado a los ojos ahumados de la que parecía más triste. En una de las oportunidades que saqué la vista de la cabeza recostada en la pared,[3] no miré la estatua sino a otra habitación en la que creí ver llamas encima de una mesa;[4] algunas personas siguieron mi movimiento; pero encima de la mesa sólo había una jarra con flores rojas y amarillas sobre las que daba un poco de sol.

Al terminar mi cuento se encendió el barullo y la gente me rodeó; hacían comentarios y un señor empezó a contarme un cuento de otra mujer que se había suicidado. Él quería expresarse bien pero tardaba en encontrar las palabras; y además hacía rodeos y digresiones. Yo miré a los demás y vi que escuchaban impacientes; todos estábamos

---

2   El texto que lee el narrador constituye un intertexto que crea un nuevo contraste entre la vitalidad y sensualidad de la joven de cabellera ondulada y la protagonista del cuento, que trata de suicidarse y huye despavorida ante una proposición sexual.

3   Con la sinécdoque «saqué la vista de la cabeza recostada en la pared», el narrador intenta aislar a la chica del resto de su anatomía «fornida y violenta», como se describe más tarde.

4   Las flores que la percepción del narrador convierte en llamas obviamente funcionan como un correlativo de las emociones que suscita en él la presencia de la chica. Ver Hernández [del Castillo] (2007:37-39).

parados y no sabíamos qué hacer con las manos. Se había acercado la mujer que usaba esparcidas las ondas del pelo. Después de mirarla a ella, miré la estatua.[5] Yo no quería oír el cuento porque me hacía sufrir el esfuerzo de aquel hombre persiguiendo palabras: era como si la estatua se hubiera puesto a manotear las palomas.

La gente que me rodeaba no podía dejar de oír al señor del cuento; él lo hacía con empecinamiento torpe y como si quisiera decir: «soy un político, sé improvisar un discurso y también contar un cuento que tenga su interés».

Entre los que oíamos había un joven que tenía algo extraño en la frente: era una franja oscura en el lugar donde aparece el pelo; y ese mismo color –como el de una barba tupida que ha sido recién afeitada y cubierta de polvos– le hacía grandes entradas en la frente. Miré a la mujer del pelo esparcido y vi con sorpresa que ella también me miraba el pelo a mí.[6] Y fue entonces cuando el político terminó el cuento y todos aplaudieron. Yo no me animé a felicitarlo y una de las viudas dijo: «siéntense, por favor» Todos lo hicimos y se sintió un suspiro bastante general; pero yo me tuve que levantar de nuevo porque una de las viudas me presentó a la joven del pelo ondeado: resultó ser sobrina de ella. Me invitaron a sentarme en un gran sofá para tres; de un lado se puso la sobrina y del otro el joven de la frente pelada. Iba a hablar la sobrina, pero el joven la interrumpió. Había levantado una mano con los dedos hacia arriba –como el esqueleto de un paraguas que el viento hubiera doblado– y dijo:

—Adivino en usted un personaje solitario que se conformaría con la amistad de un árbol.

Yo pensé que se había afeitado así para que la frente fuera más amplia, y sentí la maldad de contestarle:

—No crea; a un árbol, no podría invitarlo a pasear.

Los tres nos reímos. Él echó hacia atrás su frente pelada y siguió:

—Es verdad; el árbol es el amigo que siempre se queda.

Las viudas llamaron a la sobrina. Ella se levantó haciendo un gesto de desagrado; yo la miraba mientras se iba, y sólo entonces me di cuenta que era fornida y violenta. Al volver la cabeza me encontré

---

5   La mujer de cabellera esparcida pasa a primer plano y va a dominar el resto del relato; el narrador reitera el contraste entre la joven sensual y provocadora y la estatua fría rodeada de palomas.

6   El pelo, y su abundancia o carencia, tiene connotaciones sexuales en la tradición occidental. La manera en que ambos personajes «se miran el pelo» podría interpretarse como un eufemismo.

con un joven que me fue presentado por el de la frente pelada. Estaba recién peinado y tenía gotas de agua en las puntas del pelo. Una vez yo me peiné así, cuando era niño, y mi abuela me dijo: «Parece que te hubieran *lambido* las vacas.» El recién llegado se sentó en el lugar de la sobrina y se puso a hablar.

—¡Ah, Dios mío, ese señor del cuento, tan recalcitrante!

De buena gana yo le hubiera dicho: «¿Y usted?, ¿tan femenino?» Pero le pregunté:

—¿Cómo se llama?

—¿Quién?

—El señor... recalcitrante.

—Ah, no recuerdo. Tiene un nombre patricio. Es un político y siempre lo ponen de miembro en los certámenes literarios.

Yo miré al de la frente pelada y él me hizo un gesto como diciendo: «¡Y qué le vamos a hacer!»

Cuando vino la sobrina de las viudas sacó del sofá al «femenino» sacudiéndolo de un brazo y haciéndole caer gotas de agua en el saco. Y en seguida dijo:

—No estoy de acuerdo con ustedes.

—¿Por qué?

—...y me extraña que ustedes no sepan cómo hace el árbol para pasear con nosotros.

—¿Cómo?

—Se repite a largos pasos.

Le elogiamos la idea y ella se entusiasmó:

—Se repite en una avenida indicándonos el camino; después todos se juntan a lo lejos y se asoman para vernos; y a medida que nos acercamos se separan y nos dejan pasar.

Ella dijo todo esto con cierta afectación de broma y como disimulando una idea romántica. El pudor y el placer la hicieron enrojecer. Aquel encanto fue interrumpido por el femenino:

—Sin embargo, cuando es la noche en el bosque, los árboles nos asaltan por todas partes; algunos se inclinan como para dar un paso y echársenos encima; y todavía nos interrumpen el camino y nos asustan abriendo y cerrando las ramas.

La sobrina de las viudas no se pudo contener.

—¡Jesús, pareces Blancanieves!

Y mientras nos reíamos, ella me dijo que deseaba hacerme una pregunta y fuimos a la habitación donde estaba la jarra con flores.[7] Ella se recostó en la mesa hasta hundirse la tabla en el cuerpo; y mientras se metía las manos entre el pelo, me preguntó:

—Dígame la verdad: ¿por qué se suicidó la mujer de su cuento?

—¡Oh!, habría que preguntárselo a ella.

—Y usted, ¿no lo podría hacer?

—Sería tan imposible como preguntarle algo a la imagen de un sueño.

Ella sonrió y bajó los ojos. Entonces yo pude mirarle toda la boca, que era muy grande. El movimiento de los labios, estirándose hacia los costados, parecía que no terminaría más; pero mis ojos recorrían con gusto toda aquella distancia de rojo húmedo. Tal vez ella viera a través de los párpados; o pensara que en aquel silencio yo no estuviera haciendo nada bueno, porque bajó mucho la cabeza y escondió la cara. Ahora mostraba toda la masa del pelo; en un remolino de las ondas se le veía un poco de la piel, y yo recordé a una gallina que el viento le había revuelto las plumas y se le veía la carne. Yo sentía placer en imaginar que aquella cabeza era una gallina humana, grande y caliente; su calor sería muy delicado y el pelo era una manera muy fina de las plumas.[8]

Vino una de las tías –la que no tenía los ojos ahumados– a traernos copitas de licor. La sobrina levantó la cabeza y la tía le dijo:

—Hay que tener cuidado con éste; mira que tiene ojos de zorro.

Volví a pensar en la gallina y le contesté:

—¡Señora! ¡No estamos en un gallinero!

Cuando nos volvimos a quedar solos y mientras yo probaba el licor –era demasiado dulce y me daba náuseas–, ella me preguntó:

—¿Usted nunca tuvo curiosidad por el porvenir?

Había encogido la boca como si la quisiera guardar dentro de la copita.

—No, tengo más curiosidad por saber lo que le ocurre en este

---

7   El traslado hacia la habitación anteriormente asociada con «fuego» sobre la mesa anuncia un vínculo sensual entre el narrador y la sobrina de las viudas. Esta asociación se confirma acto seguido cuando la chica «se recostó en la mesa hasta hundirse la tabla en el cuerpo».

8   El narrador de nuevo usa la sinécdoque para aislar la cabeza de la chica del resto de su cuerpo, comparándola, además, con una gallina y así reduciendo su atractivo sexual.

mismo instante a otra persona; o en saber qué haría yo ahora si estuviera en otra parte.

—Dígame, ¿qué haría usted ahora si yo no estuviera aquí?

—Casualmente lo sé: volcaría este licor en la jarra de las flores.[9]

Me pidieron que tocara el piano. Al volver a la sala la viuda de los ojos ahumados estaba con la cabeza baja y recibía en el oído lo que la hermana le decía con insistencia. El piano era pequeño, viejo y desafinado. Yo no sabía qué tocar; pero apenas empecé a probarlo la viuda de los ojos ahumados soltó el llanto y todos nos callamos. La hermana y la sobrina la llevaron para adentro; y al ratito vino la sobrina y nos dijo que su tía no quería oír música desde la muerte de su esposo –se habían amado hasta llegar a la inocencia.

Los invitados empezaron a irse. Y los que quedamos hablábamos en voz cada vez más baja a medida que la luz se iba. Nadie encendía las lámparas.[10]

Yo me iba entre los últimos, tropezando con los muebles, cuando la sobrina me detuvo:

—Tengo que hacerle un encargo.

Pero no me dijo nada: recostó la cabeza en la pared del zaguán y me tomó la manga del saco.[11]

---

9   El gesto de volcar el licor en una jarra anteriormente identificada con «fuego» aparece como una alusión sexual y revela las intenciones o fantasías del narrador respecto a la sobrina de las viudas.

10   Felisberto nombra varios cuentos con alguna frase aparentemente marginal que sin embargo encapsula la esencia del relato. En este caso, la frase y el título aluden al muy postergado momento de intimidad entre el narrador y la chica que se buscan y eluden a todo lo largo del relato.

11   El final queda abierto y sólo podemos suponer la naturaleza del «encargo» que propone la sobrina. Consistentemente con la ambigüedad del relato, la chica no toma al narrador de la mano, sino de «la manga del saco».

Menos Julia

En mi último año de escuela veía yo siempre una gran cabeza negra apoyada sobre una pared verde pintada al óleo.[1] El pelo crespo de ese niño no era muy largo; pero le había invadido la cabeza como si fuera una enredadera; le tapaba la frente, muy blanca, le cubría las sienes, se había echado encima de las orejas y le bajaba por la nuca hasta metérsele entre el saco de pana azul. Siempre estaba quieto y casi nunca hacía los deberes ni estudiaba las lecciones. Una vez la maestra lo mandó a la casa y preguntó quién de nosotros quería acompañarlo y decirle al padre que viniera a hablar con ella. La maestra se quedó extrañada cuando yo me paré y me ofrecí, pues la misión era antipática. A mí me parecía posible hacer algo y salvar a aquel compañero; pero ella empezó a desconfiar, a prever nuestros pensamientos y a imponernos condiciones. Sin embargo, al salir de allí, fuimos al parque y los dos nos juramos no ir nunca más a la escuela.

Una mañana del año pasado mi hija me pidió que la esperara en una esquina mientras ella entraba y salía de un bazar. Como tardaba, fui a buscarla y me encontré con que el dueño era el amigo mío de la infancia. Entonces nos pusimos a conversar y mi hija se tuvo que ir sin mí.

Por un camino que se perdía en el fondo del bazar venía una muchacha trayendo algo en las manos. Mi amigo me decía que él había pasado la mayor parte de su vida en Francia. Y allá, él también había recordado los procedimientos que nosotros habíamos inventado para hacer creer a nuestros padres que íbamos a la escuela. Ahora él vivía solo; pero en el bazar lo rodeaban cuatro muchachas que se acercaban

---

[1] La preferencia de Felisberto por la sinécdoque en la caracterización de ciertos personajes se pone de manifiesto en este cuento: la cabeza, y específicamente el pelo, representa la esencia del personaje, como en el caso de la joven provocativa en *Nadie encendía las lámparas*. El pelo que «invade» agresivamente la cabeza del personaje es un presagio de las obsesiones que lo van a dominar de adulto. Aunque en *Nadie encendía las lámparas* se pone de manifiesto la asociación tradicional del pelo con la sexualidad y la fuerza, aquí la conexión es más oblicua: el interés del protagonista por Julia se ve desplazado por su obsesión por tocar anónimamente, y a oscuras, caras y objetos relacionados o no con ella.

a él como a un padre. La que venía del fondo traía un vaso de agua y una píldora para mi amigo. Después él agregó:

—Ellas son muy buenas conmigo; y me disculpan mis...

Aquí hizo un silencio y su mano empezó a revolotear sin saber dónde posarse; pero su cara había hecho una sonrisa. Yo le dije un poco en broma:

—Si tienes alguna... rareza que te incomode, yo tengo un médico amigo...

Él no me dejó terminar. Su mano se había posado en el borde de un jarrón; levantó el índice y parecía que aquel dedo fuera a cantar. Entonces mi amigo me dijo:

—Yo quiero a mi... enfermedad más que a la vida. A veces pienso que me voy a curar y me viene una desesperación mortal.

—¿Pero qué... cosa es ésa?

—Tal vez un día te lo pueda decir. Si yo descubriera que tú eres de las personas que pueden agravar mi... mal, te regalaría esa silla nacarada que tanto le gustó a tu hija.

Yo miré la silla y no sé por qué pensé que la enfermedad de mi amigo estaba sentada en ella.

El día que él se decidió a decirme su mal era sábado y recién había cerrado el bazar. Fuimos a tomar un ómnibus que salía para afuera y detrás de nosotros venían las cuatro muchachas y un tipo de patillas que yo había visto en el fondo del bazar entre libros de escritorio.

—Ahora todos iremos a mi quinta –me dijo–, y si quieres saber aquello tendrás que acompañarnos hasta la noche.

Entonces se detuvo hasta que los demás estuvieron cerca y me presentó a sus empleados. El hombre de las patillas se llamaba Alejandro y bajaba la vista como un lacayo.

Cuando el ómnibus hubo salido de la ciudad y el viaje se volvió monótono, yo le pedí a mi amigo que me adelantara algo... Él se rió y por fin dijo:

—Todo ocurrirá en un túnel.

—¿Me avisarás antes que el ómnibus pase por él?

—No; ese túnel está en mi quinta y nosotros entraremos en él a pie. Será para cuando llegue la noche. Las muchachas estarán esperándonos dentro, hincadas en reclinatorios a lo largo de la pared de la izquierda y tendrán puesto en la cabeza un paño oscuro. A la derecha habrá objetos sobre un largo y viejo mostrador. Yo tocaré los objetos y trataré de adivinarlos. También tocaré las caras de las muchachas y pensaré que no las conozco .[2]

Se quedó un instante en silencio. Había levantado las manos y ellas parecían esperar que se les acercaran objetos o tal vez caras. Cuando se dio cuenta de que se había quedado en silencio, recogió las manos; pero lo hizo con el movimiento de cabezas que se escondieran detrás de una ventana. Quiso volver a su explicación, pero sólo dijo:

—¿Comprendes?

Yo apenas pude contestarle:

—Trataré de comprender.

Él miró el paisaje. Yo me di vuelta con disimulo y me fijé en las caras de las muchachas: ellas ignoraban lo que nosotros hablábamos, y parecía fácil descubrir su inocencia. A los pocos instantes yo toqué a mi amigo en el codo para decirle:

—Si ellas están en la oscuridad; ¿por qué se ponen paños en la cabeza?

Él contestó distraído:

—No sé... pero prefiero que sea así.[3]

Y volvió a mirar el paisaje. Yo también puse los ojos en la ventanilla; pero atendía a la cabeza negra de mi amigo; ella se había quedado como una nube quieta a un lado del cielo y yo pensaba en los lugares de otros cielos por donde ella habría cruzado. Ahora, al saber que aquella cabeza tenía la idea del túnel, yo la comprendía de otra manera. Tal vez en aquellas mañanas de la escuela, cuando él dejaba la cabeza quieta apoyada en la pared verde,[4] ya se estuviera formando

---

2   El extraño ritual de conocimiento a través del tacto constituye una versión anecdótica de la poética de Felisberto, enunciada en pasajes de «El caballo perdido», «El balcón» y otros cuentos. El protagonista, que al renunciar a la escuela rechaza sus procedimientos empíricos y epistemológicos, sustituye la lógica y la razón con un modo de conocimiento directo: adivinar la esencia de los objetos en un túnel, en la oscuridad, y tratando de borrar lo que previamente conocía de la identidad de sus acompañantes, al intentar re-conocerlos directamente por medio del tacto.

3   El paño, innecesario en un túnel ya oscuro, reitera el intento de borrar todo conocimiento previo basado en una identidad reconocida y facilita el conocimiento puro a través del tacto. También tiene connotaciones de ritos sexuales como las bacanales en los que los participantes se cubrían el rostro con máscaras, para acentuar la sexualidad pura sin nexos individuales.

4   El color verde reaparece a lo largo de la obra de Felisberto como símbolo de la naturaleza y el instinto en yuxtaposición o contraste con la realidad anodina y codificada. Véase también «el sombrero verde» del amante imaginario en las fantasías de la protagonista de «El balcón» y «las plantas» que se yuxtaponen al «ruido de la máquinas» en «Las Hortensias».

en ella algún túnel. No me extrañaba que yo no hubiera comprendido eso cuando paseábamos por el parque; pero así como en aquel tiempo yo lo seguía sin comprender, ahora debía hacer lo mismo. De cualquier manera todavía conservábamos la misma simpatía y yo no había aprendido a conocer las personas.

Los ruidos del ómnibus y las cosas que veía, me distraían; pero de cuando en cuando no tenía más remedio que pensar en el túnel.

Cuando mi amigo y yo llegamos a la quinta, Alejandro y las muchachas estaban empujando un portón de hierro. Las hojas de los grandes árboles habían caído encima de los arbustos y los habían dejado como papeleras repletas. Y sobre el portón y las hojas, parecía haber descendido una cerrazón de herrumbre. Mientras buscábamos los senderos entre plantas chicas, yo veía a lo lejos una casa antigua. Al llegar a ella las muchachas hicieron exclamaciones de pesar: al costado de la escalinata había un león hecho pedazos: se había caído de la. terraza[5]. Yo sentía placer en descubrir los rincones de aquella casa; pero hubiera deseado estar solo y hacer largas estadías en cada lugar.

Desde el mirador vi correr un arroyo. Mi amigo me dijo:

—¿Ves aquella cochera con una puerta grande cerrada? Bueno; dentro de ella está la boca del túnel; corre en la misma dirección del arroyo. ¿Y ves aquella glorieta cerca de la escalinata del fondo? Allí está escondida la cola del túnel.

—¿Y cuánto tardas en recorrerlo? Me refiero a cuando tocas los objetos y las caras...

—¡Ah! Poco. En una hora ya el túnel nos ha digerido a todos. Pero después yo me tiro en un diván y empiezo a evocar lo que he recordado o lo que ha ocurrido allí. Ahora me cuesta hablar de eso. Esta luz fuerte me daña la idea del túnel. Es como la luz que entra en las cámaras de los fotógrafos cuando las imágenes no están fijadas. Y en el momento del túnel me hace mal hasta el recuerdo de la luz fuerte. Todas las cosas quedan tan desilusionadas como algunos decorados de teatro al otro día de mañana.

Él me decía esto y nosotros estábamos parados en un recodo oscuro de la escalera. Y cuando seguimos descendiendo, vimos desde lo alto

---

5   En el mundo narrativo de Felisberto ninguna referencia a un objeto es gratuita. La caída y fragmentación del león, «rey de la selva» y símbolo de poder y nobleza en la heráldica, constituye una invitación a reflexionar sobre el tránsito hacia el nuevo orden tecnológico-industrial y la fragmentación de la sociedad y la conciencia contemporánea. Uno de los fragmentos del león aparece más tarde como uno de los objetos a identificar en el túnel oscuro, reiterando su importancia simbólica.

la penumbra del comedor; en medio de ella flotaba un inmenso mantel blanco que parecía un fantasma muerto y acribillado de objetos.

Las cuatro muchachas se sentaron en una cabecera y los tres hombres en la otra. Entre los dos bandos había unos metros de mantel en blanco, pues el viejo sirviente acostumbraba a servir toda la mesa desde la época en que habitaba allí la gran familia de mi amigo. Únicamente hablábamos él y yo. Alejandro permanecía con su cara flaca apretada entre las patillas y no sé si pensaría: «No me tomo la confianza que no me dan» o «No seré yo quien les dé confianza a éstos». En la otra cabecera las muchachas hablaban y se reían sin hacer mucho barullo. Y de este lado mi amigo me decía:

—¿Tú no necesitas, a veces, estar en una gran soledad?

Yo empecé a tragar aire para un gran suspiro y después dije:

—Frente a mi pieza hay dos vecinos con radio; y apenas se despiertan se meten con las radios en mi cuarto.

—¿Y por qué los dejas entrar?

—No, quiero decir que las encienden con tal volumen que es como si entraran en mi pieza.

Yo iba a contar otras cosas; pero mi amigo me interrumpió:

—Tú sabrás que cuando yo caminaba por mi quinta y oía chillar una radio, perdía el concepto de los árboles y de mi vida. Esa vejación me cambiaba la idea de todo: mi propia quinta no me parecía mía y muchas veces pensé que yo había nacido en un siglo equivocado.[6]

A mí me costaba aguantar la risa porque en ese instante Alejandro, siempre con sus párpados bajos, tuvo una especie de hipo y se le inflaron las mejillas como a un clarinetista. Pero en seguida le dije a mi amigo:

—¿Y ahora no te molesta más esa radio?

La conversación era tonta y me prometí dedicarme a comer. Mi amigo siguió diciendo:

—El tipo que antes me llenaba la quinta de ruido vino a pedirme que le saliera de garantía para un crédito...[7]

---

6   El contraste entre el mundo natural y la tecnología, aquí expuesto de manera tangencial, ocupará un lugar central en «Las Hortensias», uno de los cuentos seminales de Felisberto en los que recapitula temas a los que se había acercado previamente en otros cuentos.

7   La mención de algo tan pedestre como un crédito comercial reitera el contraste entre la realidad del vecino, insertado en el mundo del comercio y la tecnología, y el protagonista, dedicado a los placeres estéticos y sensuales, y evidencia los cambios sociales que también sirven de trasfondo a «El comedor oscuro» y «Las Hortensias» en cuanto al tránsito del mundo patricio al burgués.

Alejandro pidió permiso para levantarse un momento, le hizo señas a una muchacha y mientras se iban le volvió el hipo que le hacía mover las patillas: parecían las velas negras de un barco pirata. Mi amigo seguía:

Entonces yo le dije: «No sólo le salgo de garantía, sino que le pago las cuotas. Pero usted me apaga esa radio sábados y domingos». Después, mirando la silla vacía de Alejandro, me dijo:

«Éste es mi hombre; compone el túnel como una sinfonía.[8] Ahora se levantó para no olvidarse de algo. Antes yo derrochaba mucho su trabajo, porque cuando no adivinaba una cosa se la preguntaba; y él se deshacía todo para conseguir otras nuevas. Ahora, cuando yo no adivino un objeto lo dejo para otra sesión y cuando estoy aburrido de tocarlo sin saber qué es, le pego una etiqueta que llevo en el bolsillo y él lo saca de la circulación por algún tiempo.»

Cuando Alejandro volvió, nosotros ya habíamos adelantado bastante en la comida y los vinos. Entonces mi amigo palmeó el hombro de Alejandro y me dijo:

—Éste es un gran romántico; es el Schubert del túnel[9]. Y además tiene más timidez y más patillas que Schubert. Fíjate que anda en amores con una muchacha a quien nunca vio ni sabe cómo se llama. Él lleva los libros en una barraca después de las diez de la noche. Le encanta la soledad y el silencio entre olores de maderas. Una noche dio un salto sobre los libros porque sonó el teléfono; la que se equivocó de llamado, siguió equivocándose todas las noches; y él, apenas la toca con los oídos y las intenciones.

Las patillas negras de Alejandro estaban rodeadas de la vergüenza que le había subido a la cara, y yo le empecé a tomar simpatía.

Terminada la comida, Alejandro y las muchachas salieron a pasear; pero mi amigo y yo nos recostamos en los divanes que había en su cuarto. Después de la siesta, nosotros también salimos y cami-

---

8   Felisberto emplea con frecuencia referencias pertinentes a su entrenamiento musical; se podría decir que algunos de sus relatos, como «El caballo perdido» y «Las Hortensias», también hacen uso de estructuras musicales (sonata, rondo, tema y variaciones, fuga), cambios de volumen (crescendo, diminuendo) o de dinámica (aceleraciones, ritenutos), disonancias, síncopas y contrapuntos, entre otros elementos de composición musical. Ver, por ejemplo, Sergio Elena Hernández, «Felisberto Hernández: del músico al escritor», y «Acordes aplastados».

9   Franz Schubert (1797-1828) es uno de los compositores más notables del romanticismo temprano. Aunque su éxito fue limitado durante su vida, grandes figuras sucesivas como Brahms, Liszt y Mendelssohn dieron a conocer su música (ver Christopher H. Gibbs, 2000, *The Life of Schubert:* Cambridge UP). En los cuadros de Wilhelm A. Rieder, Anton Depauly y Joseph Kriehuber se le representa con largas patillas y gruesos lentes. Su timidez era legendaria.

namos todo el resto de la tarde. A medida que iba oscureciendo mi amigo hablaba menos y hacía movimientos más lentos. Ahora la luz era débil y los objetos luchaban con ella. La noche iba a ser muy oscura; mi amigo ya tanteaba los árboles y las plantas y pronto entraríamos al túnel con el recuerdo de todo lo que la luz había confundido antes de irse. Él me detuvo en la puerta de la cochera y antes que me hablara yo oí al arroyo. Después mi amigo me dijo:

—Por ahora tú no tocarás las caras de las muchachas: ellas te conocen poco. Tocarás nada más que lo que esté a tu derecha y sobre el mostrador.

Yo ya había oído los pasos de Alejandro. Mi amigo hablaba en voz baja y me volvió a encargar:

—No debes perder en ningún momento tu colocación, que será entre Alejandro y yo.

Encendió una pequeña linterna y me mostró los primeros escalones, que eran de tierra y tenían pastitos desteñidos. Llegamos a otra puerta y él apagó la linterna. Todavía me dijo otra vez:

—Ya sabes, el mostrador está a la derecha y lo encontrarás apenas camines dos pasos. Aquí está el borde, y, aquí encima, la primera pieza: yo nunca la adiviné y la dejo a tu disposición.

Yo me inicié poniendo las manos sobre una pequeña caja cuadrada de la que sobresalía una superficie curva. No sabía si aquella materia era muy dura; pero no me atreví a hincarle la uña. Tenía una canaleta suave, una parte un poco áspera y cerca de uno de los bordes de la caja había lunares... o granitos. Yo tuve una mala impresión y saqué las manos. Él me preguntó:

—¿Pensaste en algo? [10]

—Esto no me interesa.

—Por tu reacción veo que has pensado alguna cosa.

—Pensé en los granitos que cuando era niño veía en el lomo de unos sapos muy grandes.

—¡Ah!, sigue.

Después me encontré con un montón de algo como harina. Metí las manos con gusto. Y él me dijo:

—Al borde del mostrador hay un paño sujeto con una chinche para que después te limpies las manos.

---

10   La obsesión del protagonista con tocar objetos rebasa los límites del placer sensorial o la capacidad cognitiva del tacto y se extiende al poder evocativo o asociativo de los objetos, en concordancia con la poética del autor.

Y yo le contesté, insidiosamente:

—Me gustaría que hubiera playas de harina...

—Bueno, sigue.

Después encontré una jaula que tenía forma de pagoda. La sacudí para ver si tenía algún pájaro. Y en ese instante se produjo un ligero resplandor; yo no sabía de dónde venía ni de qué se trataba. Oí un paso de mi amigo y le pregunté:

—¿Qué ocurre?

Y él a su vez me preguntó:

—¿Qué te pasa?

—¿No viste un resplandor?

—Ah, no te preocupes. Como las muchachas son pocas para un túnel tan largo, tienen que estar repartidas a mucha distancia; entonces, con esa linterna cada una me avisa donde está.

Me di vuelta y vi encenderse varias veces el resplandor como si fuera un bichito de luz. En ese instante mi amigo dijo:

—Espérame aquí.

Y al ir hacia la luz la cubrió con su cuerpo. Entonces yo pensé que él iba sembrando sus dedos en la oscuridad; después los recogería de nuevo y todos se reunirían en la cara de la muchacha.[11]

De pronto le oí decir:

—Ya va la tercera vez que te pones la primera, Julia.[12]

Pero una voz tenue le contestó:

—Yo no soy Julia.

En ese momento oí acercarse los pasos de Alejandro y le pregunté:

—¿Qué tenía aquella primera caja?

Tardó en decirme:

—Una cáscara de zapallo.

Me asusté al oír la voz enojada de mi amigo:

—Sería conveniente que no le preguntaras nada a Alejandro.

Yo pasé aquellas palabras con un trago de saliva y puse las manos en el mostrador. El resto de la sesión lo hicimos en silencio. Los objetos que yo había reconocido, estaban en este orden: una cáscara de

---

11   Esta deslumbrante imagen sugiere un complejo proceso de disgregación (»él iba sembrando sus dedos en la oscuridad») y subsecuente agregación (»luego los recogería y todos se reunirían en la cara de la muchacha») de la conciencia del protagonista en sus experimentos táctiles, con los que construye una realidad ya aparente al narrador, que ha observado y participado en los rituales del túnel.

12   Julia, que le da título al cuento, se menciona por primera vez a mitad del cuento, para corregir el error del protagonista al identificarla: «Yo no soy Julia», dice «una voz tenue». No se identifica a ninguna de las otras muchachas del túnel.

zapallo, un montón de harina, una jaula sin pájaro, unos zapatitos de niño, un tomate, unos impertinentes, una media de mujer, una máquina de escribir, un huevo de gallina, una horquilla de primus, una vejiga inflada, un libro abierto, un par de esposas y una caja de botines conteniendo un pollo pelado. Lamenté que Alejandro hubiera colocado el pollo como último número, pues fue muy desagradable la sensación al tantear su cuero frío y granulado.[13] Apenas salimos del túnel Alejandro me alumbró los escalones que daban a la glorieta. Al llegar a la luz de un corredor mi amigo me puso cariñosamente la mano en el cuello como para decirme: «perdona mi brusquedad de hoy», pero al mismo tiempo dio vuelta la cabeza para otro lado como diciendo: «sin embargo ahora estoy en otra cosa y tendré que seguir en ella».

Antes de ir a su habitación me hizo señas con el índice para que lo siguiera; y después se llevó el mismo dedo a la boca para pedirme silencio. En su pieza empezó a acomodar los divanes de manera que cada uno mirara en sentido contrario y nosotros no nos viéramos las caras. Él fue descargando su cuerpo en un diván y yo en el otro. Me entregué a mis pensamientos y me juré internarme, todo lo posible, en aquel asunto.

Al rato me sorprendió la voz más baja de mi amigo, diciéndome:

—Me gustaría que pasaras todo el día de mañana aquí; pero siento tener que ofrecértelo con una condición...

Yo esperé unos segundos y le contesté:

—Si yo aceptara, tendría que ser, también, con una condición...

Al principio él se rió, y después dijo:

—Mira, cada uno apuntará en un papel la condición. ¿Aceptas?

—Muy bien.

Yo saqué una tarjeta. Después, como nuestras cabeceras estaban cerca, nos alargamos los papeles sin mirarnos. El de mi amigo decía: «Necesito andar solo, por la quinta, durante todo el día.» Y el mío: «Quisiera pasarlo encerrado en una habitación.»[14] Él se volvió a reír. Después se levantó y salió unos minutos. Al volver, dijo:

---

13 El orden de los objetos revela ciertos patrones: el primero y el último son granulados (el zapallo y el pollo, cuyos nombres son además parcialmente homófonos); hay dos referencias a la escritura (una máquina de escribir y un libro); y dos alusiones a prisión (la jaula y las esposas).

14 Aparentemente, la experiencia compartida del túnel crea una sutil comunicación no-verbal entre el protagonista y el narrador. Luego vemos que el narrador se hospeda justo encima del cuarto del protagonista, como si tuvieran una relación de consciente/inconsciente.

—Tu habitación estará encima de ésta. Y ahora vamos a la mesa.

Allí encontré un conocido: el pollo del túnel.

Al terminar la cena me dijo:

—Te invito a oír el cuarteto de don Claudio.

Me hizo gracia la familiaridad con Debussy .[15] Nos recostamos en los divanes; y en una de las veces que fue a dar vuelta un disco, se detuvo con él en la mano para decirme:

—Cuando estoy allí, siento que me rozan ideas que van a otra parte.

El disco terminó y él siguió diciendo:

—Yo he vivido cerca de otras personas y me he guardado en la memoria recuerdos que no me pertenecen.

Esa noche él no me dijo nada más y cuando yo estuve solo en mi pieza, empecé a pasearme por ella; me sentía en una excitación dichosa y pensaba que el gran objeto del túnel era mi amigo. Precisamente, en ese momento él subía apresuradamente la escalera. Abrió la puerta, asomó la cabeza con una sonrisa y me pidió:

—Tus pasos no me dejan tranquilo; se oyen demasiado allá abajo...

—¡Oh, discúlpame!

Apenas se fue yo me saqué los zapatos y me empecé a pasear en medias. Y él no tardó en volver a subir:

—Ahora peor, querido. Tus pasos parecen palpitaciones. Ya he sentido otras veces el corazón como si me anduviera un rengo en el cuerpo.

—¡Ah! Cuánto te habrás arrepentido de ofrecerme tu casa.

—Al contrario. Estaba pensando que en adelante me disgustaría saber que está vacía la habitación donde estuviste tú.

Yo le contesté con una sonrisa artificial y él se fue en seguida.

Me dormí pronto pero me desperté al rato. Había relámpagos y truenos lejanos. Me levanté pisando despacio y fui a abrir la ventana y a mirar la luz blancuzca de un cielo que quería echarse encima de la casa con sus nubes carnosas. Y de pronto vi sobre un camino un hombre agachado buscando algo entre plantas rastreras. Pasados unos instantes dio unos pasos de costado, sin levantarse y yo decidí ir a avisarle a mi amigo. La escalera crujía y yo tenía miedo de que él se despertara y creyera que era yo el ladrón. La puerta de su cuarto estaba

---

15   Claude Debussy (1862-1918) escribió su único cuarteto de cuerdas, en sol menor, Opus 10, en 1893. Tiene una estructura cíclica de tema y variaciones análoga a las de algunos relatos de Felisberto, como «Las Hortensias», o este mismo cuento, que termina con la misma descripción de la cabeza crespa del protagonista con la que comienza.

abierta y su cama vacía. Cuando volví arriba no vi al hombre. Me acosté y volví a dormir. Al otro día, mientras bajé a lavarme, el sirviente me subió el servicio del mate; y mientras lo tomaba, recordé lo que había soñado: mi amigo y yo estábamos parados frente a una tumba; y él me dijo: «¿Sabes quién yace aquí? El pollo en su caja.» Nosotros no teníamos ningún sentimiento de muerte. Aquella tumba era como una heladera que imitara graciosamente a un sepulcro y nosotros sabíamos que allí se alojaban todos los muertos que después comeríamos.

Recordaba esto, miraba la quinta a través de cortinas amarillentas y tomaba mate. De pronto vi a mi amigo cruzar un sendero y sin querer hice un gesto de espía. Después me decidí a no mirarlo; y al pensar que él no me oía empecé a caminar por la habitación. En una de las veces que llegué hasta la ventana vi que mi amigo iba hacia la cochera; creí que fuera al túnel y me llené de sospechas; pero después él dobló para un lugar donde había ropa tendida y puso una mano abierta en medio de una sábana que yo supuse húmeda.

Nos vimos únicamente a la hora de la cena. Él me decía:

—Cuando estoy en el bazar deseo este día; y aquí sufro aburrimientos y tristezas horribles. Pero necesito de la soledad y de no ver ningún ser humano. ¡Oh, perdóname!...

Entonces yo le dije:

—Anoche deben haber andado perros por la quinta... esta mañana vi violetas tiradas en un camino.

Él sonrió:

—Fui yo; me gusta buscarlas entre las hojas un poco antes del amanecer.

Entonces me miró con una nueva sonrisa y me dijo:

—Había dejado la puerta abierta, y al volver la encontré cerrada.

Yo también me sonreí:

—Temí que fuera un ladrón y bajé a avisarte.

Esa noche regresamos al centro y él se sentía bien.

El sábado siguiente estábamos en el mirador y de pronto vi venir hacia mí a una de las muchachas. Creí que me quería decir un secreto y puse la cabeza de costado; entonces la muchacha me dio un beso en la cara. Aquello parecía algo previsto y mi amigo dijo:

—¿Qué es eso?

Y la muchacha le contestó:

—Ahora no estamos en el túnel.

—Pero estamos en mi casa –dijo él.

Ya habían llegado las otras muchachas; nos dijeron que estaban jugando a las prendas y aquel beso era un castigo. Yo, para disimular, dije:

—¡Otra vez no den castigos tan graves!

Y una muchacha pequeña me contestó:

—¡Ese castigo lo hubiera deseado para mí!

Todo terminó bien; pero mi amigo quedó contrariado.

A la hora de costumbre entramos en el túnel. Yo volví a encontrar la cáscara de zapallo; pero ya mi amigo le había pegado una etiqueta para que la sacaran del mostrador. Después empecé a tocar una gran masa de material arenoso. Aquello no me interesó; me distraje pensando que pronto se encendería la luz de la primera mujer; pero mis manos seguían distraídas en la masa. Después toqué unos géneros con flecos y de pronto me di cuenta de que eran guantes. Me quedé pensando en el significado que eso tenía para las manos y en que se trataba de una sorpresa para ellas y no para mí. Mientras tocaba un vidrio se me ocurrió que las manos querían probarse los guantes. Me dispuse a hacerlo; pero me detuve de nuevo; yo parecía un padre que no quisiera consentir a sus hijas todos los caprichos. Y en seguida me empezó a crecer otra sospecha. Mi amigo estaba demasiado adelantado en aquel mundo de las manos. Tal vez él les habría hecho desarrollar inclinaciones que le permitieran vivir una vida demasiado independiente.[16] Pensé en la harina que con tanto gusto mis manos habían tocado en la sesión anterior y me dije: «a las manos les gusta la harina cruda». Entonces hice lo posible por dejar esa idea y volví al vidrio que había tocado antes; detrás tenía un soporte. ¿Aquello sería un retrato? ¿Y cómo podía saberse? También podría ser un espejo... Peor todavía. Me encontraba con la imaginación engañada y con cierta burla de la oscuridad. Casi en seguida vi el resplandor de la primera muchacha. Y no sé por qué, en ese instante, pensé en la masa de material que toqué al principio y comprendí que era la cabeza del león. Mi amigo le estaba diciendo a una muchacha:

---

16   La «sospecha» del narrador sobre las «inclinaciones» de las manos del protagonista que le «permitieron vivir una vida demasiado independiente» permanece tan críptica como el retrato o espejo que no logra descifrar. Acto seguido, sin embargo, logra identificar la cabeza del león caído y fragmentado, presagiando la fragmentación del grupo y sus juegos con la partida del narrador y la reticencia del padre de Julia, una de las muchachas del túnel.

—¿Qué es esto? ¿Una cabeza de muñeca?... ¿un perro?... ¿una gallina?

—No –le contestaron–; es una de aquellas flores amarillas que...

Él la interrumpió:

—¿Ya no les he dicho que no traigan nada?...

La muchacha dijo:

—¡Estúpido!

—¿Cómo? ¿Quién eres tú?

—Yo soy Julia —dijo una voz decidida .[17]

—Nunca más traigas nada en las manos –contestó débilmente mi amigo.

Cuando él volvió al mostrador, me dijo:

—Me gusta saber que entre esta oscuridad hay una flor amarilla.[18]

En ese momento sentí que me rozaban el saco y mi primer pensamiento fue para los guantes y como si ellos pudieran andar solos. Pero casi simultáneamente pensé en alguna persona. Entonces le dije a mi amigo:

—Alguien me ha rozado el saco.

—Absolutamente imposible. Es una alucinación tuya. ¡Suele ocurrir eso en el túnel!

Y cuando menos lo esperábamos oímos un viento tremendo. Mi amigo gritó:

—¿Qué es eso?

Lo curioso era que oíamos el viento pero no lo sentíamos en las manos ni en la cara. Entonces Alejandro dijo:

—Es una máquina para imitar el viento que me prestó el utilero de un teatro.

—Muy bien –dijo mi amigo–, pero eso no es para las manos...

Se quedó callado unos instantes y de pronto preguntó:

—¿Quién hizo andar la máquina?

—La primera muchacha: fue para allá después que usted la tocó.

—¡Ah! –dije yo–, ¿viste? Fue ella quien me rozó.

Esa misma noche, mientras cambiaba los discos, me dijo:

—Hoy tuve mucho placer. Confundía los objetos, pensaba en otros distintos y tenía recuerdos inesperados. Apenas empecé a mover el

---

17 Esta afirmación y descripción de la voz contrasta con la mención anterior de la «voz tenue» que había dicho «Yo no soy Julia». Ante el tono firme de Julia, el protagonista responde «débilmente».

18 Posiblemente se implica que Julia, la única persona de carácter que increpa y desobedece al protagonista, es como la flor amarilla en medio de la oscuridad.

cuerpo en la oscuridad me pareció que iba a tropezar con algo raro, que mi cuerpo empezaría a vivir de otra manera y que mi cabeza estaba a punto de comprender algo importante. Y de pronto, cuando había dejado un objeto y mi cuerpo se dio vuelta para ir a tocar una cara, descubrí quién me había estafado en un negocio.[19]

Yo fui a mi cuarto y antes de dormir pensé en unos guantes de gamuza apenas abultados por unas manos de mujer. Después yo sacaría los guantes como si desnudara las manos. Pero mientras pasaba al sueño los guantes iban siendo cáscaras de bananas.[20] Y ya haría mucho rato que estaba dormido cuando sentí que unas manos me tocaban la cara. Me desperté gritando, estuve unos instantes flotando en la oscuridad y por fin me di cuenta que había tenido una pesadilla. Mi amigo subió corriendo la escalera y me preguntó:

—¿Qué te pasa?

Yo le empecé a decir:

—Tuve un sueño...

Pero me detuve; no quise contarle el sueño porque temí que pudiera ocurrírsele tocarme la cara. Él se fue en seguida y yo me quedé despierto; pero al poco rato oí abrir despacito la puerta y grité con voz descompuesta:

—¿Quién es?

Y en ese mismo instante oí pezuñas que bajaban la escalera. Cuando mi amigo subió de nuevo le dije que él había dejado la puerta abierta y que había entrado un perro.[21] Él empezó a bajar la escalera.

El sábado siguiente, apenas habíamos entrado al túnel, se sintieron unos quejidos mimosos y yo pensé en un perrito. Alguna de las muchachas se empezó a reír y en seguida nos reímos todos. Mi amigo se enojó mucho y dijo palabras desagradables; todos nos callamos in-

---

19   El «método cognitivo» del protagonista comienza a dar frutos tras la experiencia del túnel, que le abre la posibilidad de «vivir de otra manera» y «comprender algo importante».

20   El sueño establece una interesante relación con connotaciones eróticas entre los guantes, las manos de mujer, y las cáscaras que envuelven las bananas. El narrador muestra que tampoco ha sido inmune a los rituales del túnel y su poder de activar procesos asociativos inconscientes.

21   El perro, que aparece inesperadamente en el relato, va a desempeñar un papel importante en la última visita al túnel. Nunca queda claro si en verdad se trata de un perro o si alguien, tal vez el propio narrador que los observa solapado, remeda los gemidos para irritar al protagonista. También se podría interpretar el perrito como correlativo del aspecto vulnerable del protagonista, ya que su gemido crea un contrapunto o acompañamiento al intertexto que sigue, la historia de su débil amigo y su esposa vienesa. El cuento dentro del cuento, o *mise en abyme*, es un recurso frecuente en los relatos de Felisberto que también aparece en «El balcón», «Nadie encendía las lámparas», «Las Hortensias» y «La casa inundada».

mediatamente; pero en un intervalo que se produjo entre las palabras de mi amigo, se oyeron con más fuerza los quejidos del perrito y todos nos volvimos a reír. Entonces mi amigo gritó:

—¡Váyanse todos! ¡Afuera! ¡Que salgan todos!

Los que estábamos cerca le oímos jadear; y en seguida, con voz más débil, y como escondiendo la cara en la oscuridad, le oímos decir:

—Menos Julia.[22]

A mí se me ocurrió algo que no pude dejar de hacer: quedarme en el túnel. Mi amigo esperó que salieran todos. Después, desde lejos, Julia empezó a hacer señales con su linterna. La luz aparecía a intervalos regulares, como la de un faro, mi amigo caminaba pisando fuerte y yo trataba de hacer coincidir el ruido de mis pasos con los de él. Cuando estuve cerca de Julia, ella decía:

—¿Usted recuerda otras caras cuando toca la mía?

Él hizo zumbar un rato la «s» antes de decir «sí». Y en seguida agregó:

—...es decir... Ahora pienso en una vienesa que estaba en París.

—¿Era amiga suya?

—Yo era amigo del esposo. Pero una vez a él lo tiró un caballo de madera...

—¿Usted habla en serio?

—Te explicaré.[23] Resulta que él era débil y una tía rica que vivía en provincias le pedía que hiciera gimnasia. Ella lo había criado. Él le enviaba fotografías vestido en traje de deportes; pero nunca hacía otra cosa que leer. Al poco tiempo de casado quiso sacarse una fotografía montado a caballo. Él estaba muy orgulloso con su sombrero de alas anchas; pero el caballo era de madera carcomida por la polilla; de pronto se le rompió una pata, y en seguida se cayó el jinete y se rompió un brazo.

Julia se rió un poco y él siguió:

—Entonces, con ese motivo, fui a la casa y conocí a la señora... Al principio ella me hablaba con una sonrisa burlona. El marido estaba

---

22   Como en «El caballo perdido» y «Nadie encendía las lámparas», el título deriva de una frase aparentemente marginal que sin embargo contiene la esencia del cuento. En este caso, la expulsión de todos los «oficiantes» del ritual, menos Julia, constituye una admisión de la atracción del protagonista hacia ella, cuya fuerte presencia sólo se revela al final. El lector descubre a Julia al mismo tiempo que el protagonista admite su atractivo por ella.

23   El intertexto funciona como otra variación de las maniobras evasivas del protagonista ante Julia y de manera oblicua muestra su temor de verse sometido y humillado por ella como el esposo de la vienesa.

con el brazo colgado y rodeado de visitas. Ella le trajo caldo y él dijo que estando así no tenía ningún apetito. Todas las visitas dijeron que realmente ocurría eso cuando se estaba así. Yo pensé que todos los concurrentes habían tenido fracturas y me los imaginé en la penumbra que había en aquella pieza con piernas y brazos de blanco y abultados por las vendas.

(Cuando menos lo esperábamos volvimos a oír los gemidos del perrito y Julia se rió. Yo temí que mi amigo lo fuera a buscar y tropezara conmigo. Pero a los pocos instantes siguió el relato.)

—Cuando él pudo levantarse caminaba despacio y con el brazo en cabestrillo. Visto de atrás, con una manga del saco puesta y la otra no, parecía que llevara un organillo y adivinara la suerte. Él me invitó a ir al sótano para traer una botella del mejor vino. La señora no quiso que fuera solo. Adelante iba él, llevaba una vela; la llama quemaba las telas y las arañas huían; detrás iba ella, y después iba yo...[24]

Mi amigo se detuvo y Julia le preguntó:

—Usted dijo hace unos instantes que esa señora, al principio, tenía para usted una risa burlona. ¿Y después?

Mi amigo empezó a incomodarse:

—No era burlona solamente conmigo; ¡yo no dije eso!

—Usted dijo que era así al principio.

—Bueno... y después siguió como al principio.

El perrito gimió y Julia dijo:

—No crea que eso me preocupa; pero... me ha dejado la cara ardiendo.[25]

Oí arrastrar el reclinatorio y los pasos de ellos al salir y cerrar la puerta. Entonces yo corrí y me apresuré a golpear la puerta con los puños y con un pie. Mi amigo abrió y preguntó:

—¿Quién es?

Yo le contesté y él tartamudeó para decirme:

—No quiero que vengas nunca más al túnel...

Iba a agregar algo, pero prefirió irse.

Esa noche yo tomé el ómnibus con las muchachas y Alejandro;

---

24   Existe un paralelo entre la visita al sótano en el intertexto analéptico y los rituales que luego crea el protagonista en el túnel.

25   Se sugiere que le ha tocado o acariciado la cara con demasiada fuerza. El ardor en la cara de Julia hubiera podido interpretarse como un rubor de vergüenza, pero la negativa del padre a dejar que le vuelva a tocar la cara a la hija, a menos que haya un compromiso, parece corroborar que la cara le ardía como resultado de un contacto físico.

ellos iban adelante y yo detrás. Ninguno de ellos me miraba y yo viajaba como un traicionero.

A los pocos días mi amigo vino a mi casa; era de noche y yo ya me había acostado. Él me pidió disculpas por hacerme levantar y por lo que me había dicho a la salida del túnel. A pesar de mi alegría, él estaba preocupado. Y de pronto me dijo:

—Hoy fue al bazar el padre de Julia: no quiere que le toque más la cara a la hija; pero me insinuó que él no me diría nada si hubiera compromiso. Yo miré a Julia y en ese momento ella tenía los ojos bajos y se estaba raspando el barniz de una uña. Entonces me di cuenta que la quería.

—Mejor –le contesté yo–. ¿Y no te puedes casar con ella?

—No. Ella no quiere que toque más caras en el túnel.

Mi amigo estaba sentado con los codos apoyados en las rodillas y de pronto escondió la cara; en ese instante me pareció tan pequeña como la de un cordero. Yo le fui a poner mi mano en un hombro y sin querer toqué su cabeza crespa. Entonces pensé que había rozado un objeto del túnel .[26]

---

26   El cuento termina con un regreso al punto de partida: la observación de la cabeza crespa del protagonista. Pero ya no se describe como una «cabeza negra», sino que al tocarla la asocia con «un objeto del túnel», implicándose que el narrador ha aprendido a «descifrarla».

EL ACOMODADOR[1]

Apenas había dejado la adolescencia me fui a vivir a una ciudad grande. Su centro –donde todo el mundo se movía apurado entre casas muy altas– quedaba cerca de un río.

Yo era acomodador de un teatro; pero fuera de allí lo mismo corría de un lado para otro; parecía un ratón debajo de muebles viejos. Iba a mis lugares preferidos como si entrara en agujeros próximos y encontrara conexiones inesperadas. Además, me daba placer imaginar todo lo que no conocía de aquella ciudad.

Mi turno en el teatro era el último de la tarde. Yo corría a mi camarín, lustraba mis botones dorados y calzaba mi frac verde sobre chaleco y pantalones grises; en seguida me colocaba en el pasillo izquierdo de la platea y alcanzaba a los caballeros tomándoles el número; pero eran las damas las que primero seguían mis pasos cuando yo los apagaba en la alfombra roja. Al detenerme extendía la mano y hacía un saludo en paso de minué. Siempre esperaba una propina sorprendente, y sabía inclinar la cabeza con respeto y desprecio. No importaba que ellos no sospecharan todo lo superior que era yo.

Ahora yo me sentía como un solterón de flor en el ojal que estuviera de vuelta de muchas cosas; y era feliz viendo damas en trajes di-

---

1 Analizado en detalle por Rosario Ferré y Frank Graziano, entre otros, este relato es uno de los que mejor se enfoca en el tema de la visión, tanto en el sentido específico (la obsesión de mirar objetos interesantes) como en el simbólico (el carácter «visionario» del personaje). El autor se sirve de una metáfora sostenida a lo largo de todo el relato, como también hiciera en «La mujer parecida a mí» y, en su forma más perfecta, en «La casa inundada».

Ferré, desde su punto de vista de escritora, interpreta la metáfora sostenida de la visión como un intento del narrador de «imponer su visión ficticia sobre la realidad» (82), emitiendo su propio criterio sobre «lo ficticio» y «lo real» que tal vez soslaye la intención de Felisberto de enseñar al lector a «ver» lo que la costumbre y la convención han enmascarado. Más compleja es la interpretación de Graziano (1997:144-165) que revela los oscuros matices del exhibicionismo/voyeurismo del narrador y su actitud desafiante ante las normas establecidas del comportamiento social aceptado como «realidad». El penetrante análisis de Graziano descarta los juicios de Felisberto como «infantil» o «desajustado» y nos adentra en su escrutinio de la siquis humana, con todas sus sombras y sesgos, ante los que la sociedad «se ciega».

versos; y confusiones en el instante de encenderse el escenario y
quedar en penumbra la platea. Después yo corría a contar las propinas, y por último salía a registrar la ciudad.

Cuando volvía cansado a mi pieza y mientras subía las escaleras y
cruzaba los corredores, esperaba ver algo más a través de puertas en-
treabiertas. Apenas encendía la luz, se coloreaban de golpe las flores
del empapelado; eran rojas y azules sobre fondo negro. Habían bajado
la lámpara con un cordón que salía del centro del techo y llegaba casi
hasta los pies de mi cama. Yo hacía una pantalla de diario y me
acostaba con la cabeza hacia los pies; de esa manera podía leer dismi-
nuyendo la luz y apagando un poco las flores. Junto a la cabecera de
la cama había una mesa con botellas y objetos que yo miraba horas
enteras. Después apagaba la luz y seguía despierto hasta que oía entrar
por la ventana ruidos de huesos serruchados, partidos con el hacha, y
la tos del carnicero.[2]

Dos veces por semana un amigo me llevaba a un comedor gratuito.
Primero se entraba a un hall casi tan grande como el de un teatro; y
después se pasaba al lujoso silencio del comedor. Pertenecía a un
hombre que ofrecería aquellas cenas hasta el fin de sus días. Era una
promesa hecha por haberse salvado su hija de las aguas del río. Los
comensales eran extranjeros abrumados de recuerdos. Cada uno tenía
derecho a llevar a un amigo dos veces por semana; y el dueño de casa
comía en esa mesa una vez por mes. Llegaba como un director de orquesta después que los músicos estaban prontos.[3] Pero lo único que
él dirigía era el silencio. A las ocho, la gran portada blanca del fondo
abría una hoja y aparecía el vacío en penumbra de una habitación contigua; y de esa oscuridad salía el frac negro de una figura alta con la
cabeza inclinada hacia la derecha. Venía levantando una mano para
indicarnos que no debíamos pararnos, todas las caras se dirigían hacia
él, pero no los ojos: ellos pertenecían a los pensamientos que en aquel
instante habitaban las cabezas. El director hacía un saludo al sentarse,
todos dirigían la cabeza hacia los platos y pulsaban sus instrumentos.
Entonces cada profesor de silencio tocaba para sí. Al principio se oía
picotear los cubiertos; pero a los pocos instantes aquel ruido volaba y

2   El narrador yuxtapone su obsesión de mirar objetos que le agradan con la sordidez del
     matadero vecino. Esta yuxtaposición presagia el contraste entre el jardín y la fábrica en
     «Las Hortensias».
3   Como en otros de sus cuentos, el autor alude a su vida como concertista, que sigue pre-
     sente en su obra no sólo en referencias como ésta, sino en su uso de estructuras y des-
     arrollos temáticos musicales.

quedaba olvidado. Yo empezaba, simplemente, a comer.[4] Mi amigo era como ellos y aprovechaba aquellos momentos para recordar su país. De pronto yo me sentía reducido al círculo del plato y me parecía que no tenía pensamientos propios. Los demás eran como dormidos que comieran al mismo tiempo y fueran vigilados por los servidores. Sabíamos que terminábamos un plato porque en ese instante lo escamoteaban; y pronto nos alegraba el siguiente. A veces teníamos que dividir la sorpresa y atender al cuello de una botella que venía arropada en una servilleta blanca. Otras veces nos sorprendía la mancha oscura del vino que parecía agrandarse en el aire mientras la sostenía el cristal de la copa.

A las pocas reuniones en el comedor gratuito, yo ya me había acostumbrado a los objetos de la mesa y podía tocar los instrumentos para mí solo. Pero no podía dejar de preocuparme por el alejamiento de los invitados. Cuando el «director» apareció en el segundo mes, yo no pensaba que aquel hombre nos obsequiara por haberse salvado su hija, yo insistía en suponer que la hija se había ahogado.[5] Mi pensamiento cruzaba con pasos inmensos y vagos las pocas manzanas que nos separaban del río; entonces yo me imaginaba a la hija, a pocos centímetros de la superficie del agua; allí recibía la luz de una luna amarillenta; pero al mismo tiempo resplandecía de blanco, su lujoso vestido y la piel de sus brazos y su cara. Tal vez aquel privilegio se debiera a las riquezas del padre y a sacrificios ignorados. A los que comían frente a mí y de espaldas al río, también los imaginaba ahogados: se inclinaban sobre los platos como si quisieran subir desde el centro del río y salir del agua; los que comíamos frente a ellos, les hacíamos una cortesía pero no les alcanzábamos la mano.

Una vez en aquel comedor oí unas palabras. Un comensal muy gordo había dicho: «Me voy a morir». En seguida cayó con la cabeza en la sopa, como si la quisiera tomar sin cuchara; los demás habían dado vuelta sus cabezas para mirar la que estaba servida en el plato,[6] y todos los cubiertos habían dejado de latir. Después, se había oído arrastrar las patas de las sillas, los sirvientes llevaron al muerto al cuarto de los sombreros e hicieron sonar el teléfono para llamar al

---

4   Los placeres gastronómicos del autor, aunque descritos con menos prolijidad que Lezama, se evidencian en este cuento, así como en «El balcón».

5   Las imágenes de ahogo y agua que se presagian en esta sección se desarrollarán plenamente en «La casa inundada».

6   El comensal gordo pasa rápidamente de consumidor a consumido por medio de la sinécdoque «la [cabeza] que estaba servida en el plato».

médico. Y antes que el cadáver se enfriara ya todos habían vuelto a sus platos y se oían picotear los cubiertos.

Al poco tiempo yo empecé a disminuir las corridas por el teatro y a enfermarme de silencio. Me hundía en mí mismo como en un pantano. Mis compañeros de trabajo tropezaban conmigo, y yo empecé a ser un estorbo errante. Lo único que hacía bien era lustrar los botones de mi frac. Una vez un compañero me dijo: «¡*Apuráte*, hipopótamo!» Aquella palabra cayó en mi pantano, se me quedó pegada y empezó a hundirse. Después me dijeron otras cosas. Y cuando ya me habían llenado la memoria de palabras como cacharros sucios, evitaban tropezar conmigo y daban vuelta por otro lado para esquivar mi pantano.

Algún tiempo después me echaron del empleo y mi amigo extranjero me consiguió otro en un teatro inferior. Allí iban mujeres mal vestidas y hombres que daban poca propina. Sin embargo, yo traté de conservar mi puesto.

Pero en uno de aquellos días más desgraciados apareció ante mis ojos algo que me compensó de mis males. Había estado insinuándose poco a poco. Una noche me desperté en el silencio oscuro de mi pieza y vi, en la pared empapelada de flores violentas, una luz. Desde el primer instante tuve la idea de que ocurría algo extraordinario, y no me asusté. Moví los ojos hacia un lado y la mancha de luz siguió el mismo movimiento. Era una mancha parecida a la que se ve en la oscuridad cuando recién se apaga la lamparilla; pero esta otra se mantenía bastante tiempo y era posible ver a través de ella. Bajé los ojos hasta la mesa y vi las botellas y los objetos míos. No me quedaba la menor duda; aquella luz salía de mis propios ojos, y se había estado desarrollando desde hacía mucho tiempo.[7] Pasé el dorso de mi mano por delante de mi cara y vi mis dedos abiertos. Al poco rato sentí cansancio; la luz disminuía y yo cerré los ojos. Después los volví a abrir para comprobar si aquello era cierto. Miré la bombita de luz eléctrica y vi que ella brillaba con luz mía. Me volví a convencer y tuve una sonrisa. ¿Quién, en el mundo, veía con sus propios ojos en la oscuridad?

Cada noche yo tenía más luz. De día había llenado la pared de

---

[7] La luz que emana de los ojos del narrador aparece como una compensación de sus deficiencias como ser social y en este sentido nos recuerda el poema de Baudelaire «L'Albatross» al presentar un creador torpe en su desempeño cotidiano, pero extraordinario y sublime al remontar el vuelo artístico. Según Frank Graziano: «The emanating eye light might make a success of a failure, but it is precisely the aspect of himself that the usher cannot bear to witness» (1997:146).

clavos; y en la noche colgaba objetos de vidrio o porcelana: eran los que se veían mejor. En un pequeño ropero –donde estaban grabadas mis iniciales, pero no las había grabado yo–, guardaba copas atadas del pie con un hilo, botellas con el hilo al cuello, platitos atados en el calado del borde, tacitas con letras doradas, etc. Una noche me atacó un terror que casi me lleva a la locura. Me había levantado para ver si me quedaba algo más en el ropero; no había encendido la luz eléctrica y vi mi cara y mis ojos en el espejo, con mi propia luz. Me desvanecí. Y cuando me desperté tenía la cabeza debajo de la cama y veía los fierros como si estuviera debajo de un puente. Me juré no mirar nunca más aquella cara mía y aquellos ojos de otro mundo. Eran de un color amarillo verdoso que brillaba como el triunfo de una enfermedad desconocida; los ojos eran grandes redondeles, y la cara estaba dividida en pedazos que nadie podría juntar ni comprender.

Me quedé despierto hasta que subió el ruido de los huesos serruchados y cortados con el hacha.

Al otro día recordé que hacía pocas noches iba subiendo el pasillo de la platea en penumbra y una mujer me había mirado los ojos con las cejas fruncidas. Otra noche mi amigo extranjero me había hecho burla diciéndome que mis ojos brillaban como los de los gatos. Yo trataba de no mirarme la cara en las vidrieras apagadas, y prefería no ver los objetos que había tras los vidrios. Después de haber pensado mucho en los modos de utilizar la luz, siempre había llegado a la conclusión de que debía utilizarla cuando estuviera solo.

En una de las cenas y antes que apareciera el dueño de casa en la portada blanca, vi la penumbra de la puerta entreabierta y sentí deseos de meter los ojos allí. Entonces empecé a planear la manera de entrar en aquella habitación, pues ya había entrevisto en ella vitrinas cargadas de objetos y había sentido aumentar la luz de mis ojos.

El hall del gran comedor daba a una calle; pero la casa cruzaba toda la manzana y tenía la entrada principal por otra calle; yo ya me había paseado muchas veces por la calle del hall y había visto varias veces al mayordomo: era el único que andaba por allí a esas horas. Cuando caminaba de frente con las piernas y los brazos torcidos hacia afuera, parecía un orangután; pero al verlo de costado, con la cola del frac muy dura, parecía un bicharraco. Una tarde, antes de cenar, me atreví a hablarle. Él me miraba escondiendo los ojos detrás de cejas espesas, mientras yo le decía:

—Me gustaría hablarle de un asunto particular; pero tengo que pedirle reserva.

—Usted dirá, señor.

—Yo... –ahora él miraba al piso y esperaba– ...tengo en los ojos una luz que me permite ver en la oscuridad...

—Comprendo, señor.

—¡Comprende, no! –le contesté irritado–. Usted no puede haber conocido a nadie que viera en la oscuridad.

—Dije que comprendía sus palabras, señor; pero ya lo creo que ellas me asombran.

—Escuche. Si nosotros entramos a esa habitación –la de los sombreros– y cerramos la puerta, usted puede poner encima de la mesa cualquier objeto que tenga en el bolsillo y yo le diré qué es.

—Pero señor –decía él–, si en ese momento viniera...

—Si es el dueño de la casa, yo le doy autorización para que se lo diga. Hágame el favor; es un momentito nada más.

—¿Y para qué?...

—Ya se lo explicaré. Ponga cualquier cosa en la mesa apenas yo cierre la puerta, y en seguida le diré...

—Lo más pronto que pueda, señor...

Pasó ligero, se acercó a la mesa, yo cerré la puerta y al instante le dije:

—¡Usted ha puesto la mano abierta y nada más!

—Bueno, me basta, señor.

—Pero ponga algo que tenga en el bolsillo...

Puso el pañuelo; y yo, riéndome, le dije:

—¡Qué pañuelo sucio!

Él también se rió; pero de pronto le salió un graznido ronco y enderezó hacia la puerta. Cuando la abrió tenía una mano en los ojos y temblaba. Entonces me di cuenta que me había visto la cara; y eso yo no lo había previsto. Él me decía, suplicante:

—¡Váyase, señor! ¡Váyase, señor!

Y empezó a cruzar el comedor. Estaba ya iluminado pero vacío. En la próxima vez que el dueño de casa comió con nosotros, yo le

pedí a mi amigo que me permitiera sentarme cerca de la cabecera
–donde se ubicaba el dueño–. El mayordomo tendría que servir allí,
y no podría esquivarme. Cuando traía el primer plato sintió sobre él
mis ojos y le empezaron a temblar las manos. Mientras el ruido de
los cubiertos entretenía el silencio, yo acosaba al mayordomo. Después
lo volví a ver en el hall. Él me decía:

—¡Señor, usted me va a perder!

—Si no me escucha, ya lo creo que lo perderé.

—¿Pero qué quiere el señor de mí?

—Que me permita ver, simplemente ver,[8] puesto que usted me
revisará a la salida, las vitrinas de la habitación contigua al comedor.

Empezó a hacer señas con las manos y la cabeza antes de poder
articular ninguna palabra. Y cuando pudo, dijo:

—Yo vine a esta casa, señor, hace muchos años...

A mí me daba pena; y fastidio de tener pena. Mi lujuria de ver me
lo hacía considerar como un obstáculo complicado. Él me hacía la historia de su vida y me explicaba por qué no podía traicionar al dueño
de casa. Entonces lo interrumpí intimidándolo:

—Todo eso es inútil puesto que él no se enterará, además, usted
se portaría mucho peor si yo le revolviera la cabeza por dentro. Esta
noche vendré a las dos, y estaré en aquella habitación hasta las tres.

—Señor, revuélvame la cabeza y máteme.

—No; te ocurrirían cosas mucho más horribles que la muerte.

Y en el instante de irme le repetía:

—Esta noche, a las dos, estaré en esta puerta.

Al salir de allí necesité pensar algo que me justificara. Entonces
me dije: «Cuando él vea que no ocurre nada no sufrirá más». Yo
quería ir esa noche porque me tocaba cenar allí, y aquellas comidas
con sus vinos me excitaban mucho y me aumentaban la luz.

Durante esa cena el mayordomo no estuvo tan nervioso como yo
esperaba, y pensé que no me abriría la puerta. Pero fui a las dos, y me
abrió. Entonces, mientras cruzaba el comedor detrás de él y de su candelabro, se me ocurrió la idea de que él no habría resistido la tortura
de la amenaza, le habría contado todo al dueño y me tendrían preparada una trampa. Apenas entramos en la habitación de las vitrinas
lo miré: tenía los ojos bajos y la cara inexpresiva; entonces le dije:

---

8   La «lujuria de ver» en este personaje es análoga a la de tocar en el personaje central de
«Menos Julia». En ambos casos, los personajes desarrollan un método de percepción al-
terno al sancionado por la sociedad.

—Tráigame un colchón. Veo mejor desde el piso y quiero tener el cuerpo cómodo.

Vaciló haciendo movimientos con el candelabro y se fue. Cuando me quedé solo y empecé a mirar, creí estar en el centro de una constelación. Después pensé que me atraparían. El mayordomo tardaba. Para prenderme a mí no hubieran necesitado mucho tiempo. Apareció arrastrando un colchón con una mano porque en la otra traía el candelabro. Y con voz que sonó demasiado entre aquellas vitrinas, dijo:

—Volveré a las tres.

Al principio yo tenía miedo de verme reflejado en los grandes espejos o en los cristales de las vitrinas. Pero tirado en el suelo no me alcanzaría ninguno de ellos. ¿Por qué el mayordomo estaría tan tranquilo? Mi luz anduvo vagando por aquel universo, pero yo no podía alegrarme. Después de tanta audacia para llegar hasta allí, me faltaba el coraje para estar tranquilo. Yo podía mirar una cosa y hacerla mía teniéndola en mi luz un buen rato, pero era necesario estar despreocupado y saber que tenía derecho a mirarla. Me decidí a observar un pequeño rincón que tenía cerca de los ojos. Había un libro de misa con tapas de carey veteado como el azúcar quemada, pero en una de las esquinas tenía un calado sobre el que descansaba una flor aplastada. Al lado de él enroscado como un reptil, yacía un rosario de piedras preciosas. Esos objetos estaban al pie de abanicos que parecían bailarinas abriendo sus anchas polleras; mi luz perdió un poco de estabilidad al pasar sobre algunos que tenían lentejuelas; y por fin se detuvo en otro que tenía un chino con cara de nácar y traje de seda. Sólo aquel chino podía estar aislado en aquella inmensidad; tenía una manera de estar fijo que hacía pensar en el misterio de la estupidez. Sin embargo, él fue lo único que yo pude hacer mío aquella noche. Al salir quise darle una propina al mayordomo. Pero él la rechazó diciendo:

—Yo no hago esto por interés, señor; lo hago obligado por usted.

En la segunda sesión miré miniaturas de jaspe; pero al pasar mi luz por encima de un pequeño puente sobre el que cruzaban elefantes me di cuenta de que en aquella habitación había otra luz que no era la mía. Di vuelta los ojos antes que la cabeza y vi avanzar una mujer blanca con un candelabro.[9] Venía desde el principio de la ancha

---

9   La presencia de la hija sonámbula y la historia que se fabrica el narrador en torno a ella constituyen un intertexto que logra presentar el mundo privado del acomodador como más vivo e interesante que la «realidad» anodina de su vida cotidiana. Otros intertextos con función análoga se observan en «El balcón» y «Nadie encendía las lámparas».
    Graziano apunta que la sonámbula «drifts in with the phantasmal distance of a sleep-

avenida bordeada de vitrinas. Me empezaron espasmos en la sien que en seguida corrieron como ríos dormidos a través de las mejillas; después los espasmos me envolvieron el pelo con vueltas de turbante. Por último aquello descendió por las piernas y se anudó en las rodillas. La mujer venía con la cabeza fija y el paso lento. Yo esperaba que su envoltura de luz llegara hasta el colchón y ella soltara un grito. Se detenía unos instantes; y al renovar los pasos yo pensaba que tenía tiempo de escapar; pero no me podía mover. A pesar de las pequeñas sombras en la cara se veía que aquella mujer era bellísima: parecía haber sido hecha con las manos y después de haberla bosquejado en un papel. Se acercaba demasiado; pero yo pensaba quedarme quieto hasta el fin del mundo. Se paró a un costado del colchón. Después empezó a caminar pisando con un pie en el piso y el otro en el colchón. Yo estaba como un muñeco extendido en un escaparate mientras ella pisara con un pie en el cordón de la vereda y el otro en la calle. Después permanecí inmóvil a pesar de que la luz de ella se movía de una manera extraña. Cuando la vi pasar de vuelta, ella hacía un camino en forma de eses por entre el espacio de una vitrina a la otra, y la cola del peinador se iba enredando suavemente en las patas de las vitrinas. Tuve la sensación de haber dormido un poco antes que ella hubiera llegado a la puerta del fondo. La había dejado abierta al venir y también la dejó al irse. Todavía no había desaparecido del todo la luz de ella, cuando descubrí que había otra detrás de mí. Ahora me pude levantar. Tomé el colchón por una punta y salí para encontrarme con el mayordomo. Le temblaba todo el cuerpo y el candelabro. No podía entender lo que me decía porque le castañeteaban los dientes postizos.   Yo sabía que en la próxima sesión ella aparecería de nuevo; no podía concentrarme para mirar nada, y no hacía otra cosa que esperarla. Apareció y me sentí más tranquilo. Todos los hechos eran iguales a la primera vez; el hueco de los ojos conservaba la misma fijeza; pero no sé dónde estaba lo que cada noche tenía de diferente. Al mismo tiempo yo ya sentía costumbre y ternura. Cuando ella venía cerca del colchón tuve una rápida inquietud: me di cuenta que no pasaría por la orilla sino que cruzaría por encima de mí. Volví a sentir terror y a creer que ella gritaría. Se detuvo cerca de mis pies. Después dio un paso sobre el colchón; otro encima de mis rodillas –que tem-

---

walker enacting her own dream within the dream of another, of a drowned girl returned from the dead» y amenazando al acomodador con su propia luz, la de una vela, y usurpando el centro de su fantasía (1997:146-147).

blaron, se abrieron e hicieron resbalar el pie de ella– otro paso del otro pie en el colchón; otro paso en la boca de mi estómago; otro más en el colchón, y otro de manera que su pie descalzo se apoyó en mi garganta. Y después perdí el sentido de lo que ocurría de la más delicada manera: pasó por mi cara toda la cola de su peinador perfumado.[10]

Cada noche los hechos eran más parecidos; pero yo tenía sentimientos distintos. Después todos se fundían y las noches parecían pocas. La cola del peinador borraba memorias sucias y yo volvía a cruzar espacios de un aire tan delicado como el que hubieran podido mover las sábanas de la infancia. A veces ella interrumpía un instante el roce de la cola sobre mi cara; entonces yo sentía la angustia de que me cortaran la comunicación y la amenaza de un presente desconocido. Pero cuando el roce continuaba y el abismo quedaba salvado, yo pensaba en una broma de la ternura y bebía con fruición todo el resto de la cola.

A veces el mayordomo me decía:

—¡Ah, señor! ¡Cuánto tarda en descubrirse todo esto!

Pero yo iba a mi pieza, cepillaba lentamente mi traje negro en el lugar de las rodillas y el estómago, y después me acostaba para pensar en ella. Había olvidado mi propia luz: la hubiera dado toda por recordar con más precisión cómo la envolvía a ella la luz de su candelabro. Repasaba sus pasos y me imaginaba que una noche ella se detendría cerca de mí y se hincaría; entonces, en vez del peinador, yo sentiría sus cabellos y sus labios. Todo esto lo componía de muchas maneras; y a veces le ponía palabras: «Querido mío, yo te mentía...» Pero esas palabras no me parecían de ella y tenía que empezar a suponer todo de nuevo. Esos ensayos no me dejaban dormir; y hasta penetraban un poco en los sueños. Una vez soñé que ella cruzaba una gran iglesia. Había resplandores de luces de velas sobre colores rojos y dorados. Lo más iluminado era el vestido blanco de la novia con una larga cola que ella llevaba lentamente. Se iba a casar; pero caminaba sola y con una mano se tomaba la otra. Yo era un perro lanudo de un color negro muy brillante y estaba echado encima de la cola de la novia. Ella me arrastraba con orgullo y yo parecía dormido. Al mismo

---

10   Graziano observa que «the light's synesthetic tactile properties were compounded by ol-
      factory sensations [...] and this sensory extravaganza (another 'opening of wide skirts')
      is sufficient to overwhelm the eye light and effect a blackout: 'I passed out'» (1997:148).
      La descripción del contacto de la sonámbula con el cuerpo del acomodador tendido sobre
      el colchón tiene connotaciones de un encuentro sexual en el que se invierten los papeles
      tradicionales: sus rodillas «temblaron, se abrieron e hicieron resbalar el pie de ella»; luego
      pierde el sentido como en una «pequeña muerte».

tiempo, yo me sentía ir entre un montón de gente que seguía a la novia y al perro. En esa otra manera mía, yo tenía sentimientos e ideas parecidos a los de mi madre y trataba de acercarme todo lo posible al perro. Él iba tan tranquilo como si se hubiera dormido en una playa y de cuando en cuando abriera los ojos y se viera rodeado de espuma. Yo le había trasmitido al perro una idea y él la había recibido con una sonrisa. Era ésta: «Tú te dejas llevar pero tú piensas en otra cosa».

Después, en la madrugada, oía serruchar la carne y golpear con el hacha.

Una noche en que había recibido pocas propinas, salí del teatro y bajé hasta la calle más próxima al río. Mis piernas estaban cansadas, pero mis ojos tenían gran necesidad de ver. Al pararme en una casucha de libros viejos vi pasar una pareja de extranjeros; él iba vestido de negro y con una gorra de apache; ella llevaba en la cabeza una mantilla española y hablaba en alemán. Yo caminaba en la dirección de ellos, pero ellos iban apurados y me habían sacado ventaja. Sin embargo, al llegar a la esquina tropezaron con un niño que vendía caramelos y le desparramaron los paquetes. Ella se reía, le ayudaban a juntar la mercancía y al fin le dio unas monedas. Y fue al volverse a mirar por última vez al vendedor, cuando reconocí a mi sonámbula y me sentí caer en un pozo de aire. Seguí a la pareja ansiosamente; yo también tropecé con una gorda que me dijo:

—*Mirá* por donde vas, imbécil.

Yo casi corría y estaba a punto de sollozar. Ellos llegaron a un cine barato, y cuando él fue a sacar las entradas ella dio vuelta la cabeza. Me miró con cierta insistencia porque vio mi ansiedad, pero no me conoció. Yo no tenía la menor duda. Al entrar me senté algunas filas delante de ellos, y, en una de las veces que me di vuelta para mirarla, ella debe haber visto mis ojos en la oscuridad, pues empezó a hablarle a él con alguna agitación. Al rato yo me di vuelta otra vez; ellos hablaron de nuevo, pero pocas palabras y en voz alta. E inmediatamente abandonaron la sala. Yo también. Corría detrás de ella sin saber lo que iba a hacer. Ella no me reconocía; y además se me escapaba con otro. Yo nunca había tenido tanta excitación y aunque sospechaba que no iría a buen fin, no podía detenerme. Estaba seguro de que en todo aquello había confusión de destinos; pero el hombre que iba apretado al brazo de ella se había hundido la gorra hasta las orejas y caminaba cada vez más ligero. Los tres nos precipitábamos como en un peligro de incendio; yo ya iba cerca de ellos, y esperaba quién sabe qué desenlace. Ellos bajaron la vereda y empezaron a cruzar la calle corriendo; yo iba a hacer lo mismo, y en ese instante me detuvo otro hombre de gorra; estaba sentado en un auto, había descargado un cornetazo y me estaba insultando. Apenas desapareció el auto yo vi a la pareja acercarse a un policía. Con el mismo ritmo con que caminaba tras ellos me decidí a ir para otro lado. A los pocos metros me di vuelta, pero no vi a nadie que me siguiera. Entonces empecé a disminuir la velocidad y a reconocer el mundo de todos los días. Había que andar despacio y pensar mucho. Me di cuenta que iba a tener una gran angustia y entré en una taberna que tenía poca luz y poca gente; pedí vino y empecé a gastar de las propinas que reservaba para pagar la pieza. La luz salía hacia la calle por entre las rejas de una ventana abierta; y se le veían brillar las hojas a un árbol que estaba parado en el cordón de la vereda. A mí me costaba decidirme a pensar en lo que me pasaba. El piso era de tablas viejas con agujeros. Yo pensaba que el mundo en que ella y yo nos habíamos encontrado era inviolable; ella no lo podría abandonar después de haberme pasado tantas veces la cola del peinador por la cara; aquello era un ritual en que se anunciaba el cumplimiento de un mandato. Yo tendría que hacer algo. O tal vez esperar algún aviso que ella me diera en una de aquellas noches. Sin embargo, ella no parecía saber el peligro que corría en sus noches despiertas, cuando violaba lo que le indicaban los pasos del sueño. Yo me sentía orgulloso de ser un acomodador, de estar en la más pobre taberna y de saber, yo solo —ni siquiera ella lo sabía—, que con mi luz había penetrado en un mundo cerrado para todos los demás. Cuando salí de la taberna vi un hombre que llevaba gorra. Después vi otros. Entonces tuve una idea de los hombres de gorra: eran seres que andaban por todas partes, pero que no tenían nada que ver conmigo. Subí a un tranvía pensando que cuando fuera a la sala de las vitrinas llevaría escondida una gorra y de pronto se la mostraría. Un hombre gordo descargó su cuerpo, al sentarse a mi lado, y yo ya no pude pensar más nada.

A la próxima reunión yo llevé la gorra, pero no sabía si la utilizaría. Sin embargo, apenas ella apareció en el fondo de la sala, yo saqué la gorra y empecé a hacer señales como con un farol negro. De pronto la mujer se detuvo y yo, instintivamente, guardé la gorra; pero cuando ella empezó a caminar volví a sacarla y a hacer las señales. Cuando ella se paró cerca del colchón tuve miedo y le tiré con la gorra; primero le pegó en el pecho y después cayó a sus pies. Todavía pasaron unos instantes antes de que ella soltara un grito. Se le cayó el candelabro haciendo ruido y apagándose. En seguida oí caer el bulto blando de su cuerpo seguido de un golpe más duro que sería la cabeza. Yo me paré y abrí los brazos como para tantear una vitrina, pero en ese instante me encontré con mi propia luz que empezaba a crecer sobre el cuerpo de ella.[11] Había caído como si en seguida fuera a tener un sueño dichoso; los brazos le habían quedado entreabiertos, la cabeza echada hacia un lado y la cara pudorosamente escondida bajo las ondas del pelo. Yo recorría su cuerpo con mi luz como un bandido que le registrara con una linterna; y cerca de los pies me sorprendí al encontrar un gran sello negro, en el que pronto reconocí mi gorra. Mi luz no sólo iluminaba a aquella mujer, sino que tomaba algo de ella. Yo miraba complacido la gorra y pensaba que era mía y no de ningún otro, pero de pronto mis ojos empezaron a ver en los pies de ella un color amarillo verdoso parecido al de mi cara aquella noche que la vi en el espejo de mi ropero. Aquel color se hacía brillante en algunos lados del pie y se oscurecía en otros. Al instante aparecieron pedacitos blancos que me hicieron pensar en los huesos de los dedos. Ya el horror giraba en mi cabeza como un humo sin salida. Empecé a hacer de nuevo el recorrido de aquel cuerpo; ya no era el mismo, y yo no reconocía su forma; a la altura del vientre encontré, perdida, una de sus manos, y no veía de ella nada más que los huesos. No quería mirar más y hacía un gran esfuerzo para bajar los párpados. Pero mis ojos, como dos gusanos que se movieran por su cuenta dentro de mis órbitas, siguieron revolviéndose hasta que la luz que proyectaban llegó hasta la cabeza de ella. Carecía por completo de pelo, y los huesos de la cara tenían un brillo espectral como el de un astro visto con un telescopio. Y de pronto oí al mayordomo: caminaba fuerte, encendía todas las luces y hablaba enloquecido. Ella volvió a recobrar sus formas, pero yo no la quería mirar. Por una puerta que yo no había

---

11   Graziano interpreta el golpe de la gorra que hace sucumbir a la sonámbula como un «asesinato» para vengar la «infidelidad» de ella: «Once the daughter has fallen and her protective light has been extinguished, the usher's projecting eye light becomes a death-glow that spreads across her body» (1997:163).

visto entró el dueño de casa y fue corriendo a levantar a la hija. Salía con ella en brazos cuando apareció otra mujer; todos se iban, y el mayordomo no dejaba de gritar:

—Él tuvo la culpa; tiene una luz del infierno en los ojos. Yo no quería y él me obligó...

Apenas me quedé solo pensé que me ocurría algo muy grave. Podría haberme ido; pero me quedé hasta que entró de nuevo el dueño. Detrás venía el mayordomo y dijo:

—¡Todavía está aquí!

Yo iba a contestarle. Tardé en encontrar la respuesta; sería más o menos ésta: «No soy persona de irme así de una casa. Además tengo que dar una explicación». Pero también me vino la idea de que sería más digno no contestar al mayordomo. El dueño ya había llegado hasta mí. Se arreglaba el pelo con los dedos y parecía muy preocupado. Levantó la cabeza con orgullo y, con el ceño fruncido y los ojos empequeñecidos, me preguntó:

—¿Mi hija lo invitó a venir a este lugar?

Su voz parecía venir de un doble fondo que él tuviera en su persona. Yo me quedé tan desconcertado que no pude decir más que:

—No, señor. Yo venía a ver estos objetos... y ella me caminaba por encima...

El dueño iba a hablar, pero se quedó con la boca entreabierta. Volvió a pasarse los dedos por el pelo y parecía pensar: «No esperaba esta complicación».

El mayordomo empezó a explicarle otra vez la luz del infierno y todo lo demás. Yo sentía que toda mi vida era una cosa que los demás no comprenderían. Quise reconquistar el orgullo y dije:

—Señor, usted no podrá entender nunca. Si le es más cómodo, envíeme a la comisaría.

Él también recobró su orgullo:

—No llamaré a la policía, porque usted ha sido mi invitado, pero ha abusado de mi confianza, y espero que su dignidad le aconsejará lo que debe hacer.

Entonces yo empecé a pensar un insulto. Lo primero que me vino a la cabeza fue decirle «mugriento». Pero en seguida quise pensar en otro. Y fue en esos instantes cuando se abrió, sola, una vitrina, y cayó al suelo una mandolina. Todos escuchamos atentamente el sonido de la caja armónica y de las cuerdas. Después el dueño se dio vuelta y se iba para adentro en el momento que el mayordomo fue a recoger la mandolina; le costó decidirse a tomarla, como si desconfiara de algún embrujo; pero la pobre mandolina parecía, más bien, un ave disecada. Yo también me di vuelta y empecé a cruzar el comedor haciendo sonar mis pasos; era como si anduviera dentro de un instrumento.

En los días que siguieron tuve mucha depresión y me volvieron a echar del empleo. Una noche intenté colgar mis objetos de vidrio en la pared; pero me parecieron ridículos. Además fui perdiendo la luz; apenas veía el dorso de mi mano cuando la pasaba por delante de los ojos.

LAS HORTENSIAS

a María Luisa [1]

I

Al lado de un jardín había una fábrica y los ruidos de las máquinas se metían entre las plantas y los árboles.[2] Y al fondo del jardín se veía una casa de pátina oscura. El dueño de la «casa negra» era un hombre alto. Al oscurecer sus pasos lentos venían de la calle; y cuando entraba al jardín y a pesar del ruido de las máquinas, parecía que los pasos masticaran el balasto.[3] Una noche de otoño, al abrir la puerta y entornar los ojos para evitar la luz fuerte del hall, vio a su mujer detenida en medio de la escalinata; y al mirar los escalones desparramándose hasta la mitad del patio, le pareció que su mujer tenía puesto un gran vestido de mármol y que la mano que tomaba la baranda, recogía el vestido. Ella se dio cuenta de que él venía cansado, de que subiría al dormitorio, y esperó con una sonrisa que su marido llegara hasta ella. Después que se besaron, ella dijo:

---

1 María Luisa de Las Heras, (uno de los seudónimos de África de Las Heras, la tercera esposa de Felisberto) española a quien conociera durante su viaje a Europa en 1947, era una espía al servicio de la URSS. Conoce a Felisberto en una reunión del PEN Club de París, donde Jules Supervielle lo presentara ante la intelectualidad parisina. Aparentemente, África/María Luisa (alias Patria/María de la Sierra/Ivonne/María Pavlovna) había asistido con el deliberado propósito de inmiscuirse en los círculos intelectuales uruguayos y establecer un centro de espionaje que cubriera otras partes de Suramérica. Estuvo vinculada al planeamiento del asesinato de Trotsky. Su matrimonio duró de 1949 a 1950. Aunque según Dujovne, Barreiro y Vallarino Felisberto desconocía las actividades de «la otra» María Luisa, y murió sin descubrirlas a ciencia cierta, este cuento dedicado a ella contiene varias referencias a espías, específicamente la muñeca con el nombre de «la señora Eulalia» (Dujovne Ortiz, 2007; Vallarino, 2007).

2 Las estructuras musicales sirven de base a la forma de este cuento, uno de los más complejos y mejor armados del autor. Desde la primera oración se establece el contrapunto entre dos símbolos recurrentes en la obra de Felisberto: las plantas (y el color verde), representantes del mundo natural, y las máquinas (también centrales en su último cuento, «La casa inundada»). La presencia de una fábrica junto a una antigua mansión señorial subraya la oposición del orden patricio tradicional y la invasión del mundo industrial contemporáneo.

3 Balasto: capa de piedras pequeñas.

—Hoy los muchachos terminaron las escenas...

—Ya sé, pero no me digas nada.

Ella lo acompañó hasta la puerta del dormitorio, le acarició la nariz con un dedo y lo dejó solo. Él trataría de dormir un poco antes de la cena; su cuarto oscuro separaría las preocupaciones del día de los placeres que esperaba de la noche. Oyó con simpatía como en la infancia, el ruido atenuado de las máquinas y se durmió. En el sueño vio una luz que salía de la pantalla y daba sobre una mesa. Alrededor de la mesa había hombres de pie. Uno de ellos estaba vestido de frac y decía: «Es necesario que la marcha de la sangre cambie de mano; en vez de ir por las arterias y venir por las venas, debe ir por las venas y venir por las arterias.» Todos aplaudieron e hicieron exclamaciones; entonces el hombre vestido de frac fue a un patio, montó a caballo[4] y al salir galopando, en medio de las exclamaciones, las herraduras sacaban chispas contra las piedras. Al despertar, el hombre de la casa negra recordó el sueño,[5] reconoció en la marcha de la sangre lo que ese mismo día había oído decir —en ese país los vehículos cambiarían de mano— y tuvo una sonrisa. Después se vistió de frac, volvió a recordar al hombre del sueño y fue al comedor. Se acercó a su mujer y mientras le metía las manos abiertas en el pelo, decía:

—Siempre me olvido de traer un lente para ver cómo son las plantas que hay en el verde de estos ojos; pero ya sé que el color de la piel lo consigues frotándote con aceitunas.[6]

Su mujer le acarició de nuevo la nariz con el índice; después lo hundió en la mejilla de él, hasta que el dedo se dobló como una pata de mosca y le contestó:

—¡Y yo siempre me olvido de traer unas tijeras para recortarte las cejas!

Ella se sentó a la mesa y viendo que él salía del comedor le preguntó:

—¿Te olvidaste de algo?

—Quién sabe.

---

4   El caballo, recurrente en la obra de Felisberto, generalmente simboliza el cambio. Aparece aquí como vehículo del personaje que «saca chispas» al proponer la alteración del orden aceptado de la circulación.

5   Como en otros cuentos de Felisberto, el sueño funciona como un intertexto que señala una variante de la temática central: la subversión del orden tradicional, o la tentativa de sustituirlo con otras alternativas.

6   El narrador establece una estrecha relación entre María y la vegetación verde; en términos musicales, podríamos decir que María es una variación del tema de las plantas o el mundo natural.

Él volvió en seguida y ella pensó que no había tenido tiempo de hablar por teléfono.

—¿No quieres decirme a qué fuiste?

—No.

—Yo tampoco te diré qué hicieron hoy los hombres.

Él ya le había empezado a contestar:

—No, mi querida aceituna, no me digas nada hasta el fin de la cena.

Y se sirvió de un vino que recibía de Francia; pero las palabras de su mujer habían sido como pequeñas piedras caídas en un estanque donde vivían sus manías; y no pudo abandonar la idea de lo que esperaba ver esa noche. Coleccionaba muñecas un poco más altas que las mujeres normales. En un gran salón había hecho construir tres habitaciones de vidrio; en la más amplia estaban todas las muñecas que esperaban el instante de ser elegidas para tomar parte en escenas que componían en las otras habitaciones. Esa tarea estaba a cargo de muchas personas: en primer término, autores de leyenda (en pocas palabras debía expresar la situación en que se encontraban las muñecas que aparecían en cada habitación); otros artistas se ocupaban de la escenografía, de los vestidos, de la música, etc. Aquella noche se inauguraría la segunda exposición; él la miraría mientras un pianista, de espaldas a él y en el fondo del salón, ejecutaría las obras programadas .[7] De pronto, el dueño de la casa negra se dio cuenta de que no debía pensar en eso durante la cena; entonces sacó del bolsillo del frac unos gemelos de teatro[8] y trató de enfocar la cara de su mujer.

—Quisiera saber si las sombras de tus ojeras son producidas por vegetaciones.

Ella comprendió que su marido había ido al escritorio a buscar los gemelos y decidió festejarle la broma. Él vio una cúpula de vidrio; y cuando se dio cuenta de que era una botella dejó los gemelos y se sirvió otra copa del vino de Francia. Su mujer miraba los borbotones[9] al caer en la copa; salpicaban el cristal de lágrimas negras y corrían a encontrarse con el vino que ascendía. En ese instante entró Alex —un ruso blanco de barba en punta—, se inclinó ante la señora y le sirvió porotos

---

7   Este «juego» es una versión mucho más compleja del que se presenta en «Menos Julia», en el que el protagonista debe adivinar los objetos presentados en una tarima a través del tacto. En este caso, el sentido clave es la vista: el protagonista debe adivinar una situación a través de «pistas» visuales, no táctiles.

8   Pequeños binoculares.

9   Chorros.

con jamón. Ella decía que nunca había visto un criado con barba; y el señor contestaba que ésa había sido la única condición exigida por Alex.[10] Ahora ella dejó de mirar la copa de vino y vio el extremo de la manga del criado; de allí salía un vello espeso que se arrastraba por la mano y llegaba hasta los dedos. En el momento de servir al dueño de casa, Alex dijo:

—Ha llegado Walter. (Era el pianista.)[11]

Al fin de la cena, Alex sacó las copas en una bandeja; chocaban unas con otras y parecían contentas de volver a encontrarse. El señor –a quien le había brotado un silencio somnoliento– sintió placer en oír los sonidos de las copas y llamó al criado:

—Dile a Walter que vaya al piano. En el momento en que yo entre al salón, él no debe hablarme. ¿El piano, está lejos de las vitrinas?

—Sí señor, está en el otro extremo del salón.

—Bueno, dile a Walter que se siente dándome la espalda, que empiece a tocar la primera obra del programa y que la repita sin interrupción hasta que yo le haga la seña de la luz.

Su mujer le sonreía. Él fue a besarla y dejó unos instantes su cara congestionada junto a la mejilla de ella. Después se dirigió hacia la salita próxima al gran salón. Allí empezó a beber el café y a fumar; no iría a ver sus muñecas hasta no sentirse bastante aislado. Al principio puso atención a los ruidos de las máquinas y los sonidos del piano; le parecía que venían mezclados con agua, y él los oía como si tuviera puesta una escafandra.[12] Por último se despertó y empezó a darse cuenta de que algunos de los ruidos deseaban insinuarle algo;[13] como

---

10   La nacionalidad de Alex y su insistencia en ocultar su rostro tras una barba también aluden al espionaje, aunque aparentemente FH no estuviera plenamente consciente de las actividades de su esposa.

11   El pianista Walter, que se sienta dándole la espalda a Horacio mientras acompaña los espectáculos con las muñecas, alude al autor, que acompañaba películas silentes al piano durante su juventud.

12   «Las Hortensias» reitera una serie de símbolos intertextuales desarrollados en cuentos anteriores, como «Menos Julia», «El acomodador» y «El caballo perdido». También cabe señalar que la versión inicial de «La casa inundada», sobre la cual trabajó por más de diez años, se escribió al mismo tiempo que este cuento. Sabemos que invirtió más de dos años (del 47 al 49) en la elaboración de «Las Hortensias», y tal vez trece en «La casa inundada» (de 1947 a 1960) (Díaz 2000:146). La consideración del simbolismo del agua en el último cuento ilumina la siguiente referencia: «Al principio puso atención a los ruidos de las máquinas y los sonidos del piano; le parecía que venían mezclados con agua, y él los oía como si tuviera puesta una escafandra».

13   En este cuento, el autor pone énfasis en el sentido del oído, además de la vista, así como se había enfocado sobre el tacto en «Menos Julia», el gusto (o la gula) en «El balcón», «El acomodador», y el final de «El comedor oscuro» y la vista en «El acomodador». Todos constituyen una alternativa al conocimiento por medio de la mente. Curiosamente, soslaya en gran parte el olfato, excepto en las referencias al lechón al final de «El comedor

si alguien hiciera un llamado especial entre los ronquidos de muchas personas para despertar sólo a una de ellas. Pero cuando él ponía atención a esos ruidos, ellos huían como ratones asustados. Estuvo intrigado unos momentos y después decidió no hacer caso. De pronto se extrañó de no verse sentado en el sillón; se había levantado sin darse cuenta; recordó el instante, muy próximo, en que abrió la puerta, y en seguida se encontró con los pasos que daba ahora: lo llevaban a la primera vitrina. Allí encendió la luz de la escena y a través de la cortina verde vio una muñeca tirada en una cama. Corrió la cortina y subió al estrado —era más bien una tarima con ruedas de goma y baranda—; encima había un sillón y una mesita; desde allí dominaba mejor la escena. La muñeca estaba vestida de novia y sus ojos abiertos estaban colocados en dirección al techo. No se sabía si estaba muerta o si soñaba. Tenía los brazos abiertos; podía ser una actitud de desesperación o de abandono dichoso. Antes de abrir el cajón de la mesita y saber cuál era la leyenda de esta novia, él quería imaginar algo. Tal vez ella esperaba al novio, quien no llegaría nunca; la habría abandonado un instante antes del casamiento; o tal vez fuera viuda y recordara el día en que se casó; también podía haberse puesto ese traje con la ilusión de ser novia, Entonces abrió el cajón y leyó: «Un instante antes de casarse con el hombre a quien no ama, ella se encierra, piensa que ese traje era para casarse con el hombre a quien amó, y que ya no existe, y se envenena. Muere con los ojos abiertos y todavía nadie ha entrado a cerrárselos.» Entonces el dueño de la casa negra pensó: «Realmente, era una novia divina.» Y a los pocos instantes sintió placer en darse cuenta de que él vivía y ella no. Después abrió una puerta de vidrio y entró a la escena para mirar los detalles. Pero al mismo tiempo le pareció oír, entre el ruido de las máquinas y la música, una puerta cerrada con violencia; salió de la vitrina y vio, agarrado en la puerta que daba a la salita, un pedazo del vestido de su mujer; mientras se dirigía allí, en puntas de pie, pensó que ella lo espiaba;[14] tal vez hubiera querido hacerle una broma; abrió rápidamente y el cuerpo de ella se le vino encima; él lo recibió en los brazos, pero le pareció muy liviano y en seguida reconoció a Hortensia, la muñeca parecida a su señora; al mismo tiempo su mujer, que estaba acurrucada detrás de un sillón, se puso de pie y le dijo:

---

oscuro», que reflejan la chabacanería de Dolly. La sinestesia o correspondencia de los sentidos ocupa un lugar central en la poética de Felisberto.

14   La revelación de Fernando Barreiro en 1998 y los estudios de Dujovne Díaz y Vallarino acerca de las actividades de María Luisa de Las Heras como espía soviética le añaden matices antes insospechados a esta referencia.

.

—Yo también quise prepararte una sorpresa; apenas tuve tiempo de ponerle mi vestido.[15]

Ella siguió conversando, pero él no la oía; aunque estaba pálido le agradecía, a su mujer, la sorpresa; no quería desanimarla, pues a él le gustaban las bromas que ella le daba con Hortensia. Sin embargo esta vez había sentido malestar. Entonces puso a Hortensia en brazos de su señora y le dijo que no quería hacer un intervalo demasiado largo. Después salió, cerró la puerta y fue en dirección hacia donde estaba Walter; pero se detuvo a mitad del camino y abrió otra puerta, la que daba a su escritorio; se encerró, sacó de un mueble un cuaderno y se dispuso a apuntar la broma que su señora le dio con Hortensia y la fecha correspondiente. Antes leyó la última nota. Decía: «Julio 21. Hoy, María (su mujer se llamaba María Hortensia; pero le gustaba que la llamaran María; entonces, cuando su marido mandó hacer esa muñeca parecida a ella, decidieron tomar el nombre de Hortensia –como se toma un objeto arrumbado– para la muñeca) estaba asomada a un balcón que da al jardín; yo quise sorprenderla y cubrirle los ojos con las manos; pero antes de llegar al balcón, vi que era Hortensia. María me había visto ir al balcón, venía detrás de mí y me soltó una carcajada.» Aunque ese cuaderno lo leía únicamente él, firmaba las notas; escribía su nombre, Horacio, con letras grandes y cargadas de tinta. La nota anterior a ésta, decía: «Julio 18: Hoy abrí el ropero para descolgar mi traje y me encontré a Hortensia: tenía puesto mi frac y le quedaba graciosamente grande.»

Después de anotar la última sorpresa, Horacio se dirigió hacia la segunda vitrina; le hizo señas con una luz a Walter para que cambiara la obra del programa y empezó a correr la tarima. Durante el intervalo que hizo Walter, antes de empezar la segunda pieza, Horacio sintió más intensamente el latido de las máquinas; y cuando corrió la tarima le pareció que las ruedas hacían el ruido de un trueno lejano.

En la segunda vitrina aparecía una muñeca sentada a una cabecera de la mesa. Tenía la cabeza levantada y las manos al costado del plato, donde había muchos cubiertos en fila. La actitud de ella y las manos

---

15   Hortensia no se presenta simplemente como un doble, sino como un verdadero *doppel-gänger* de María, como veremos a lo largo del relato. A través de Hortensia, María toma iniciativas de juegos eróticos, como ponerle la ropa de su marido a su *alter ego*, a los que no se hubiera atrevido por cuenta propia. El estudio de los temas del doble y el ser artificial que cobra vida y se vuelve contra su creador, centrales en este cuento, ha sido llevado a cabo por Graziano (1997:199-213) y Morales (2004:147-152), entre otros. Es inevitable pensar en la doble vida de la esposa de Felisberto en los años en que escribía el relato. Para mayor desconcierto, cabe señalar que Hortensia era el segundo nombre de la madre de Felisberto.

sobre los cubiertos hacían pensar que estuviera ante un teclado. Horacio miró a Walter, lo vio inclinado ante el piano con las colas del frac caídas por detrás de la banqueta y le pareció un bicho de mal agüero. Después miró fijamente la muñeca y le pareció tener, como otras veces, la sensación de que ella se movía. No siempre estos movimientos se producían en seguida; ni él los esperaba cuando la muñeca estaba acostada o muerta; pero en esta última se produjeron demasiado pronto; él pensó que esto ocurría por la posición, tan incómoda, de la muñeca; ella se esforzaba demasiado por mirar hacia arriba; hacía movimientos oscilantes, apenas perceptibles; pero en un instante, en que él sacó los ojos de la cara para mirarle las manos, ella bajó la cabeza de una manera bastante pronunciada; él, a su vez, volvió a levantar rápidamente los ojos hacia la cara de ella; pero la muñeca ya había reconquistado su fijeza. Entonces él empezó a imaginar su historia. Su vestido y los objetos que había en el comedor denunciaban un gran lujo pero los muebles eran toscos y las paredes de piedra. En la pared del fondo había una pequeña ventana y a espaldas de la muñeca una puerta baja y entreabierta como una sonrisa falsa. Aquella habitación sería un presidio en un castillo, el piano hacía ruido de tormenta y en la ventana aparecía, a intervalos, un resplandor de relámpagos; entonces recordó que hacía unos instantes las ruedas de la tarima le hicieron pensar en un trueno lejano; y esa coincidencia lo inquietó; además, antes de entrar al salón, había oído los ruidos que deseaban insinuarle algo. Pero volvió a la historia de la muñeca: tal vez ella, en aquel momento, rogara a Dios esperando una liberación próxima. Por último, Horacio abrió el cajón y leyó: «Vitrina segunda. Esta mujer espera, para pronto, un niño. Ahora vive en un faro junto al mar; se ha alejado del mundo porque han criticado sus amores con un marino. A cada instante ella piensa: "Quiero que mi hijo sea solitario y que sólo escuche al mar."» Horacio pensó: «Esta muñeca ha encontrado su verdadera historia.» Entonces se levantó, abrió la puerta de vidrio y miró lentamente los objetos; le pareció que estaba violando algo tan serio como la muerte; él prefería acercarse a la muñeca; quiso mirarla desde un lugar donde los ojos de ella se fijaran en los de él; y después de unos instantes se inclinó ante la desdichada y al besarla en la frente volvió a sentir una sensación de frescura tan agradable como en la cara de María. Apenas había separado los labios de la frente de ella vio que la muñeca se movía; él se quedó paralizado; ella empezó a irse para un lado cada vez más rápidamente, y cayó al costado de la silla; y junto con ella una cuchara y un tenedor. El piano seguía haciendo el ruido del mar; y seguía la luz en la ventana y las máquinas. Él no quiso levantar la muñeca; salió precipitadamente de la vitrina, del salón, de la salita y al llegar al patio vio a Alex:

—Dile a Walter que por hoy basta; y mañana avisa a los muchachos para que vengan a acomodar la muñeca de la segunda vitrina.

En ese momento apareció María:

—¿Qué ha pasado?

—Nada, se cayó una muñeca, la del faro.

—¿Cómo fue? ¿Se hizo algo?

—Cuando yo entré a mirar los objetos debo haber tocado la mesa.

—¡Ah! ¡Ya te estás poniendo nervioso!

—No, me quedé muy contento con las escenas. ¿Y Hortensia? ¡Aquel vestido tuyo le quedaba muy bien!

—Será mejor que te vayas a dormir, querido, contestó María.

Pero se sentaron en un sofá. Él abrazó a su mujer y le pidió que por un minuto, y en silencio, dejara la mejilla de ella junto a la de él. Al instante de haber juntado las cabezas, apareció en la de él, el recuerdo de las muñecas que se habían caído: Hortensia y la del faro. Y ya sabía él lo que eso significaba: la muerte de María; tuvo miedo de que sus pensamientos pasaran a la cabeza de ella y empezó a besarla en los oídos.

Cuando Horacio estuvo solo, de nuevo, en la oscuridad de su dormitorio, puso atención en el ruido de las máquinas y pensó en los presagios. Él era como un hilo enredado que interceptara los avisos de otros destinos y recibieran presagios equivocados; pero esta vez todas las señales se habían dirigido a él: los ruidos de las máquinas y los sonidos del piano habían escondido a otros ruidos que huían como ratones; después Hortensia, cayendo en sus brazos, cuando él abrió la puerta, y como si dijera: «Abrázame porque María morirá.» Y era su propia mujer la que había preparado el aviso; y tan inocente como si mostrara una enfermedad que todavía ella misma no había descubierto. Más tarde, la muñeca muerta en la primera vitrina. Y antes de llegar a la segunda, y sin que los escenógrafos lo hubieran previsto, el ruido de la tarima como un trueno lejano, presagiando el mar y la mujer del faro. Por último ella se habla desprendido de los labios de él, había caído, y lo mismo que María, no llegaría a tener ningún hijo. Después Walter, como un bicho de mal agüero, sacudiendo las colas del frac y picoteando el borde de su caja negra.

II

María no estaba enferma ni había por qué pensar que se iba a morir. Pero hacía mucho tiempo que él tenía miedo de quedarse sin ella y a cada momento se imaginaba cómo sería su desgracia cuando la sobreviviera. Fue entonces que se le ocurrió mandar a hacer la muñeca igual a María. Al principio la idea parecía haber fracasado. Él sentía por Hortensia la antipatía que podía provocar un sucedáneo. La piel era de cabritilla; habían tratado de imitar el color de María y de perfumarla con sus esencias habituales; pero cuando María le pedía a Horacio que le diera un beso a Hortensia, él se disponía a hacerlo pensando que iba a sentir gusto a cuero o que iba a besar un zapato. Pero al poco tiempo empezó a percibir algo inesperado en las relaciones de María con Hortensia. Una mañana él se dio cuenta de que María cantaba mientras vestía a Hortensia; y parecía una niña entretenida con una muñeca. Otra vez, él llegó a su casa al anochecer y encontró a María y a Hortensia sentadas a una mesa con un libro por delante; tuvo la impresión de que María enseñaba a leer a una hermana. Entonces él había dicho:

—¡Debe ser un consuelo el poder confiar un secreto a una mujer tan silenciosa!

—¿Qué quieres decir? –le preguntó María. Y en seguida se levantó de la mesa y se fue enojada para otro lado; pero Hortensia se había quedado sola, con los ojos en el libro y como si hubiera sido una amiga que guardara una discreción delicada. Esa misma noche, después de la cena y para que Horacio no se acercara a ella, María se había sentado en el sofá donde acostumbraban a estar los dos y había puesto a Hortensia al lado de ella. Entonces Horacio miró la cara de la muñeca y le volvió a parecer antipática; ella tenía una expresión de altivez fría y parecía vengarse de todo lo que él había pensado de su piel. Después Horacio había ido al salón. Al principio se paseó por delante de sus vitrinas; al rato abrió la gran tapa del piano, sacó la banqueta, puso una silla –para poder recostarse– y empezó a hacer andar los dedos sobre el patio fresco de teclas blancas y negras. Le costaba combinar los sonidos y parecía un borracho que no pudiera coordinar las sílabas. Pero mientras tanto recordaba muchas de las cosas que sabía de las muñecas. Las había ido conociendo, casi sin querer; hasta hacía poco tiempo, Horacio conservaba la tienda que lo había ido enriqueciendo. Todos los días, después que los empleados se iban, a él le gustaba pasearse solo entre la penumbra de las salas y mirar las muñecas de las vidrieras iluminadas. Veía los vestidos una vez más, y deslizaba, sin querer, alguna mirada por las caras. Él observaba sus vidrieras desde uno de los lados, como un empresario que mirara sus actores mientras ellos representaran una comedia. Después empezó a encontrar, en las caras de las muñecas, expresiones parecidas a las de sus empleadas: algunas le inspiraban la misma desconfianza; y otras, la seguridad de que estaban contra él; había una, de nariz respingada, que parecía decir: «Y a mí qué me importa.» Otra, a quien él miraba con admiración, tenía cara enigmática: así como le venía bien un vestido de verano o uno de invierno, también se le podía atribuir cualquier pensamiento; y ella, tan pronto parecía aceptarlo como rechazarlo. De cualquier manera, las muñecas tenían sus secretos; si bien el vidrierista sabía acomodarlas y sacar partido de las condiciones de cada una, ellas, a último momento, siempre agregaban algo por su cuenta. Fue entonces cuando Horacio empezó a pensar que las muñecas estaban llenas de presagios. Ellas recibían día y noche, cantidades inmensas de miradas codiciosas; y esas miradas hacían nidos e incubaban presagios; después volaban en bandadas formando manchas inperceptibles en el aire; a veces se posaban en las caras de las muñecas como las nubes que se detienen en los paisajes, y al cambiarles la luz confundían las expresiones; otras veces los presagios volaban hacia las caras de mujeres inocentes y las contagiaban de aquella primera codicia; entonces las muñecas parecían seres hipnotizados cumpliendo misiones desconocidas o prestándose a designios malvados. La noche del enojo con María, Horacio llegó a la conclusión de que Hortensia era una de esas muñecas sobre la que se podía pensar cualquier cosa; ella también podía trasmitir presagios o recibir avisos de otras muñecas. Era desde que Hortensia vivía en su casa que María estaba más celosa; cuando él había tenido deferencias para alguna empleada, era en la cara de Hortensia que encontraba el conocimiento de los hechos y el reproche; y fue en esa misma época que María lo fastidió hasta conseguir que él abandonara la tienda. Pero las cosas no quedaron ahí: María sufría, después de las reuniones en que él la acompañaba, tales ataques de celos, que lo obligaron a abandonar, también, la costumbre de hacer visitas con ella.

En la mañana que siguió al enojo, Horacio se reconcilió con las dos. Los malos pensamientos le llegaban con la noche y se le iban en la mañana. Como de costumbre, los tres se pasearon por el jardín. Horacio y María llevaban a Hortensia abrazada; y ella, con un vestido largo —para que no se supiera que era una mujer sin pasos— parecía una enferma querida. (Sin embargo, la gente de los alrededores había hecho una leyenda en la cual acusaban al matrimonio de haber dejado morir a una hermana de María para quedarse con su dinero; entonces habían decidido expiar su falta haciendo vivir con ellos a una muñeca que, siendo igual a la difunta, les recordara a cada instante el delito.)

Después de una temporada de felicidad, en la que María preparaba sorpresas con Hortensia y Horacio se apresuraba a apuntarlas en el cuaderno, apareció la noche de la segunda exposición y el presagio de la muerte de María. Horacio atinó a comprarle a su mujer muchos vestidos de tela fuerte —esos recuerdos de María debían durar mucho tiempo— y le pedía que se los probara a Hortensia. María estaba muy contenta y Horacio fingía estarlo, cuando se le ocurrió dar una cena —la idea partió, disimuladamente, de Horacio— a sus amigos más íntimos. Esa noche había tormenta, pero los convidados se sentaron a la mesa muy alegres; Horacio pensaba que esa cena le dejaría muchos recuerdos y trataba de provocar situaciones raras. Primero hacía girar en sus manos el cuchillo y el tenedor —imitaba a un cowboy con sus revólveres— y amenazó a una muchacha que tenía a su lado; ella, siguiendo la broma levantó los brazos; Horacio vio las axilas depiladas y le hizo cosquillas con el cuchillo. María no pudo resistir y le dijo:

—¡Estás portándote como un chiquilín mal educado, Horacio!

Él pidió disculpas a todos y pronto se renovó la alegría. Pero en el primer postre y mientras Horacio servía el vino de Francia, María miró hacia el lugar donde se extendía una mancha negra –Horacio vertía el vino fuera de la copa– y llevándose una mano al cuello quiso levantarse de la mesa y se desvaneció. La llevaron a su dormitorio y cuando se mejoró dijo que desde hacía algunos días no se sentía bien. Horacio mandó buscar el médico inmediatamente. Éste le dijo que su esposa debía cuidar sus nervios, pero que no tenía nada grave. María se levantó y despidió a sus convidados como si nada hubiera pasado. Pero cuando estuvieron solos, dijo a su marido:

—Yo no podré resistir esta vida; en mis propias narices has hecho lo que has querido con esa muchacha.

—Pero María...

—Y no sólo derramaste el vino por mirarla. ¡Qué le habrás hecho en el patio para que ella te dijera: «¡Qué Horacio, éste!»

—Pero querida, ella me dijo: «¿Qué hora es?»

Esa misma noche se reconciliaron y ella durmió con la mejilla junto a la de él. Después él separó su cabeza para pensar en la enfermedad de ella. Pero a la mañana siguiente le tocó el brazo y lo encontró frío. Se quedó quieto, con los ojos clavados en el techo y pasaron instantes crueles antes que pudiera gritar: «¡Alex!» En ese momento se abrió la puerta, apareció María y él se dio cuenta de que había tocado a Hortensia y que había sido María quien, mientras él dormía, la había puesto a su lado.

Después de mucho pensar resolvió llamar a Facundo –el fabricante de muñecas amigo de él– y buscar la manera de que, al acercarse a Hortensia, se creyera encontrar en ella, calor humano. Facundo le contestó:

—Mira, hermano, eso es un poco difícil; el calor duraría el tiempo que dura el agua caliente en un porrón.

—Bueno, no importa; haz como quieras pero no me digas el procedimiento. Además me gustaría que ella no fuera tan dura, que al tomarla se tuviera una sensación más agradable...

—También es difícil. Imagínate que si le hundes un dedo le dejas el pozo.

—Sí, pero de cualquier manera, podía ser más flexible; y te diré que no me asusta mucho el defecto de que me hablas.

La tarde en que Facundo se llevó a Hortensia, Horacio y María estuvieron tristes.

—¡Vaya a saber qué le harán! –decía María.

—Bueno querida, no hay que perder el sentido de la realidad. Hortensia era, simplemente, una muñeca.

—¡Era! Quiere decir que ya la das por muerta. ¡Y, además, eres tú el que habla del sentido de la realidad!

—Quise consolarte...

—¡Y crees que ese desprecio con que hablas de ella me consuela! Ella era más mía que tuya. Yo la vestía y le decía cosas que no le puedo decir a nadie. ¿Oyes? Y ella nos unía más de lo que tú puedes suponer. (Horacio tomó la dirección del escritorio.) Bastantes gustos que te hice preparándote sorpresas con ella. ¡Qué necesidad tenías de «más calor humano»!

María había subido la voz. Y en seguida se oyó el portazo con que Horacio se encerró en su escritorio. Lo de calor humano, dicho por María, no sólo lo dejaba en ridículo sino que le quitaba ilusión en lo que esperaba de Hortensia cuando volviera. Casi en seguida se le ocurrió salir a la calle. Cuando volvió a su casa, María no estaba; y cuando ella volvió los dos disimularon, por un rato, un placer de encontrarse bastante inesperado. Esa noche él no vio sus muñecas. Al día siguiente, por la mañana, estuvo ocupado; después del almuerzo paseó con María por el jardín; los dos tenían la idea de que la falta de Hortensia era algo provisorio y que no debían exagerar las cosas; Horacio pensó que era más sencillo y natural, mientras caminaban, que él abrazara sólo a María. Los dos se sintieron livianos, alegres, y volvieron a salir. Pero ese mismo día, antes de cenar, él fue a buscar a su mujer al dormitorio y le extrañó el encontrarse, simplemente, con ella. Por un instante él se había olvidado que Hortensia no estaba; y esta vez, la falta de ella le produjo un malestar raro. María podía ser, como antes, una mujer sin muñeca; pero ahora él no podía admitir la idea de María sin Hortensia; aquella resignación de toda la casa y de María ante el vacío de la muñeca, tenía algo de locura. Además, María iba de un lado para otro del dormitorio y parecía que en esos momentos no pensaba en Hortensia; y en la cara de María se veía la inocencia de un loco que se ha olvidado de vestirse y anda desnudo. Después fueron al comedor y él empezó a tomar el vino de Francia. Miró varias veces a María, en silencio, y por fin creyó encontrar en ella la idea de Hortensia. Entonces él pensó en lo que era la una para la otra. Siempre que él pensaba en María, la recordaba junto a Hortensia y preocupándose de su arreglo, de cómo la iba a sentar y de que no se cayera; y con respecto a él, de las sorpresas que le preparaba. Si María no tocaba el piano –como la amante de Facundo– en cambio tenía a Hortensia y por medio de ella desarrollaba su personalidad de una manera original. Descontarle Hortensia a María era como descontarle el arte a un artista. Hortensia no sólo era una manera de ser de María sino que era su rasgo más encantador; y él se preguntaba cómo había podido amar a María cuando ella no tenía a Hortensia. Tal vez en aquella época la expresara en otros hechos o de otra manera. Pero hacía un rato, cuando él fue a buscar a María y se encontró, simplemente con María, ella le había parecido de una insignificancia inquietante. Además –Horacio seguía tomando vino de Francia.– Hortensia era un obstáculo extraño: y él podía decir que algunas veces tropezaba en Hortensia para caer en María.

Después de cenar Horacio besó la mejilla fresca de María y fue a ver sus vitrinas. En una de ellas era carnaval. Dos muñecas, una morocha y otra rubia, estaban disfrazadas de manolas con el antifaz puesto y recostadas a una baranda de columnas de mármol. A la izquierda había una escalinata; y sobre los escalones, serpentinas, caretas, antifaces y algunos objetos caídos como al descuido. La escena estaba en penumbra; y de pronto Horacio creyó reconocer, en la muñeca morocha, a Hortensia. Podría haber ocurrido que María la hubiera mandado buscar a lo de Facundo y haber preparado esta sorpresa. Antes de seguir mirando, Horacio abrió la puerta de vidrio, subió a la escalinata, y se acercó a las muñecas. Antes de levantarles el antifaz vio que la morocha era más alta que Hortensia y que no se parecía a ella. Al bajar la escalinata pisó una careta; después la recogió y la tiró detrás de la baranda. Este gesto suyo le dio un sentido material de los objetos que lo rodeaban y se encontró desilusionado. Fue a la tarima y oyó con disgusto el ruido de las máquinas separado de los sonidos del piano. Pero pasados unos instantes miró las muñecas y se le ocurrió que aquéllas eran dos mujeres que amaban al mismo hombre. Entonces abrió el cajón y se enteró de la leyenda: «La mujer rubia tiene novio. Él, hace algún tiempo, ha descubierto que en realidad ama a la amiga de su novia, la morocha, y se lo declara. La morocha también lo ama; pero lo oculta y trata de disuadir al novio de su amiga. Él insiste; y en la noche de carnaval él confiesa a su novia el amor por la morocha. Ahora es el primer instante en que las amigas se encuentran y las dos saben la verdad. Todavía no han hablado y permanecen largo rato disfrazadas y silenciosas.» Por fin Horacio había acertado con una leyenda: las dos amigas aman al mismo hombre; pero en seguida pensó que la coincidencia de haber acertado significaba un presagio o un aviso de algo que ya estaba pasando: él, como novio de las dos muñecas, ¿no estaría enamorado de Hortensia? Esta sospecha lo hizo revolotear alrededor de su muñeca y posarse sobre estas preguntas: ¿Qué tenía Hortensia para que él se hubiera enamorado de ella? ¿Él sentiría por las muñecas una admiración puramente artística? ¿Hortensia, sería simplemente un consuelo para cuando él perdiera a su mujer? y ¿se prestaría siempre a una confusión que favoreciera a María? Era absolutamente necesario que él volviera a pensar en la personalidad de las muñecas. No quiso entregarse a estas reflexiones en el mismo dormitorio en que estaría su mujer. Llamó a Alex, hizo despedir a Walter y quedó solo con el ruido de las máquinas; antes pidió al criado una botella de vino de Francia. Después se empezó a pasear, fumando a lo largo del salón. Cuando llegaba a la tarima tomaba un poco de vino; y en seguida reanudaba el paseo reflexionando: «Si hay espíritus que frecuentan las casas vacías ¿por qué no pueden frecuentar los cuerpos de las muñecas?» Entonces pensó en castillos abandonados, donde los muebles y los objetos, unidos bajo telas espesas, duermen un miedo pesado; sólo están despiertos los fantasmas y los espíritus que se entienden con el vuelo de los murciélagos y los ruidos que vienen de los pantanos... En este instante puso atención en el ruido de las máquinas y la copa se le cayó de las manos. Tenía la cabeza erizada. Creyó comprender que las almas sin cuerpo atrapaban esos ruidos que andaban sueltos por el mundo, que se expresaban por medio de ellos y que el alma que habitaba el cuerpo de Hortensia se entendía con las máquinas.[16] Quiso suspender estas ideas y puso atención

---

16   «...el alma que habitaba el cuerpo de Hortensia se entendía con las máquinas». Las máquinas ocupan un lugar central en la simbología del arte del último siglo y medio, pero principalmente desde la vanguardia. Marinetti las vuelve el centro de su simbología en el futurismo, así como Duchamp las incorpora a algunos de sus «ready-mades». El cine temprano también incluye referencias al aspecto deshumanizado de las máquinas, especialmente *Modern Times* de Charles Chaplin (1936) y *Metrópolis* de Fritz Lang (1927), que tal vez Felisberto acompañara al piano.

en los escalofríos que recorrían su cuerpo. Se dejó caer en el sillón y no tuvo más remedio que seguir pensando en Hortensia: con razón, en una noche de luna habían ocurrido cosas tan inexplicables. Estaban en el jardín y de pronto él quiso correr a su mujer; ella se reía y fue a esconderse detrás de Hortensia –bien se dio cuenta él de que eso no era lo mismo que esconderse detrás de un árbol y cuando él fue a besar a María por encima del hombro de Hortensia, recibió un formidable pinchazo. En seguida oyó con violencia, el ruido de las máquinas: sin duda ellas le anunciaban que él no debía besar a María por encima de Hortensia. María no se explicaba cómo había podido dejar una aguja en el vestido de la muñeca. Y él, había sido tan tonto como para creer que Hortensia era un adorno para María, cuando en realidad las dos trataban de adornarse mutuamente. Después volvió a pensar en los ruidos. Desde hacía mucho tiempo él creía que, tanto los ruidos como los sonidos tenían vida propia y pertenecían a distintas familias. Los ruidos de las máquinas eran una familia noble y tal vez por eso Hortensia los había elegido para expresar un amor constante. Esa noche telefoneó a Facundo y le preguntó por Hortensia. Su amigo le dijo que la enviaría muy pronto y que las muchachas del taller habían inventado un procedimiento... Aquí Horacio lo había interrumpido diciéndole que deseaba ignorar los secretos del taller. Y después de colgar el tubo sintió un placer muy escondido al pensar que serían muchachas las que pondrían algo de ellas en Hortensia. Al otro día María lo esperó para almorzar, abrazando a Hortensia por el talle. Después de besar a su mujer, Horacio tomó la muñeca en sus brazos y la blandura y el calor de su cuerpo le dieron, por un instante, la felicidad que esperaba; pero cuando puso sus labios en los de Hortensia le pareció que besaba a una persona que tuviera fiebre. Sin embargo, al poco rato ya se había acostumbrado a ese calor y se sintió reconfortado.

Esa misma noche, mientras cenaba, pensó: ¿necesariamente la trasmigración de las almas se ha de producir sólo entre personas y animales? ¿Acaso no ha habido moribundos que han entregado el alma, con sus propias manos, a un objeto querido? Además, puede no haber sido por error que un espíritu se haya escondido en una muñeca que se parezca a una bella mujer. ¿Y no podría haber ocurrido que un alma, deseosa de volver a habitar un cuerpo, haya guiado las manos del que fabrica una muñeca? Cuando alguien persigue una idea propia, ¿no se sorprende al encontrarse con algo que no esperaba y como si otro le hubiera ayudado? Después pensó en Hortensia y se preguntó: ¿De quién será el espíritu que vive en el cuerpo de ella? Esa noche María estaba de mal humor. Había estado rezongando a Hortensia, mientras la vestía, porque no se quedaba quieta: se le venía hacia adelante; y ahora, con el agua, estaba más pesada. Horacio pensó en las relaciones de María y Hortensia y en los extraños matices de enemistad que había visto entre mujeres verdaderamente amigas y que no podía pasarse la una sin la otra. Al mismo tiempo recordó que eso ocurre muy a menudo entre madre e hija... Pocos instantes después levantó la cabeza del plato y preguntó a su mujer:

—Dime una cosa, María, ¿cómo era tu mamá?

—¿Y ahora a qué viene esa pregunta? ¿Deseas saber los defectos que he heredado de ella?

—¡Oh! querida, ¡en absoluto!

Esto fue dicho de manera que tranquilizó a María. Entonces ella dijo:

—Mira, era completamente distinta a mí, tenía una tranquilidad pasmosa; era capaz de pasarse horas en una silla sin moverse y con los ojos en el vacío.

«Perfecto», se dijo Horacio para sí. Y después de servirse una copa de vino, pensó: no sería muy grato, sin embargo, que yo entrara en amores con el espíritu de mi suegra en el cuerpo de Hortensia.

—¿Y qué concepto tenía ella del amor?

—¿Encuentras que el mío no te conviene?

—¡Pero María, por favor!

—Ella no tenía ninguno. Y gracias a eso pudo casarse con mi padre cuando mis abuelos se lo pidieron; él tenía fortuna; y ella fue una gran compañera para él.

Horacio pensó: «Más vale así; ya no tengo que preocuparme más de eso.» A pesar de estar en primavera, esa noche hizo frío; María puso el agua caliente a Hortensia, la vistió con un camisón de seda y la acostó con ellos como si fuera un porrón. Horacio, antes de entrar al sueño tuvo la sensación de estar hundido en un lago tibio; las piernas de los tres le parecían raíces enredadas de árboles próximos:

se confundían entre el agua y él tenía pereza de averiguar cuáles eran las suyas.[17]

III

Horacio y María empezaron a preparar una fiesta para Hortensia. Cumpliría dos años. A Horacio se le había ocurrido presentarla en un triciclo; le decía a María que él lo había visto en el día dedicado a la locomoción y que tenía la seguridad de conseguirlo. No le dijo, que hacía muchos años, él había visto una película en que un novio raptaba a su novia en un triciclo y que ese recuerdo lo impulsó a utilizar ese procedimiento con Hortensia. Los ensayos tuvieron éxito. Al principio a Horacio le costaba poner el triciclo en marcha; pero apenas lograba mover la gran rueda de adelante, el aparato volaba. El día de la fiesta el buffet estuvo abierto desde el primer instante; el murmullo aumentaba rápidamente y se confundían las exclamaciones que salían de las gargantas de las personas y del cuello de las botellas. Cuando Horacio fue a presentar a Hortensia, sonó, en el gran patio, una campanilla de colegio y los convidados fueron hacia allí con sus copas. Por un largo corredor alfombrado vieron venir a Horacio luchando con la gran rueda de su triciclo. Al principio el vehículo se veía poco; y de Hortensia, que venía detrás de Horacio, sólo se veía el gran vestido blanco; Horacio parecía venir en el aire y traído por una nube. Hortensia se apoyaba en el eje que unía las pequeñas ruedas traseras y tenía los brazos estirados hacia adelante y las manos metidas en los bolsillos del pantalón de Horacio. El triciclo se detuvo en el centro del patio y Horacio, mientras recibía los aplausos y las aclamaciones, acariciaba, con una mano, el cabello de Hortensia. Después volvió a pedalear con fuerza el aparato; y cuando se fueron de nuevo por el corredor de las alfombras y el triciclo tomó velocidad, todos lo miraron un instante en silencio y tuvieron la idea de un vuelo. En vista del éxito, Horacio volvió de nuevo en dirección al patio; ya habían empezado otra vez los aplausos y las risas; pero apenas desembocaron

---

17   Las referencias sexuales en este relato son las más audaces en toda la obra de Felisberto, y aumentan en intensidad a partir de la sección III, en que Facundo «habilita» a Hortensia para encuentros sexuales. Este aspecto del relato ha suscitado sonadas controversias y discrepancias, ante las que Lockhart tomara una justa distancia crítica al apuntar: «Y éste es el libro que fue considerado morboso, dechado de 'fantasías eróticas', sin ver que el tema es nada menos que la pérdida de la personalidad, ese drama que en FH se cernía como amenaza constante» (1991:74). Entre los detractores del relato figura la propia hija de Felisberto, Ana María.

en el patio al triciclo se le salió una rueda y cayó de costado. Hubo gritos, pero cuando vieron que Horacio no se había lastimado, empezaron otra vez las risas y los aplausos. Horacio cayó encima de Hortensia, con los pies para arriba y haciendo movimientos de insecto.[18] Los concurrentes reían hasta las lágrimas; Facundo, casi sin poder hablar, le decía:

—¡Hermano, parecías un juguete de cuerda que se da vuelta patas arriba y sigue andando!

En seguida todos volvieron al comedor. Los muchachos que trabajaban en las escenas de las vitrinas habían rodeado a Horacio y le pedían que les prestara a Hortensia y el triciclo para componer una leyenda. Horacio se negaba pero estaba muy contento y los invitó a ir a la sala de las vitrinas a tomar vino de Francia.

—Si usted nos dijera lo que siente cuando está frente a una escena –le dijo uno de los muchachos– creo que enriquecería nuestras experiencias.

Horacio se había empezado a hamacar en los pies, miraba los zapatos de sus amigos y al fin se decidió a decirles:

—Eso es muy difícil... pero lo intentaré. Mientras busco la manera de expresarme, les rogaría que no me hicieran ninguna pregunta más y que se conformen con lo que les pueda comunicar.

—Entendido, dijo uno, un poco sordo, poniéndose una mano detrás de la oreja.

Todavía Horacio se tomó unos instantes más; juntaba y separaba las manos abiertas; y después, para que se quedaran quietas, cruzó los brazos y empezó:

—Cuando yo miro una escena... –aquí se detuvo de nuevo y en seguida reanudó el discurso con una digresión–: (El hecho de ver las muñecas en vitrinas es muy importante por el vidrio; eso les da cierta cualidad de recuerdo; antes, cuando podía ver espejos –ahora me hacen mal, pero sería muy largo de explicar el por qué me gustaba ver las habitaciones que aparecían en los espejos.) Cuando miro una escena me parece que descubro un recuerdo que ha tenido una mujer en un momento importante de su vida; es algo así –perdonen la manera de decirlo– como si le abriera una rendija en la cabeza. En-

---

18   No se especifica cómo son los «movimientos de insecto», pero las manos de Hortensia en los bolsillos del pantalón de Horacio y la caída de éste sobre ella dan mucho que pensar. Por otra parte, este es un indicio de la progresiva deshumanización de Horacio, a quien luego se referirá el narrador como un «bicharraco» y finalmente caracterizará como un muñeco.

tonces me quedo con ese recuerdo como si le robara una prenda íntima; con ella imagino y deduzco muchas cosas y hasta podría decir que al revisarla tengo la impresión de violar algo sagrado; además, me parece que ése es un recuerdo que ha quedado en una persona muerta; yo tengo la ilusión de extraerlo de un cadáver; y hasta espero que el recuerdo se mueva un poco... Aquí se detuvo; no se animó a decirles que él había sorprendido muchos movimientos raros...

Los muchachos también guardaron silencio. A uno se le ocurrió tomarse todo el vino que le quedaba en la copa y los demás lo imitaron. Al rato otro preguntó:

—Díganos algo, en otro orden, de sus gustos personales, por ejemplo.

—¡Ah! —contestó Horacio—, no creo que por ahí haya algo que pueda servirles para las escenas. Me gusta, por ejemplo, caminar por un piso de madera donde haya azúcar derramada. Ese pequeño ruido...

En ese instante vino María para invitarlos a dar una vuelta por el jardín; ya era noche oscura y cada uno llevaría una pequeña antorcha. María dio el brazo a Horacio; ellos iniciaban la marcha y pedían a los demás que fueran también en parejas. Antes de salir, por la puerta que daba al jardín, cada uno tomaba la pequeña antorcha de una mesa y la encendía en una fuente de llamas que había en otra mesa. Al ver el resplandor de las antorchas, los vecinos se habían asomado al cerco bajo del jardín y sus caras aparecían entre los árboles como frutas sospechosas. De pronto María cruzó un cantero, y encendió luces instaladas en un árbol muy grande, y apareció, en lo alto de la copa, Hortensia. Era una sorpresa de María para Horacio. Los concurrentes hacían exclamaciones y vivas. Hortensia tenía un abanico blanco abierto sobre el pecho y, detrás del abanico, una luz que le daba reflejos de candilejas. Horacio le dio un beso a María y le agradeció la sorpresa; después, mientras los demás se divertían, Horacio se dio cuenta de que Hortensia miraba hacia el camino por donde él venía siempre. Cuando pasaron por el cerco bajo, María oyó que alguien entre los vecinos gritó a otros que venían lejos: «Apúrense, que apareció la difunta en un árbol.» Trataron de volver pronto al interior de la casa y se brindó por la sorpresa de Hortensia. María ordenó a las mellizas —dos criadas hermanas— que la bajaran del árbol y le pusieran el agua caliente. Ya habría transcurrido una hora después de la vuelta del jardín, cuando María empezó a buscar a Horacio; lo encontró de nuevo con los muchachos en el salón de las vitrinas. Ella estaba pálida y todos se dieron cuenta de que ocurría algo grave. María pidió permiso a los muchachos y se llevó a Horacio al dormitorio. Allí estaba Hortensia con un cuchillo clavado debajo de un seno y de la herida brotaba agua; tenía el vestido mojado y el agua ya había llegado al piso. Ella, como de costumbre, estaba sentada en su silla con los grandes ojos abiertos; pero María le tocó un brazo y notó que se estaba enfriando.

—¿Quién puede haberse atrevido a llegar hasta aquí y hacer esto? –preguntaba María recostándose al pecho de su marido en una crisis de lágrimas.

Al poco rato se le pasó y se sentó en una silla a pensar en lo que haría. Después dijo:

—Voy a llamar a la policía.

—¿Pero estás loca? –le contestó Horacio– ¿Vamos a ofender así a todos nuestros invitados por lo que haya hecho uno? ¿Y vas a llamar a la policía para decirles que le han pegado una puñalada a una muñeca y que le sale agua? La dignidad exige que no digamos nada; es necesario saber perder. La daremos de nuevo a Facundo para que la componga y asunto terminado.

—Yo no me resigno –decía María–, llamaré a un detective particular. Que nadie la toque, en el mango del cuchillo deben estar las impresiones digitales.

Horacio trató de calmarla y le pidió que fuera a atender a sus invitados. Convinieron en encerrar la muñeca con llave, conforme estaba. Pero Horacio, apenas salió María, sacó el pañuelo del bolsillo, lo empapó en agua fuerte y lo pasó por el mango del cuchillo.

IV

Horacio logró convencer a María de que lo mejor sería pasar en silencio la puñalada a Hortensia. El día que Facundo la vino a buscar, traía a Luisa, su amante. Ella y María fueron al comedor y se pusieron a conversar como si abrieran las puertas de dos jaulas, una frente a la otra y entreveraran los pájaros; ya estaban acostumbradas a conversar y escucharse al mismo tiempo. Horacio y Facundo se encerraron en el escritorio; ellos hablaban en voz baja, uno por vez y como si bebieran, por turno, en un mismo jarro. Horacio decía:

—Fui yo quien le dio la puñalada: era un pretexto para mandarla a tu casa sin que se supiera, exactamente, con qué fin.

Después los dos amigos se habían quedado silenciosos y con la cabeza baja. María tenía curiosidad por saber lo que conversaban los hombres; dejó un instante a Luisa y fue a escuchar a la puerta del escritorio. Creyó reconocer la voz de su marido, pero hablaba como un afónico y no se le entendía nada. (En ese momento Horacio, siempre con la cabeza baja, le decía a Facundo: «Será una locura; pero yo sé de escultores que se han enamorado de sus estatuas.») Al rato María pasó de nuevo por allí; pero sólo oyó decir a su marido la palabra *posible;* y después, a Facundo, la misma palabra. (En realidad, Horacio había dicho: «Eso tiene que ser posible.» Y Facundo le había contestado: «Yo haré todo lo posible.»)[19]

Una tarde María se dio cuenta de que Horacio estaba raro. Tan pronto la miraba con amable insistencia como separaba bruscamente su cabeza de la de ella y se quedaba preocupado. En una de las veces que él cruzó el patio, ella lo llamó, fue a su encuentro y pasándole los brazos por el cuello, le dijo:

—Horacio, tú no me podrás engañar nunca; yo sé lo que te pasa.

—¿Qué? nada —contestó él abriendo los ojos de loco.

—Estás así por Hortensia.

Él se quedó pálido:

—Pero no, María; estás en un grave error.

Le extrañó que ella no se riera ante el tono en que le salieron esas palabras.

—Sí... querido... ya ella es como hija nuestra —seguía diciendo María.

Él dejó, por un rato los ojos sobre la cara de su mujer y tuvo tiempo de pensar muchas cosas; miraba todos sus rasgos como si repasara los rincones de un lugar a donde había ido todos los días durante una vida de felicidad; y por último se desprendió de María y fue a sentarse a la

---

19   Luego que Hortensia queda «habilitada», desaparecen casi por completo las menciones al «ruido de las máquinas» entre el capítulo 4 y el 9. Hortensia y sus avatares (la espía, la muñeca del Tímido, Herminia, y finalmente la negra de la selva) suplantan las máquinas de la fábrica, como si éstas continuamente se encarnaran en muñecas de placer ocultando su naturaleza mecánica.

salita y a pensar en lo que acababa de pasar. Al principio, cuando creyó que su mujer había descubierto su entendimiento con Hortensia, tuvo la idea de que lo perdonaría; pero al mirar su sonrisa comprendió el inmenso disparate que sería suponer a María enterada de semejante pecado y perdonándolo. Su cara tenía la tranquilidad de algunos paisajes; en una mejilla había un poco de luz dorada del fin de la tarde; y en un pedazo de la otra se extendía la sombra de la pequeña montaña que hacía su nariz. Él pensó en todo lo bueno que quedaba en la inocencia del mundo y en la costumbre del amor; y recordó la ternura con que reconocía la cara de su mujer cada vez que él volvía de las aventuras con sus muñecas. Pero dentro de algún tiempo, cuando su mujer supiera que él no sólo no tenía por Hortensia el cariño de un padre sino que quería hacer de ella una amante, cuando María supiera todo el cuidado que él había puesto en organizar su traición, entonces, todos los lugares de la cara de ella serían destrozados: María no podría comprender todo el mal que había encontrado en el mundo y en la costumbre del amor; ella no conocería a su marido y el horror la trastornaría.

Horacio se había quedado mirando una mancha de sol que tenía en la manga del saco: al retirar la manga la mancha había pasado al vestido de María como si se la hubiera contagiado;[20] y cuando se separó de ella y empezó a caminar hacia la salita, sus órganos parecían estar revueltos, caídos y pesando insoportablemente. Al sentarse en una pequeña banqueta de la salita, pensó que no era digno de ser recibido por la blandura de un mueble familiar y se sintió tan incómodo como si se hubiera echado encima de una criatura. Él también era desconocido de sí mismo y recibía una desilusión muy grande al descubrir la materia de que estaba hecho. Después fue a su dormitorio, se acostó tapándose hasta la cabeza y, contra lo que hubiera creído, se durmió en seguida.

María habló por teléfono a Facundo:

—Escuche, Facundo; apúrese a traer a Hortensia porque si no Horacio se va a enfermar.

—Le voy a decir una cosa, María; la puñalada ha interesado vías muy importantes de la circulación del agua; no se puede andar ligero; pero haré lo posible para llevársela cuanto antes.

---

20   La luz del sol, casi siempre dotada de connotaciones positivas, se presenta aquí como una mancha que externaliza el sentimiento de culpa de Horacio y que se trasmite a María.

Al poco rato Horacio se despertó; un ojo le había quedado frente a un pequeño barranco que hacían las cobijas y vio a lo lejos, en la pared, el retrato de sus padres: ellos habían muerto, de una peste, cuando él era niño; ahora él pensaba que lo habían estafado; él era como un cofre en el cual, en vez de fortuna, habían dejado yuyos ruines; y ellos, sus padres, eran como dos bandidos que se hubieran ido antes que él fuera grande y se descubriera el fraude. Pero en seguida estos pensamientos le parecieron monstruosos. Después fue a la mesa y trató de estar bien ante María. Ella le dijo:

—Avisé a Facundo para que trajera pronto a Hortensia.

¡Si ella supiera, se dijo Horacio, que contribuye, apurando el momento de traer a Hortensia, a un placer mío que será mi traición y su locura! Él daba vuelta la cara de un lado para otro de la mesa sin ver nada y como un caballo que busca la salida con la cabeza.[21]

—¿Falta algo? –preguntó María.

—No, aquí está –dijo él tomando la mostaza.

María pensó que si no la veía, estando tan cerca, era porque él se sentía mal.

Al final se levantó, fue hacia su mujer y se empezó a inclinar lentamente, hasta que sus labios tocaron la mejilla de ella; parecía que el beso hubiera descendido en paracaídas sobre una planicie donde todavía existía la felicidad.

Esa noche, en la primera vitrina, había una muñeca sentada en el césped de un jardín; estaba rodeada de grandes esponjas, pero la actitud de ella era la de estar entre flores. Horacio no tenía ganas de pensar en el destino de esa muñeca y abrió el cajoncito donde estaban las leyendas: «Esta mujer es una enferma mental; no se ha podido averiguar por qué ama las esponjas.» Horacio dijo para sí: «Pues yo les pago para que averigüen.» Y al rato pensó con acritud: «Esas esponjas deben simbolizar la necesidad de lavar muchas culpas.» A la mañana siguiente se despertó con el cuerpo arrollado y recordó quién era él, ahora. Su nombre y apellido le parecieron diferentes y los imaginó escritos en un cheque sin fondos. Su cuerpo estaba triste; ya le había ocurrido algo parecido, una vez que un médico le había dicho que tenía sangre débil y un corazón chico. Sin embargo aquella tristeza se le había pasado. Ahora estiró las piernas y pensó: «Antes, cuando yo era

---

21   Como en otras instancias a lo largo de la obra de FH, el caballo indica transición y cambio, en este caso hacia la la pérdida de control de Horacio, que «se desboca» bajo su obsesión erótica con las muñecas.

joven, tenía más vitalidad para defenderme de los remordimientos: me importaba mucho menos el mal que pudiera hacer a los demás. ¿Ahora tendré la debilidad de los años? No, debe ser un desarrollo tardío de los sentimientos y de la vergüenza.» Se levantó muy aliviado; pero sabía que los remordimientos serían como nubes empujadas hacia algún lugar del horizonte y que volverían con la noche.

V

Unos días antes que trajeran a Hortensia, María sacaba a pasear a Horacio; quería distraerlo; pero al mismo tiempo pensaba que él estaba triste porque ella no podía tener una hija de verdad. La tarde que trajeron a Hortensia, Horacio no estuvo muy cariñoso con ella y María volvió a pensar que la tristeza de Horacio no era por Hortensia; pero un momento antes de cenar ella vio que Horacio tenía, ante Hortensia, una emoción contenida y se quedó tranquila. Él, antes de ir a ver a sus muñecas, le fue a dar un beso a María; la miraba de cerca, con los ojos muy abiertos y como si quisiera estar seguro de que no había nada raro escondido en ningún lugar de su cara. Ya habían pasado unos cuantos días sin que Horacio se hubiera quedado solo con Hortensia. Y después María recordaría para siempre la tarde en que ella, un momento antes de salir y a pesar de no hacer mucho frío, puso el agua caliente a Hortensia y la acostó con Horacio para que él durmiera confortablemente la siesta. Esa misma noche él miraba los rincones de la cara de María seguro de que pronto serían enemigos; a cada instante él hacía movimientos y pasos más cortos que de costumbre y como si se preparara para recibir el indicio de que María había descubierto todo. Eso ocurrió una mañana. Hacía mucho tiempo, una vez que María se quejaba de la barba de Alex, Horacio le había dicho:

—¡Peor estuviste tú al elegir como criadas a dos mellizas tan parecidas!

Y María le había contestado:

—¿Tienes algo particular que decirle a alguna de ellas? ¿Has tenido alguna confusión lamentable?

—Sí, una vez te llamé a ti y vino la que tiene el honor de llamarse como tú.

Entonces María dio orden a las mellizas de no venir a la planta baja a las horas en que el señor estuviera en casa. Pero una vez que una de ellas huía para no dejarse ver por Horacio, él la corrió creyendo que era una extraña y tropezó con su mujer. Después de eso María las hacía venir nada más que algunas horas en la mañana y no dejaba de vigilarlas. El día en que se descubrió todo, María había sorprendido a las mellizas levantándole el camisón a Hortensia en momentos en que no debían ponerle el agua caliente ni vestirla. Cuando ellas abandonaron el dormitorio, entró María. Y al rato las mellizas vieron a la dueña de casa cruzando el patio, muy apurada, en dirección a la cocina. Después había pasado de vuelta con el cuchillo grande de picar la carne; y cuando ellas, asustadas, la siguieron para ver lo que ocurría, María les había dado con la puerta en la cara. Las mellizas se vieron obligadas a mirar por la cerradura; pero como María había quedado de espaldas, tuvieron que ir a ver por otra puerta. María puso a Hortensia encima de una mesa, como si la fuera a operar, y le daba puñaladas cortas y seguidas; estaba desgreñada y le había saltado a la cara un chorro de agua; de un hombro de Hortensia brotaban otros dos, muy finos, y se cruzaban entre sí como en la fuente del jardín; y del vientre salían borbotones que movían un pedazo desgarrado del camisón. Una de las mellizas se había hincado en un almohadón, se tapaba un ojo con la mano y con el otro miraba sin pestañar junto a la cerradura; por allí venía un poco de aire y la hacía lagrimear; entonces cedía el lugar a su hermana. De los ojos de María también salían lágrimas; al fin dejó el cuchillo encima de Hortensia, se fue a sentar a un sillón y a llorar con las manos en la cara. Las mellizas no tuvieron más interés en mirar por la cerradura y se fueron a la cocina. Pero al rato la señora las llamó para que le ayudaran a arreglar las valijas. María se propuso soportar la situación con la dignidad de una reina desgraciada. Dispuesta a castigar a Horacio, y pensando en las actitudes que tomaría ante sus ojos, dijo a las mellizas que si venía el señor le dijeran que ella no lo podía recibir. Empezó a arreglar todo para un largo viaje y regaló algunos vestidos a las mellizas; y al final, cuando María se iba en el auto de la casa, las mellizas, en el jardín, se entregaron con fruición a la pena de su señora; pero al entrar de nuevo a la casa y ver los vestidos regalados se pusieron muy contentas; corrieron las cortinas de los espejos –estaban tapados para evitarle a Horacio la mala impresión de mirarse en ellos– y se acercaron los vestidos al cuerpo para contemplar el efecto. Una de ellas vio por el espejo el cuerpo mutilado de Hortensia y dijo: «Qué tipo sinvergüenza.» Se refería a Horacio. Él, había aparecido en una de las puertas y pensaba en la manera de preguntarles qué estaban haciendo con esos vestidos frente a los espejos desnudos. Pero de pronto vio el cuerpo de Hortensia sobre la mesa, con el camisón desgarrado y se dirigió hacia allí. Las mellizas iniciaron la huida. Él las detuvo:

—¿Dónde está la señora?

La que había dicho «qué tipo sinvergüenza» lo miró de frente y contestó:

—Nos dijo que haría un largo viaje y nos regaló estos vestidos,

Él les hizo señas para que se fueran y le vinieron a la cabeza estas palabras: «La cosa ya ha pasado.» Miró de nuevo el cuerpo de Hortensia: todavía tenía en el vientre el cuchillo de picar la carne. El no sentía mucha pena y por un instante se le ocurrió que aquel cuerpo podía arreglarse; pero en seguida se imaginó el cuerpo cosido con puntadas y recordó un caballo agujereado[22] que había tenido en la infancia: la madre le había dicho que le iba a poner un remiendo; pero él se sentía desilusionado y prefirió tirarlo.

Horacio desde el primer momento tuvo la seguridad de que María volvería y se dijo para sí: «Debo esperar los acontecimientos con la mayor calma posible.» Además él volvería a ser, como en sus mejores tiempos, un atrevido fuerte. Recordó lo que le había ocurrido esa mañana y pensó que también traicionaría a Hortensia. Hacía poco rato, Facundo le había mostrado otra muñeca; era una rubia divina y ya tenía su historia: Facundo había hecho correr la noticia de que existía, en un país del norte, un fabricante de esas muñecas; se habían conseguido los planos y los primeros ensayos habían tenido éxito. Entonces recibió, a los pocos días, la visita de un hombre tímido; traía unos ojos grandes embolsados en párpados que apenas podía levantar, y pedía datos concretos. Facundo, mientras buscaba fotografías de muñecas, le iba diciendo: «El nombre genérico de ellas es de *Hortensias;* pero después, el que ha de ser su dueño, le pone el nombre que ella le inspire íntimamente. Estos son los únicos modelos de Hortensias que

---

22   De nuevo aparece el caballo asociado al recuerdo en esta referencia intertextual.

vinieron con los planos.» Le mostró sólo tres y el hombre tímido se
comprometió, casi irreflexivamente, con una de ellas y le hizo el encargo con dinero en la mano. Facundo pidió un precio subido y el com-
prador movió varias veces los párpados; pero después sacó una estilo-
gráfica en forma de submarino y firmó el compromiso. Horacio vio
la rubia terminada y le pidió a Facundo que no la entregara todavía;
y su amigo aceptó porque ya tenía otras empezadas. Horacio pensó,
en el primer instante, ponerle un apartamento; pero ahora se le ocurría
otra cosa, la traería a su casa y la pondría en la vitrina de las que esperaban colocación. Después que todos se acostaran él la llevaría al dormitorio; y antes que se levantaran la colocaría de nuevo en la vitrina.
Por otra parte él esperaba que María no volvería a su casa en altas horas
de la noche. Apenas Facundo había puesto la nueva muñeca a disposición de su amigo, Horacio se sintió poseído por una buena suerte que
no había tenido desde la adolescencia. Alguien lo protegía, puesto que
él había llegado a su casa después que todo había pasado. Además él
podría dominar los acontecimientos, con el impulso de un hombre
joven. Si había abandonado una muñeca por otra, ahora él no se podía
detener a sentir pena por el cuerpo mutilado de Hortensia. La vuelta
de María era segura porque a él ya no se le importaba nada de ella; y
debía ser María quien se ocupara del cuerpo de Hortensia.

De pronto Horacio empezó a caminar como un ladrón, junto a la
pared; llegó al costado de un ropero, corrió la cortina que debía cubrir
el espejo y después hizo lo mismo con el otro ropero. Ya hacía mucho
tiempo que había hecho poner esas cortinas. María siempre había
tenido cuidado de que él no se encontrara con un espejo descubierto:
antes de vestirse cerraba el dormitorio y antes de abrirlo cubría los espejos. Entonces sintió fastidio de pensar que las mellizas, no sólo se
ponían vestidos que él había regalado a su esposa, sino que habían
dejado los espejos libres. No era que a él no le gustara ver las cosas en
los espejos; pero el color oscuro de su cara le hacía pensar en unos muñecos de cera[23] que había visto en un museo la tarde que asesinaron
a un comerciante; en el museo también había muñecos que representaban cuerpos asesinados y el color de la sangre en la cera le fue
tan desagradable como si a él le hubiera sido posible ver, después de
muerto, las puñaladas que lo habían matado. El espejo del tocador

---

23   Por primera vez se asocia a Horacio con un muñeco; esta asociación se intensificará a lo
      largo del cuento.

quedaba siempre sin cortinas; era bajo y Horacio podía pasar, distraído, frente a él e inclinarse, todos los días, hasta verse solamente el nudo de la corbata; se peinaba de memoria y se afeitaba tanteándose la cara. Aquel espejo podía decir que él había reflejado siempre un hombre sin cabeza. Ese día, después de haber corrido la cortina de los roperos, Horacio cruzó, confiado como de costumbre, frente al espejo del tocador; pero se vio la mano sobre el género oscuro del traje y tuvo un desagrado parecido al de mirarse la cara. Entonces se dio cuenta de que ahora la piel de sus manos tenía también color de cera. Al mismo tiempo recordó unos brazos que había visto ese día en el escritorio de Facundo; eran de un color agradable y muy parecidos al de la rubia. Horacio, como un chiquilín que pide recortes a alguien que trabaja en madera, le dijo a Facundo:

—Cuando te sobren brazos o piernas que no necesites, mándamelos.

—¿Y para qué quieres eso, hermano?

—Me gustaría que compusieran escenas en mis vitrinas con brazos y piernas sueltas; por ejemplo: un brazo encima de un espejo, una pierna que sale de abajo de una cama, o algo así

Facundo se pasó una mano por la cara y miró a Horacio con disimulo. Ese día Horacio almorzó y tomó vino tan tranquilamente como si María hubiera ido a casa de una parienta a pasar el día. La idea de su suerte le permitía recomendarse tranquilidad. Se levantó contento de la mesa, se le ocurrió llevar a pasear un rato las manos por el teclado y por fin fue al dormitorio para dormir la siesta. Al cruzar frente al tocador, se dijo: «Reaccionaré contra mis manías y miraré los espejos de frente.» Además le gustaba mucho encontrarse con sorpresas de personas y objetos en confusiones provocadas por espejos. Después miró una vez más a Hortensia, decidió que la dejaría allí hasta que María volviera y se acostó. Al estirar los pies entre las cobijas, tocó un cuerpo extraño, dio un salto y bajó de la cama; quedó unos instantes de pie y por último sacó las cobijas: era una carta de María: «Horacio: ahí te dejo a tu amante; yo también la he apuñalado; pero puedo confesarlo porque no es un pretexto hipócrita para mandarla al taller a que le hagan herejías. Me has asqueado la vida y te ruego que no trates de buscarme. María.»

Se volvió a acostar pero no podía dormir y se levantó. Evitaba mirar los objetos de su mujer en el tocador como evitaba mirarla a ella cuando estaban enojados. Fue a un cine; allí saludó, sin querer, a un enemigo y tuvo varias veces el recuerdo de María. Volvió a la casa negra cuando todavía entraba un poco de sol a su dormitorio. Al pasar frente a un espejo, y a pesar de estar corrida la cortina, vio a través de ella su cara: algunos rayos de sol daban sobre el espejo y habían hecho brillar sus facciones como las de un espectro. Tuvo un escalofrío, cerró las ventanas y se acostó. Si la suerte que tuvo cuando era joven le volvía, ahora a él le quedaría poco tiempo para aprovecharla; no vendría sola y él tendría que luchar con acontecimientos tan extraños como los que se producían a causa de Hortensia. Ella descansaba ahora, a pocos pasos de él; menos mal que su cuerpo no se descompondría; entonces pensó en el espíritu que había vivido en él como en un habitante que no hubiera tenido mucho que ver con su habitación. ¿No podría haber ocurrido que el habitante del cuerpo de Hortensia hubiera provocado la furia de María, para que ella deshiciera el cuerpo de Hortensia y evitara así la proximidad de él, de Horacio? No podía dormir; le parecía que los objetos del dormitorio eran pequeños fantasmas que se entendían con el ruido de las máquinas.[24] Se levantó, fue a la mesa y empezó a tomar vino. A esa hora extrañaba mucho a María. Al fin de la cena se dio cuenta de que no le daría un beso y fue para la salita. Allí, tomando el café, pensó que mientras María no volviera, él no debía ir al dormitorio ni a la mesa de su casa. Después salió a caminar y recordó que en un barrio próximo había un hotel de estudiantes. Llegó hasta allí. Había una palmera a la entrada y detrás de ella láminas de espejos que subían las escaleras al compás de los escalones; entonces siguió caminando. El hecho de habérsele presentado tantos espejos en un solo día, era un síntoma sospechoso. Después recordó que esa misma mañana, antes de encontrarse con los de su casa, él le había dicho a Facundo que le gustaría ver un brazo sobre un espejo. Pero también recordó la muñeca rubia y decidió, una vez más, luchar contra sus manías. Volvió sus pasos hacia el hotel, cruzó la palmera y trató de subir la escalera sin mirarse en los espejos. Hacía mucho tiempo que no había visto tantos juntos; las imágenes se confundían, él no sabía dónde dirigirse y hasta pensó que pudiera haber alguien escondido entre los reflejos. En el primer piso apareció la

---

24 «... los objetos del dormitorio eran pequeños fantasmas que se entendían con el ruido de las máquinas»; esta breve mención a las máquinas surge tras la destrucción de Hortensia, en quien se habían encarnado.

dueña; le mostraron las habitaciones disponibles —todas tenían grandes espejos—, él eligió la mejor y dijo que volvería dentro de una hora. Fue a la casa negra, arregló una pequeña valija y al volver recordó que antes, aquel hotel había sido una casa de citas. Entonces no se extrañó de que hubiera tantos espejos. En la pieza que él eligió había tres; el más grande quedaba a un lado de la cama; y como la habitación que aparecía en él era la más linda, Horacio miraba la del espejo. Estaría cansada de representar, durante muchos años, aquel ambiente chinesco. Ya no era agresivo el rojo del empapelado y según el espejo parecía el fondo de un lago, color ladrillo, donde hubieran sumergido puentes con cerezos. Horacio se acostó y apagó la luz; pero siguió mirando la habitación con el resplandor que venía de la calle. Le parecía estar escondido en la intimidad de una familia pobre. Allí todas las cosas habían envejecido juntas y eran amigas; pero las ventanas todavía eran jóvenes y miraban hacia afuera; eran mellizas, como las de María, se vestían igual, tenían pegado al vidrio cortinas de puntillas y, recogidos a los lados, cortinados de terciopelo. Horacio tuvo un poco la impresión de estar viviendo en el cuerpo de un desconocido a quien robara bienestar. En medio de un gran silencio sintió zumbar sus oídos y se dio cuenta de que le faltaba el ruido de las máquinas; tal vez le hiciera bien salir de la casa negra y no oírlas más. Si ahora María estuviera recostada a su lado, él sería completamente feliz. Apenas volviera a su casa él le propondría pasar una noche en este hotel. Pero en seguida recordó la muñeca rubia que había visto en la mañana y después se durmió. En el sueño había un lugar oscuro donde andaba volando un brazo blanco. Un ruido de pasos en una habitación próxima lo despertó. Se bajó de la cama y empezó a caminar descalzo sobre la alfombra; pero vio que lo seguía una mancha blanca y comprendió que su cara se reflejaba en el espejo que estaba encima de la chimenea. Entonces se le ocurrió que podrían inventar espejos en los cuales se vieran los objetos pero no las personas. Inmediatamente se dio cuenta de que eso era absurdo; además, si él se pusiera frente a un espejo y el espejo no lo reflejara, su cuerpo no sería de este mundo. Se volvió a acostar. Alguien encendió la luz en una habitación de enfrente y esa misma luz cayó en el espejo que Horacio tenía a un lado. Después él pensó en su niñez, tuvo recuerdos de otros espejos y se durmió.

VI

Hacía poco tiempo que Horacio dormía en el hotel y las cosas ocurrían como en la primera noche: en la casa de enfrente se encendían ventanas que caían en los espejos; o él se despertaba y encontraba las ventanas dormidas. Una noche oyó gritos y vio llamas en su espejo. Al principio las miró como en la pantalla de un cine; pero en seguida pensó que si había llamas en el espejo también tenía que haberlas en la realidad. Entonces, con velocidad de resorte, dio media vuelta en la cama y se encontró con llamas que bailaban en el hueco de una de las ventanas de enfrente, como diablillos en un teatro de títeres. Se tiró al suelo, se puso la salida de baño y se asomó a una de sus propias ventanas. En el vidrio se reflejaban las llamas y esta ventana parecía asustada de ver lo que ocurría a la de enfrente. Abajo –la pieza de Horacio quedaba en un primer piso– había mucha gente y en ese momento venían los bomberos. Fue entonces que Horacio vio a María asomada a otra de las ventanas del hotel. Ella ya lo estaba mirando y no terminaba de reconocerlo. Horacio le hizo señas con la mano, cerró la ventana, fue por el pasillo hasta la puerta que creyó la de María y llamó con los nudillos. En seguida apareció ella y le dijo:

—No conseguirás nada con seguirme.

Y le dio con la puerta en la cara. Horacio se quedó quieto y a los pocos instantes la oyó llorar detrás de la puerta. Entonces le contestó:

—No vine a buscarte; pero ya que nos encontramos deberíamos ir a casa.

—Ándate, ándate tú solo –había dicho ella.

A pesar de todo, a él le pareció que tenía ganas de volver. Al otro día, Horacio fue a la casa negra y se sintió feliz. Gozaba de la suntuosidad de aquellos interiores y caminaba entre sus riquezas como un sonámbulo; todos los objetos vivían allí recuerdos tranquilos y las altas habitaciones le daban la impresión de que tendrían alejada una muerte que llegaría del cielo.

Pero en la noche, después de cenar, fue al salón y le pareció que el piano era un gran ataúd y que el silencio velaba a una música que había muerto hacía poco tiempo. Levantó la tapa del piano y aterrorizado la dejó caer con gran estruendo; quedó un instante con los

brazos levantados, como ante alguien que lo amenazara con un re-
vólver, pero después fue al patio y empezó a gritar:

—¿Quién puso a Hortensia dentro del piano?

Mientras repetía la pregunta seguía con la visión del pelo de ella
enredado en las cuerdas del instrumento y la cara achatada por el peso
de la tapa. Vino una de las mellizas pero no podía hablar. Después
llegó Alex:

—La señora estuvo esta tarde; vino a buscar ropa.

—Esa mujer me va a matar a sorpresas –gritó Horacio sin poder
dominarse. Pero súbitamente se calmó:

—Llévate a Hortensia a tu alcoba y mañana temprano dile a Facundo que la venga buscar. Espera –le gritó casi en seguida–.
Acércate. –Y mirando el lugar por donde se habían ido las mellizas,
bajó la voz para encargarle de nuevo:

—Dile a Facundo que cuando venga a buscar a Hortensia ya
puede traer la otra.

Esa noche fue a dormir a otro hotel; le tocó una habitación con
un solo espejo; el papel era amarillo con flores rojas y hojas verdes enredadas en varillas que simulaban una glorieta. La colcha también era
amarilla y Horacio se sentía irritado: tenía la impresión de que se acos-
taría a la intemperie. Al otro día de mañana fue a su casa, hizo traer
grandes espejos y los colocó en el salón de manera que multiplicaran
las escenas de sus muñecas. Ese día no vinieron a buscar a Hortensia
ni trajeron la otra. Esa noche Alex le fue a llevar vino al salón y dejó
caer la botella.

—No es para tanto –dijo Horacio.

Tenía la cara tapada con un antifaz y las manos con guantes amarillos.

—Pensé que se trataría de un bandido –dijo Alex mientras Horacio se reía y el aire de su boca inflaba la seda negra del antifaz.

—Estos trapos en la cara me dan mucho calor y no me dejarán
tomar vino; antes de quitármelos tú debes descolgar los espejos, po-
nerlos en el suelo y recostarlos a una silla. Así –dijo Horacio, descol-
gando uno y poniéndolo como él quería.

—Podrían recostarse con el vidrio contra la pared; de esa manera
estarán más seguros –objetó Alex.

—No, porque aún estando en el suelo quiero que reflejen algo.

—Entonces podrían recostarse a la pared mirando para afuera.

—No, porque la inclinación necesaria para recostarlos en la pared hará que reflejen lo que hay arriba y yo no tengo interés en mirarme la cara.

Después que Alex los acomodó como deseaba su señor, Horacio se sacó el antifaz y empezó a tomar vino; paseaba por un caminero que había en el centro del salón; hacia allí miraban los espejos y tenían por delante la silla a la cual estaban recostados. Esa pequeña inclinación hacia el piso le daba la idea de que los espejos fueran sirvientes que saludaran con el cuerpo inclinado, conservando los párpados levantados y sin dejar de observarlo. Además, por entre las patas de las sillas reflejaban el piso y daban la sensación de que estuviera torcido. Después de haber tomado vino, eso le hizo mala impresión y decidió irse a la cama. Al otro día —esa noche durmió en su casa— vino el chofer a pedirle dinero de parte de María. Él se lo dio sin preguntarle dónde estaba ella; pero pensó que María no volvería pronto; entonces, cuando le trajeron la rubia, él la hizo llevar directamente a su dormitorio. A la noche ordenó a las mellizas que le pusieran un traje de fiesta y la llevaran a la mesa. Comió con ella en frente; y al final de la cena, y en presencia de una de las mellizas, preguntó a Alex:

—¿Qué opinas de ésta?

—Muy hermosa, señor. Se parece mucho a una espía[25] que conocí en la guerra.

—Eso me encanta, Alex.

Al día siguiente, señalando a la rubia, Horacio dijo a las mellizas:

—De hoy en adelante deben llamarla señora Eulalia.

A la noche Horacio preguntó a las mellizas: (Ahora ellas no se escondían de él) —¿Quién está en el comedor?

—La señora Eulalia —dijeron las mellizas al mismo tiempo.

Pero no estando Horacio, y por burlarse de Alex, decían: «Ya es hora de ponerle el agua caliente a la espía.»

---

25   Apunta Alicia Dujovne Ortiz: «Es de imaginar la cara que le habrá puesto África Las Heras a Felisberto Hernández al leer un cuento, dedicado a ella, donde el autor emplea la palabra justa: 'espía'. Acaso haya percibido similitudes extrañas entre la escena escrita y la otra, ésa que la NKVD la obligaba a representar. A estas alturas, la española captada por los soviéticos ya se habrá hecho una idea del genio escénico de sus superiores jerárquicos, capaces de teatralizar los procesos más crueles con absoluto desprecio por la autenticidad de las presuntas pruebas. La NKVD, y la futura KGB, manejaban a amigos y enemigos como Horacio a sus muñecas. ¿Qué eran Felisberto y ella misma en sus manos, sino un muñeco-actor ignorante de serlo, y una muñeca-actriz desprovista de individualidad, de voluntad personal, de vida propia?» (*La Nación,* 2007)

VII

María esperaba, en el hotel de los estudiantes, que Horacio fuera de nuevo. Apenas salía algunos momentos para que le acomodaran la habitación. Iba por las calles de los alrededores llevando la cabeza levantada; pero no miraba a nadie ni a ninguna cosa; y al caminar pensaba: «Soy una mujer que ha sido abandonada a causa de una muñeca; pero si ahora él me viera, vendría hacia mí.» Al volver a su habitación tomaba un libro de poesías, forrado de hule azul, y empezaba a leer distraídamente, en voz alta y a esperar a Horacio; pero al ver que él no venía trataba de penetrar las poesías del libro; y si no lograba comprenderlas se entregaba a pensar que ella era una mártir y que el sufrimiento la llenaría de encanto. Una tarde pudo comprender una poesía; era como si alguien, sin querer, hubiera dejado una puerta abierta y en ese instante ella hubiera aprovechado para ver un interior. Al mismo tiempo le pareció que el empapelado de la habitación, el biombo y el lavatorio con sus canillas niqueladas, también hubieran comprendido la poesía; y que tenían algo noble, en su materia, que los obligaba a hacer un esfuerzo y a prestar una atención sublime. Muchas veces, en medio de la noche, María encendía la lámpara y escogía una poesía como si le fuera posible elegir un sueño. Al día siguiente volvía a caminar por las calles de aquel barrio y se imaginaba que sus pasos eran de poesía. Y una mañana pensó: «Me gustaría que Horacio supiera que camino sola, entre árboles, con un libro en la mano.»

Entonces mandó buscar a su chofer, arregló de nuevo sus valijas y fue a la casa de una prima de su madre: era en las afueras y había árboles. Su parienta era una solterona que vivía en una casa antigua; cuando su cuerpo inmenso cruzaba las habitaciones, siempre en penumbra, y hacía crujir los pisos, un loro gritaba: «Buenos días, sopas de leche.» María contó a Pradera su desgracia sin derramar ni una lágrima. Su parienta escuchó espantada; después se indignó y por último empezó a lagrimear. Pero María fue serenamente a despedir el chofer y le encargó que le pidiera dinero a Horacio y que si él le preguntaba por ella, le dijera, como cosa de él, que ella se paseaba entre los árboles con un libro en la mano; y que si le preguntaba dónde estaba ella, se lo dijera; por último le encargó que viniera al otro día a la misma hora. Después ella fue a sentarse bajo un árbol con el libro de hule; de él se levantaban poemas que se esparcían por el paisaje como si los formaran de nuevo las copas de los árboles y movieran, lentamente, las nubes. Durante el almuerzo Pradera estuvo pensativa; pero después preguntó a María:

—¿Y qué piensas hacer con ese indecente?

—Esperar que venga y perdonarlo.

—Te desconozco, sobrina; ese hombre te ha dejado idiota y te maneja como a una de sus muñecas.

María bajó los párpados con silencio de bienaventurada. Pero a la tarde vino la mujer que hacía la limpieza, trajo el diario «La Noche», del día anterior, y los ojos de María rozaron un título que decía: «Las Hortensias de Facundo.» No pudo dejar de leer el suelto: «En el último piso de la tienda "La Primavera" se hará una gran exposición y se dice que algunas de las muñecas que vestirán los últimos modelos serán Hortensias. Esta noticia coincide con el ingreso de Facundo, el fabricante de las famosas muñecas, a la firma comercial de dicha tienda. Vemos alarmados cómo esta nueva falsificación del pecado original –de la que ya hemos hablado en otras ediciones se abre paso en nuestro mundo. He aquí uno de los volantes de propaganda, sorprendidos en uno de nuestros principales clubes: ¿Es usted feo? No se preocupe. ¿Es usted tímido? No se preocupe. En una Hortensia tendrá usted un amor silencioso, sin riñas, sin presupuestos agobiantes, sin comadronas.»

María despertaba a sacudones:

—¡Qué desvergüenza! El mismo nombre de nuestra...

Y no supo qué agregar. Había levantado los ojos y, cargándolos de rabia, apuntaba a un lugar fijo.

—¡Pradera! –gritó furiosa–, ¡mira!

Su tía metió las manos en la canasta de la costura y haciendo guiñadas para poder ver, buscaba los lentes. Entonces María le dijo:

—Escucha. –Y leyó el suelto–. No sólo pediré el divorcio –dijo después– sino que armaré un escándalo como no se ha visto en este país.

—Por fin, hija, bajas de las nubes –gritó Pradera levantando las manos coloradas por el agua caliente de fregar las ollas.

Mientras María se paseaba agitada, tropezando con macetas y

plantas inocentes, Pradera aprovechó a esconder el libro de hule. Al otro día, el chofer pensaba en cómo esquivaría las preguntas de María sobre Horacio; pero ella sólo le pidió el dinero y en seguida lo mandó a la casa negra para que trajera a María, una de las mellizas.[26] María –la melliza– llegó en la tarde y contó lo de la espía, a quien debían llamar «la señora Eulalia». En el primer instante María –la mujer de Horacio– quedó aterrada y con palabras tenues, le preguntó:

—¿Se parece a mí?

—No, señora, la espía es rubia y tiene otros vestidos.

María –la mujer de Horacio– se paró de un salto, pero en seguida se tiró de nuevo en el sillón y empezó a llorar a gritos. Después vino la tía. La melliza contó todo de nuevo. Pradera empezó a sacudir sus senos inmensos en gemidos lastimosos; y el loro, ante aquel escándalo gritaba: «Buenos días, sopas de leche.»

VIII

Walter había regresado de unas vacaciones y Horacio reanudó las sesiones de sus vitrinas. La primera noche había llevado a Eulalia al salón. La sentaba junto a él, en la tarima, y la abrazaba mientras miraba las otras muñecas. Los muchachos habían compuesto escenas con más *personajes* que de costumbre. En la segunda vitrina había cinco: pertenecían a la comisión directiva de una sociedad que protegía a jóvenes abandonadas. En ese instante había sido elegida presidenta una de ellas; y otra, la rival derrotada, tenía la cabeza baja; era la que le gustaba más a Horacio. Él, dejó por un instante a Eulalia y fue a besar la frente fresca de la derrotada. Cuando volvió junto a su compañera quiso oír, por entre los huecos de la música, el ruido de las máquinas y recordó lo que Alex le había dicho del parecido de Eulalia con una espía de la guerra. De cualquier manera aquella noche sus ojos se entregaron, con glotonería, a la diversidad de sus muñecas. Pero al día siguiente amaneció con un gran cansancio y a la noche tuvo miedo de la muerte. Se sentía angustiado de no saber cuándo moriría ni el lugar de su cuerpo que primero sería atacado. Cada vez le costaba más estar solo; las muñecas no le hacían compañía y parecían decirle: «Nosotras somos muñecas; tú arréglate como puedas.» A veces silbaba, pero oía su propio silbido

---

26   Es muy cómico el efecto de ambigüedad creado por la repetición del nombre «María» para la esposa y la melliza, y las repetidas aclaraciones del narrador tratando de diferenciarlas.

como si se fuera agarrando de una cuerda muy fina que se rompía apenas se quedaba distraído. Otras veces conversaba en voz alta y comentaba estúpidamente lo que iba haciendo: «Ahora iré al escritorio a buscar el tintero.» O pensaba en lo que hacía como si observara a otra persona: «Está abriendo el cajón. Ahora este imbécil le saca la tapa al tintero. Vamos a ver cuánto tiempo le dura la vida.» Al fin se asustaba y salía a la calle. Al día siguiente recibió un cajón; se lo mandaba Facundo; lo hizo abrir y se encontró con que estaba lleno de brazos y piernas sueltas; entonces recordó que una mañana él le había pedido que le mandara los restos de muñecas que no necesitara. Tuvo miedo de encontrar alguna cabeza suelta –eso no le hubiera gustado–. Después hizo llevar el cajón al lugar donde las muñecas esperaban el momento de ser utilizadas; habló por teléfono a los muchachos y les explicó la manera de hacer participar las piernas y los brazos en las escenas. Pero la primera prueba resultó desastrosa y él se enojó mucho. Apenas había corrido la cortina vio una muñeca de luto sentada al pie de una escalinata que parecía del atrio de una iglesia; miraba hacia el frente; debajo de la pollera le salía una cantidad impresionante de piernas: eran como diez o doce; y sobre cada escalón había un brazo suelto con la mano hacia arriba. «Qué brutos –decía Horacio– no se trata de utilizar todas las piernas y los brazos que haya.» Sin pensar en ninguna interpretación abrió el cajoncito de las leyendas para leer el argumento: «Esta es una viuda pobre que camina todo el día para conseguir qué comer y ha puesto manos que piden limosna como trampas para cazar monedas.» «Qué mamarracho –siguió diciendo Horacio–, esto es un jeroglífico estúpido.» Se fue a acostar, rabioso; y ya a punto de dormirse veía andar la viuda con todas las piernas como si fuera una araña.

Después de este desgraciado ensayo, Horacio sintió una gran desilusión de los muchachos, de las muñecas y hasta de Eulalia. Pero a los pocos días, Facundo lo llevaba en su auto por una carretera y de pronto le dijo:

—¿Ves aquella casita de dos pisos, al borde del río? Bueno, allí vive el «tímido» con su muñeca, hermana de la tuya; como quien dice, tu cuñada... (Facundo le dio una palmada en una pierna y los dos se rieron.) Viene sólo al anochecer; y tiene miedo que la madre se entere.

Al día siguiente, cuando el sol estaba muy alto, Horacio fue solo,

por el camino de tierra que conducía al río, a la casita del Tímido.
Antes de llegar al camino pasaba por debajo de un portón cerrado y
al costado de otra casita, más pequeña, que sería del guardabosque.
Horacio golpeó las manos y salió un hombre, sin afeitar, con un sombrero roto en la cabeza y masticando algo.

—¿Qué desea?

—Me han dicho que el dueño de aquella casa tiene una muñeca...

El hombre se había recostado a un árbol y lo interrumpió para decirle:

—El dueño no está.

Horacio sacó varios billetes de su cartera y el hombre, al ver el
dinero, empezó a masticar más lentamente. Horacio acomodaba los
billetes en su mano como si fueran barajas y fingía pensar. El otro
tragó el bocado y se quedó esperando. Horacio calculó el tiempo en
que el otro habría imaginado lo que haría con ese dinero; y al fin dijo:

—Yo tendría mucha necesidad de ver esa muñeca hoy...

—El patrón llega a las siete.

—¿La casa está abierta?

—No. Pero yo tengo la llave. En caso que se descubra algo –dijo
el hombre alargando la mano y recogiendo «la baza» –yo no sé nada.

Metió el dinero en el bolsillo del pantalón, sacó de otro una llave
grande y le dijo:

—Tiene que darle dos vueltas... La muñeca está en el piso de
arriba... Sería conveniente que dejara las cosas *esatamente* como las
encontró.

Horacio tomó el camino a paso rápido y volvió a sentir la agitación
de la adolescencia. La pequeña puerta de entrada era sucia como una
vieja indolente y él revolvió con asco la llave en la cerradura. Entró a
una pieza desagradable donde había cañas de pescar recostadas a una
pared. Cruzó el piso, muy sucio, y subió una escalera recién barnizada.
El dormitorio era confortable; pero allí no se veía ninguna muñeca.
La buscó hasta debajo de la cama; y al fin la encontró entre un ropero.
Al principio tuvo una sorpresa como las que le preparaba María. La
muñeca tenía un vestido negro, de fiesta, rociado con piedras como
gotas de vidrio. Si hubiera estado en una de sus vitrinas él habría
pensado que era una viuda rodeada de lágrimas. De pronto Horacio

oyó una detonación: parecía un balazo. Corrió hacia la escalera que daba a la planta baja y vio, tirada en el piso y rodeada de una pequeña nube de polvo, una caña de pescar. Entonces resolvió tomar una manta y llevar la Hortensia al borde del río. La muñeca era liviana y fría. Mientras buscaba un lugar escondido, bajo los árboles, sintió un perfume que no era del bosque y en seguida descubrió que se desprendía de la Hortensia. Encontró un sitio acolchado, en el pasto, tendió la manta abrazando a la muñeca por las piernas y después la recostó con el cuidado que pondría en manejar una mujer desmayada. A pesar de la soledad del lugar, Horacio no estaba tranquilo. A pocos metros de ellos apareció un sapo, quedó inmóvil y Horacio no sabía qué dirección tomarían sus próximos saltos. Al poco rato vio, al alcance de su mano, una piedra pequeña y se la arrojó. Horacio no pudo poner la atención que hubiera querido en esta Hortensia; quedó muy desilusionado; y no se atrevía a mirarle la cara porque pensaba que encontraría en ella la burla inconmovible de un objeto. Pero oyó un murmullo raro mezclado con ruido de agua. Se volvió hacia el río y vio, en un bote, un muchachón de cabeza grande haciendo muecas horribles; tenía manos pequeñas prendidas de los remos y sólo movía la boca, horrorosa como un pedazo suelto de intestino, y dejaba escapar ese murmullo que se oía al principio. Horacio tomó la Hortensia y salió corriendo hacia la casa del Tímido.

Después de la aventura con la Hortensia ajena, y mientras se dirigía a la casa negra, Horacio pensó en irse a otro país y no mirar nunca más a una muñeca. Al entrar a su casa fue hacia su dormitorio con la idea de sacar de allí a Eulalia; pero encontró a María tirada en la cama boca abajo llorando. Él se acercó a su mujer y le acarició el pelo; pero comprendió que estaban los tres en la misma cama y llamó a una de las mellizas ordenándole que sacara la muñeca de allí y llamara a Facundo para que viniera a buscarla. Horacio se quedó recostado a María y los dos estuvieron silenciosos esperando que entrara del todo la noche. Después él tomó la mano de ella, y, buscando trabajosamente las palabras, como si tuviera que expresarse en un idioma que conociera poco, le confesó su desilusión por las muñecas y lo mal que lo había pasado sin ella.

IX

María creyó en la desilusión definitiva de Horacio por sus muñecas y los dos se entregaron a las costumbres felices de antes. Los primeros días pudieron soportar los recuerdos de Hortensia; pero después hacían silencios inesperados y cada uno sabía en quién pensaba el otro. Una mañana, paseando por el jardín, María se detuvo frente al árbol en que había puesto a Hortensia para sorprender a Horacio; después recordó la leyenda de los vecinos; y al pensar que realmente ella había matado a Hortensia, se puso a llorar. Cuando vino Horacio y le preguntó qué tenía, ella no le quiso decir y guardó un silencio hostil. Entonces él pensó que María, sola, con los brazos cruzados y sin Hortensia, desmerecía mucho. Una tarde, al oscurecer, él estaba sentado en la salita: tenía mucha angustia de pensar que por culpa de él no tenían a Hortensia y poco a poco se había sentido invadido por el remordimiento. Y de pronto se dio cuenta de que en la sala había un gato negro.[27] Se puso de pie, irritado, y ya iba a preguntar a Alex cómo lo habían dejado entrar, cuando apareció María y le dijo que ella lo había traído. Estaba contenta y mientras abrazaba a su marido le contó cómo lo había conseguido. Él, al verla tan feliz, no la quiso contrariar; pero sintió antipatía por aquel animal que se había acercado a él tan sigilosamente en instantes en que a él lo invadía el remordimiento. Y a los pocos días aquel animalito fue también el gato de la discordia. María lo acostumbró a ir a la cama y echarse encima de las cobijas. Horacio esperaba que María se durmiera; entonces producía, debajo de las cobijas, un terremoto que obligaba al gato a salir de allí. Una noche María se despertó en uno de esos instantes:

—¿Fuiste tú que espantaste al gato?

—No sé.

María rezongaba y defendía al gato. Una noche, después de cenar, Horacio fue al salón a tocar el piano. Había suspendido, desde hacía unos días, las escenas de las vitrinas y contra su costumbre había dejado las muñecas en la oscuridad –sólo las acompañaba el ruido de

---

27   Los capítulos 9 y 10 introducen un contrapunto sutil con la presencia del gato que sustituye a Hortensia como acompañante de María durante su breve reconciliación con Horacio. La exagerada aversión de Horacio ante el gato negro se presenta como una juguetona alusión al cuento de Poe, en el que el gato fantasmal encarna el remordimiento del narrador por sus acciones «perversas». El gato también funciona como una variación de las plantas que aparecen al principio del cuento en relación con María.

las máquinas–. Horacio encendió una portátil de pie colocada a un lado del piano y vio encima de la tapa los ojos del gato –su cuerpo se confundía con el color del piano–. Entonces, sorprendido desagradablemente, lo echó de mala manera. El gato saltó y fue hacia la salita; Horacio lo siguió corriendo, pero el animalito, encontrando cerrada la puerta que daba al patio, empezó a saltar y desgarró las cortinas de la puerta; una de ellas cayó al suelo; María la vio desde el comedor y vino corriendo. Dijo palabras fuertes; y las últimas fueron:

—Me obligaste a deshacer a Hortensia y ahora querrás que mate al gato.

Horacio tomó el sombrero y salió a caminar. Pensaba que María, si lo había perdonado –en aquel momento de la reconciliación le había dicho: «Te quiero porque eres loco»–, ahora no tenía derecho a decirle todo aquello y echarle en cara la muerte de Hortensia; ya tenía bastante castigo en lo que María desmerecía sin la muñeca; el gato, en vez de darle encanto la hacía vulgar. Al salir, él vio que ella se había puesto a llorar; entonces pensó: «Bueno, ahora que se quede ella con el gato del remordimiento.» Pero al mismo tiempo sentía el malestar del saber que los remordimientos de ella no eran nada comparados con los de él; y que si ella no le sabía dar ilusión, él, por su parte, se abandonaba a la costumbre de que ella le lavara las culpas. Y todavía, un poco antes de que él muriera, ella sería la única que lo acompañaría en la desesperación desconocida –y casi con seguridad cobarde– que tendría en los últimos días, o instantes. Tal vez muriera sin darse cuenta: todavía no había pensado bien en qué sería peor.

Al llegar a una esquina se detuvo a esperar el momento en que pudiera poner atención en la calle para evitar que lo pisara un vehículo. Caminó mucho rato por calles oscuras; y de pronto despertó de sus pensamientos en el Parque de las Acacias y fue a sentarse a un banco. Mientras pensaba en su vida, dejó la mirada debajo de unos árboles y después siguió la sombra, que se arrastraba hasta llegar a las aguas de un lago. Allí se detuvo y vagamente pensó en su alma: era como un silencio oscuro sobre aguas negras; ese silencio tenía memoria y recordaba el ruido de las máquinas como si también fuera silencio: tal vez ese ruido hubiera sido de un vapor que cruzaba aguas que se confundían con la noche, y donde aparecían recuerdos de muñecas como restos de un naufragio. De pronto Horacio volvió a la realidad y vio levantarse de la sombra a una pareja; mientras ellos venían caminando en dirección a él, Horacio recordó que había besado a María, por primera vez, en la copa de una higuera; fue después de comerse los primeros higos y estuvieron a punto de caerse. La pareja pasó cerca de él, cruzó una calle estrecha y entró en una casita; había varias iguales y algunas tenían cartel de alquiler. Al volver a su casa se reconcilió con María; pero en un instante en que se quedó solo, en el salón de las vitrinas, pensó que podía alquilar una de las casitas del parque y llevar una Hortensia. Al otro día, a la hora del desayuno, le llamó la atención que el gato de María tuviera dos moñas verdes[28] en la punta de las orejas. Su mujer le explicó que el boticario perforaba las orejas a todos los gatitos, a los pocos días de nacidos, con una de esas máquinas de agujerear papeles para poner en las carpetas. Esto hizo gracia a Horacio y lo encontró de buen augurio. Salió a la calle y le habló por teléfono a Facundo preguntándole cómo haría para distinguir, entre las muñecas de la tienda «La Primavera», las que eran Hortensias. Facundo le dijo que en ese momento había una sola, cerca de la caja, y que tenía una sola caravana en una oreja. La casualidad que hubiera una sola Hortensia en la tienda, le dio a Horacio la idea de que estaba predestinada y se entregó a pensar en la recaída de su vicio como en una fatalidad voluptuosa. Hubiera podido tomar un tranvía; pero se le ocurrió que eso lo sacaría de sus ideas: prefirió ir caminando y pensar en cómo se distinguiría aquella muñeca entre las demás. Ahora él también se confundía entre la gente y también le daba placer esconderse entre la muchedumbre. Había animación porque era víspera de carnaval. La tienda quedaba más lejos de lo que él había calculado. Empezó a cansarse y a tener deseos de conocer, cuanto antes, la muñeca. Un niño apuntó con una corneta y le descargó en la cara un ruido atroz. Horacio, contrariado, empezó a sentir un presentimiento angustioso y pensó en dejar la visita para la tarde; pero al llegar a la tienda y ver otras muñecas, disfrazadas, en las vidrieras, se decidió a entrar. La Hortensia tenía un traje del Renacimiento color vino. Su pequeño antifaz parecía hacer más orgullosa su cabeza y Horacio sintió deseos de dominarla; pero apareció una vendedora que lo conocía, haciéndole una sonrisa con la mitad de la boca,

---

28 Las moñas verdes en las orejas del gato de María reiteran su asociación con la naturaleza y las plantas, y por lo tanto con el color verde, tan emblemático en los cuentos del autor.

y Horacio se fue en seguida. A los pocos días ya había instalado la muñeca en una casita de Las Acacias. Una empleada de Facundo iba a las nueve de la noche, con una limpiadora, dos veces por semana; a las diez de la noche le ponía el agua caliente y se retiraba. Horacio no había querido que le sacaran el antifaz, estaba encantado con ella y la llamaba Herminia. Una noche en que los dos estaban sentados frente a un cuadro, Horacio vio reflejados en el vidrio los ojos de ella; brillaban en medio del color negro del antifaz y parecía que tuvieran pensamiento. Desde entonces se sentaba allí, ponía su mejilla junto a la de ella y cuando creía ver en el vidrio –el cuadro presentaba una caída de agua– que los ojos de ella tenían expresión de grandeza humillada, la besaba apasionadamente. Algunas noches cruzaba con ella el parque –parecía que anduviera con un espectro– y los dos se sentaban en un banco cerca de una fuente; pero de pronto él se daba cuenta que a Herminia se le enfriaba el agua y se apresuraba a llevarla de nuevo a la casita.

Al poco tiempo se hizo una gran exposición en la tienda «La Primavera». Una vidriera inmensa ocupaba todo el último piso; estaba colocada en el centro del salón y el público desfilaba por los cuatro corredores que habían dejado entre la vitrina y las paredes. El éxito de público fue extraordinario. (Además de ver los trajes, la gente quería saber cuáles de entre las muñecas eran Hortensias.) La gran vitrina estaba dividida en dos secciones por un espejo que llegaba hasta el techo. En la sección que daba a la entrada, las muñecas representaban una vieja leyenda del país, La Mujer del Lago, y había sido interpretada por los mismos muchachos que trabajaban para Horacio. En medio de un bosque, donde había un lago, vivía una mujer joven. Todas las mañanas ella salía de su carpa y se iba a peinar a la orilla del lado; pero llevaba un espejo. (Algunos decían que lo ponía frente al lago para verse la nuca.) Una mañana, algunas damas de la alta sociedad, después de una noche de fiesta, decidieron ir a visitar la mujer solitaria; llegarían al amanecer, le preguntarían por qué vivía sola y le ofrecerían ayuda. En el instante de llegar, la mujer del lago se peinaba; vio por entre sus cabellos los trajes de las damas y cuando ellas estuvieron cerca les hizo una humilde cortesía. Pero apenas una de las damas inició las preguntas, ella se puso de pie y empezó a caminar siguiendo el borde del lago. Las damas, a su vez, pensando que la mujer les iba a contestar o a mostrar algún secreto, la siguieron. Pero la mujer solitaria sólo daba vueltas al lago seguida por las damas, sin decirles ni mostrarles nada. Entonces las damas se fueron enojadas; y en adelante la llamaron «la loca del lago». Por eso, en aquel país, si ven a alguien silencioso le dicen: «Se quedó dando la vuelta al lago.»

Aquí, en la tienda «La Primavera», la mujer del lago aparecía ante una mesa de tocador colocada a la orilla del agua. Vestía un peinador blanco bordado de hojas amarillas y el tocador estaba lleno de perfumes y otros objetos. Era el instante de la leyenda en que llegaban las damas en traje de fiesta de la noche anterior. Por la parte de afuera de la vitrina, pasaban toda clase de caras; y no solo miraban las muñecas de arriba a abajo para ver los vestidos; había ojos que saltaban, llenos de sospecha, de un vestido a un escote y de una muñeca a la otra; y hasta desconfiaban de muñecas honestas como la mujer del lago. Otros ojos muy prevenidos miraban como si caminaran cautelosamente por encima de los vestidos y temieran caer en la piel de las muñecas. Una jovencita, inclinaba la cabeza con humildad de cenicienta y pensaba que el esplendor de algunos vestidos tenía que ver con el destino de las Hortensias. Un hombre arrugaba las cejas y bajaba los párpados para despistar a su esposa y esconder la idea de verse, él mismo, en posesión de una Hortensia. En general, las muñecas tenían el aire de locas sublimes que sólo pensaban en la «pose» que mantenían y no se les importaba si las vestían o las desnudaban.

La segunda sección se dividía, a su vez, en otras dos: una parte de playa y otra de bosque. En la primera, las muñecas estaban en traje de baño. Horacio se había detenido frente a dos que simulaban una conversación: una de ellas tenía dibujadas, en el abdomen, circunferencias concéntricas como un tiro al blanco (las circunferencias eran rojas) y la otra tenía pintados peces en los omóplatos. La cabeza pequeña de Horacio sobresalía, también, con fijeza de muñeco. Aquella cabeza siguió andando por entre la gente hasta detenerse, de nuevo, frente a las muñecas del bosque: eran indígenas y estaban semidesnudas. De la cabeza de algunas, en vez de cabello, salían plantas de hojas pequeñas que les caían como enredaderas; en la piel, oscura, tenían dibujadas flores o rayas, como los caníbales: y a otras les habían pintado, por todo el cuerpo, ojos humanos muy brillantes. Desde el primer instante, Horacio sintió predilección por una negra de aspecto normal; sólo tenía pintados los senos: eran dos cabecitas de negros con boquitas embetunadas de rojo.[29] Después Horacio siguió dando vueltas por toda la exposición hasta que llegó Facundo. Entonces le preguntó:

—De las muñecas del bosque, ¿cuáles son Hortensias?

—Mira hermano, en aquella sección, todas son Hortensias.

—Mándame la negra a Las Acacias...

—Antes de ocho días no puedo sacar ninguna.

Pero pasaron veinte antes que Horacio pudiera reunirse con la negra en la casita de Las Acacias. Ella estaba acostada y tapada hasta el cuello.

A Horacio no le pareció tan interesante; y cuando fue a separar las cobijas, la negra le soltó una carcajada infernal. María empezó a descargar su venganza de palabras agrias y a explicarle cómo había sabido la nueva traición. La mujer que hacía la limpieza era la misma que iba a lo de Pradera. Pero vio que Horacio tenía una tranquilidad extraña, como de persona extraviada y se detuvo.

—Y ahora ¿qué me dices? —le preguntó a los pocos instantes tratando de esconder su asombro.

Él la seguía mirando como a una persona desconocida y tenía la actitud de alguien que desde hace mucho tiempo sufre un cansancio que lo ha idiotizado. Después empezó a hacer girar su cuerpo con pequeños movimientos de sus pies.[30] Entonces María le dijo: «espérame». Y salió de la cama para ir al cuarto de baño a lavarse la pintura negra. Estaba asustada, había empezado a llorar y al mismo tiempo estornudaba. Cuando volvió al dormitorio Horacio ya se había ido; pero fue a su casa y lo encontró: se había encerrado en una pieza para huéspedes y no quería hablar con nadie.

X

Después de la última sorpresa, María pidió muchas veces a Horacio que la perdonara; pero él guardaba el silencio de un hombre de

---

29   La descripción de la muñeca negra nos recuerda a Josephine Baker, cuyas películas *La sirène des tropiques* (1927), *Zouzou* (1934), *Princesse Tam Tam* (1934) y *Moulin Rouge* (1941) a menudo la representaban semidesnuda y bailando de manera provocadora. Baker, que residió casi toda su vida adulta en París, era muy conocida en los círculos culturales latinoamericanos.

30   Horacio comienza a moverse como un muñeco.

palo que no representara a ningún santo ni concediera nada. La mayor parte del tiempo lo pasaba encerrado, casi inmóvil, en la pieza de huéspedes. (Sólo sabían que se movía porque vaciaba las botellas del vino de Francia.) A veces salía un rato, al oscurecer. Al volver comía un poco y en seguida se volvía a tirar en la cama con los ojos abiertos. Muchas veces María iba a verle tarde en la noche; y siempre encontraba sus ojos fijos, como si fueran de vidrio, y su quietud de muñeco.[31] Una noche se extrañó de ver arrollado, cerca de él, al gato. Entonces decidió llamar al médico y le empezaron a poner inyecciones. Horacio les tomó terror; pero tuvo más interés por la vida. Por último María, con la ayuda de los muchachos que habían trabajado en las vitrinas, consiguió que Horacio concurriera a una nueva sesión. Esa noche cenó en el comedor grande, con María, pidió la mostaza y bebió bastante vino de Francia. Después tomó el café en la salita y no tardó en pasar al salón. En la primera vitrina había una escena sin leyenda: en una gran piscina, donde el agua se movía continuamente, aparecían, en medio de plantas y luces de tonos bajos, algunos brazos y piernas sueltas. Horacio vio asomarse, entre unas ramas, la planta de un pie y le pareció una cara; después avanzó toda la pierna; parecía un animal buscando algo; al tropezar con el vidrio quedó quieta un instante y en seguida se fue para otro lado. Después vino otra pierna seguida de una mano con su brazo; se perseguían y se juntaban lentamente como fieras aburridas entre una jaula. Horacio quedó un rato distraído viendo todas las combinaciones que se producían entre los miembros sueltos, hasta que llegaron, juntos, los dedos de un pie y de una mano; de pronto la pierna empezó a enderezarse y a tomar la actitud vulgar de apoyarse sobre el pie; esto desilusionó a Horacio; hizo la seña de la luz a, Walter, y corrió la tarima hacia la segunda vitrina. Allí vio una muñeca sobre una cama con una corona de reina; y a su lado estaba arrollado el gato de María. Esto le hizo mala impresión y empezó a enfurecerse contra los muchachos que lo habían dejado entrar. A los pies de la cama había tres monjas hincadas en reclinatorios. La leyenda decía: «Esta reina pasó a la muerte en el momento que daba una limosna; no tuvo tiempo de confesarse pero todo su país ruega por ella.» Cuando Horacio la volvió a mirar, el gato no estaba. Sin embargo él tenía angustia y esperaba verlo aparecer por

---

31   Se intensifica la asociación de Horacio con un muñeco.

algún lado. Se decidió a entrar a la vitrina; pero no dejaba de estar atento a la mala sorpresa que le daría el gato. Llegó hasta la cama de la reina y al mirar su cara apoyó una mano en los pies de la cama; en ese instante otra mano, la de una de las tres monjas, se posó sobre la de él. Horacio no debe haber oído la voz de María pidiéndole perdón. Apenas sintió aquella mano sobre la suya levantó la cabeza, con el cuerpo rígido y empezó a abrir la boca moviendo las mandíbulas como un bicharraco que no pudiera graznar ni mover las alas. María le tomó un brazo; él lo separó con terror, comenzó a hacer movimientos de los pies para volver su cuerpo, como el día en que María pintada de negra había soltado aquella carcajada. Ella se volvió a asustar y lanzó un grito. Horacio tropezó con una de las monjas y la hizo caer; después se dirigió al salón pero sin atinar a salir por la pequeña puerta. Al tropezar con el cristal de la vitrina sus manos golpeaban el vidrio como pájaros contra una ventana cerrada. María no se animó a tomarle de nuevo los brazos y fue a llamar a Alex. No lo encontraba por ninguna parte. Al fin Alex la vio y creyendo que era una monja le preguntó qué deseaba. Ella le dijo, llorando, que Horacio estaba loco[32]; los dos fueron al salón, pero no encontraron a Horacio. Lo empezaron a buscar y de pronto oyeron sus pasos en el balasto del jardín. Horacio cruzaba por encima de los canteros. Y cuando María y el criado lo alcanzaron, él iba en dirección al ruido de las máquinas .[33]

---

32   Morales apunta: «La razón por la que 'Las Hortensias' puede ser considerado fantástico descansa posiblemente en la oposición de dos órdenes de realidad irreconciliables. Aunque se crea una apariencia de fusión que termina por minimizar las fronteras, esto finalmente conduce a una ruptura en el equilibrio de la situación narrada y la pérdida de la cordura.» (2004:149).

33   Al igual que «Menos Julia», el cuento tiene una estructura circular, terminando en el punto de partida: la mención de las máquinas.

La casa inundada

De esos días siempre recuerdo primero las vueltas en un bote alrededor de una pequeña isla[1] de plantas. Cada poco tiempo las cambiaban; pero allí las plantas no se llevaban bien. Yo remaba colocado detrás del cuerpo inmenso de la señora Margarita. Si ella miraba la isla un rato largo, era posible que me dijera algo; pero no lo que me había prometido; sólo hablaba de las plantas y parecía que quisiera esconder entre ellas otros pensamientos. Yo me cansaba de tener esperanzas y levantaba los remos como si fueran manos aburridas de contar siempre las mismas gotas. Pero ya sabía que, en otras vueltas del bote, volvería a descubrir, una vez más, que ese cansancio era una pequeña mentira confundida entre un poco de felicidad. Entonces me resignaba a esperar las palabras que me vendrían de aquel mundo, casi mudo, de espaldas a mí y deslizándose con el esfuerzo de mis manos doloridas.

Una tarde, poco antes del anochecer, tuve la sospecha de que el marido de la señora Margarita estaría enterrado en la isla.[2] Por eso ella me hacía dar vueltas por allí y me llamaba en la noche –si había luna– para dar vueltas de nuevo. Sin embargo el marido no podía estar en aquella isla; Alcides, –el novio de la sobrina de la señora Margarita– me dijo que ella había perdido al marido en un precipicio de Suiza. Y también recordé lo que me contó el botero la noche que llegué a la casa inundada. Él remaba despacio mientras recorríamos «la avenida de agua», del ancho de una calle y bordeada de plátanos con borlitas. Entre otras cosas supe que él y un peón habían llenado

---

1   Cirlot señala que «la isla es el refugio de la amenaza de un asalto del 'mar' del inconsciente, o, en otras palabras, es la síntesis de la conciencia y la voluntad». Añade que «la isla es también un símbolo de aislamiento, soledad o muerte»(1962:152).

2   La sospecha del narrador acerca del difunto marido de la señora Margarita recalca la asociación de la isla con la muerte y agudiza su ansiedad ante ella. Cabe señalar las connotaciones freudianas del temido castigo por desear a la madre.

de tierra la fuente del patio para que después fuera una isla.[3] Además
yo pensaba que los movimientos de la cabeza de la señora Margarita
–en las tardes que su mirada iba del libro a la isla y de la isla al libro–
no tenían relación con un muerto escondido debajo de las plantas.
También es cierto que una vez que la vi de frente tuve la impresión
de que los vidrios gruesos de sus lentes les enseñaban a los ojos a disimular y que la gran vidriera terminada en cúpula que cubría el patio
y la pequeña isla, era como para encerrar el silencio en que se con-
serva a los muertos.

Después recordé que ella no había mandado hacer la vidriera. Y
me gustaba saber que aquella casa, como un ser humano,[4] había
tenido que desempeñar diferentes cometidos; primero fue casa de
campo; después instituto astronómico; pero como el telescopio que
habían pedido a Norteamérica lo tiraron al fondo del mar los alemanes, decidieron hacer, en aquel patio, un invernáculo; y por último
la señora Margarita la compró para inundarla.

Ahora, mientras dábamos vuelta a la isla, yo envolvía a esta señora
con sospechas que nunca le quedaban bien. Pero su cuerpo inmenso,
rodeado de una simplicidad desnuda, me tentaba a imaginar sobre él
un pasado tenebroso. Por la noche parecía más grande, el silencio lo
cubría como un elefante dormido y a veces ella hacía una carraspera
rara, como un suspiro ronco.

Yo la había empezado a querer, porque después del cambio brusco
que me había hecho pasar de la miseria a esta opulencia, vivía en una
tranquilidad generosa y ella se prestaba –como prestaría el lomo una
elefanta blanca a un viajero– para imaginar disparates entretenidos.
Además, aunque ella no me preguntaba nada sobre mi vida, en el ins-

---

3   Las casas coloniales, siguiendo el modelo romano, generalmente tienen una fuente en
     medio del patio, lo que la asocia con el centro de la casa, y por extensión con el «centro»
     en su sentido metafísico. Cirlot (1962:108) asocia la fuente con el origen de la vida, ya
     que el agua emana de la misma, y se refiere a las conclusiones de Jung, que estudió am-
     pliamente el símbolo, en las que ve la fuente como imagen del alma, origen de la vida
     interior y la energía espiritual, y recipiente de los preceptos del inconsciente: «la inter-
     pretación junguiana es particularmente apta cuando el símbolo se remite a una fuente
     centralmente colocada en un jardín, donde el área central representa el Selbst o la indi-
     vidualidad»(108; mi traducción). Ver también Graziano (1997:165-227). La decisión de
     Margarita de cubrir la fuente con tierra y convertirla en una isla/tumba tiene connota-
     ciones siniestras que la asocian con el aspecto Terrible del arquetipo de la Gran Madre.
4   El uso de la casa como correlativo de la personalidad es frecuente en el cuento moderno
     desde Hoffmann, pasando por Poe, hasta los contemproráneos. En este tipo de esquema,
     el sótano generalmente representa el inconsciente, el ático la mente consciente, la cocina
     las transformaciones, y así sucesivamente. Esta casa llena de agua alude a un enorme
     útero, la primera morada.

tante de encontrarnos, levantaba las cejas como si se le fueran a volar, y sus ojos, detrás de los vidrios, parecían decir: «¿Qué pasa, hijo mío?».

Por eso yo fui sintiendo por ella una amistad equivocada; y si ahora dejo libre mi memoria se me va con esta primera señora Margarita; porque la segunda, la verdadera, la que conocí cuando ella me contó su historia, al fin de la temporada, tuvo una manera extraña de ser inaccesible. Pero ahora yo debo esforzarme en empezar esta historia por su verdadero principio, y no detenerme demasiado en las preferencias de los recuerdos.

Alcides me encontró en Buenos Aires en un día que yo estaba muy débil, me invitó a un casamiento y me hizo comer de todo. En el momento de la ceremonia, pensó en conseguirme un empleo, y ahogado de risa, me habló de una «atolondrada generosa» que podía ayudarme. Y al final me dijo que ella había mandado inundar una casa[5] según el sistema de un arquitecto sevillano que también inundó otra para un árabe que quería desquitarse de la sequía del desierto. Después Alcides fue con la novia a la casa de la señora Margarita, le habló mucho de mis libros y por último le dijo que yo era un «sonámbulo de confianza». Ella decidió contribuir, en seguida, con dinero; y en el verano próximo, si yo sabía remar, me invitaría a la casa inundada. No sé por qué causa, Alcides no me llevaba nunca; y después ella se enfermó. Ese verano fueron a la casa inundada antes que la señora Margarita se repusiera y pasaron los primeros días en seco. Pero al darle entrada al agua me mandaron llamar. Yo tomé un ferrocarril que me llevó hasta una pequeña ciudad de la provincia, y de allí a la casa fui en auto. Aquella región me pareció árida, pero al llegar la noche pensé que podía haber árboles escondidos en la oscuridad. El chofer me dejó con las valijas en un pequeño atracadero donde empezaba el canal, «la avenida de agua», y tocó la campana, colgada de un plátano; pero ya se había desprendido de la casa la luz pálida que traía el bote. Se veía una cúpula iluminada y al lado un

---

5   Generalmente, la inundación representa una invasión de la conciencia por el contenido del inconsciente. Aquí, sin embargo, no se trata de una catástrofe, sino de una inundación deliberadamente provocada, y hasta científicamente planeada por un arquitecto sevillano con un sistema de maquinarias. Cirlot señala que la «inmersión en el agua significa un regreso al estado pre-formal, con un sentido de muerte y aniquilación por una parte, pero renacimiento y regeneración por la otra, ya que la inmersión intensifica la fuerza vital» (1962:345; mi traducción). Ferré, por otra parte (1986:88-92), ve la metáfora central de la casa inundada como una alusión a la escritura «que se desarrolla paralelamente al fluir de las lágrimas de la señora Margarita» (1986:88).

monstruo oscuro tan alto como la cúpula.[6] (Era el tanque del agua).
Debajo de la luz venía un bote verdoso[7] y un hombre de blanco que
me empezó a hablar antes de llegar. Me conversó durante todo el tra-
yecto (fue él quien me dijo lo de la fuente llena de tierra). De pronto
vi apagarse la luz de la cúpula. En ese momento el botero me decía:
«Ella no quiere que tiren papeles ni ensucien el piso de agua. Del comedor al dormitorio de la señora Margarita no hay puerta y una
mañana en que se despertó temprano, vio venir nadando desde el comedor un pan que se le había caído a mi mujer.

A la dueña le dio mucha rabia y le dijo que se fuera inmediatamente y que no había cosa más fea en la vida que ver nadar un pan».

El frente de la casa estaba cubierto de enredaderas. Llegamos a un
zaguán ancho de luz amarillenta y desde allí se veía un poco del gran
patio de agua y la isla. El agua entraba en la habitación de la izquierda
por debajo de una puerta cerrada. El botero ató la soga del bote a un
gran sapo de bronce afirmado en la vereda de la derecha y por allí
fuimos con las valijas hasta una escalera de cemento armado. En el
primer piso había un corredor con vidrieras que se perdían entre el
humo de una gran cocina, de donde salió una mujer gruesa con flores
en el moño. Parecía española. Me dijo que la señora, su ama, me recibiría al día siguiente; pero que esa noche me hablaría por teléfono.

Los muebles de mi habitación, grandes y oscuros, parecían sentirse incómodos entre paredes blancas atacadas por la luz de una
lámpara eléctrica sin esmerilar y colgada desnuda, en el centro de la
habitación. La española levantó mi valija y le sorprendió el peso. Le
dije que eran libros. Entonces empezó a contarme el mal que le había
hecho a su ama «tanto libro» y «hasta la habían dejado sorda, y no le
gustaba que le gritaran». Yo debo haber hecho algún gesto por la molestia de la luz.

—¿A usted también le incomoda la luz? Igual que a ella.

Fui a encender una portátil; tenía pantalla verde[8] y daría una

---

6   La curiosa elección de la metáfora del tanque como «monstruo» le añade dimensiones
mitológicas y ominosas al ambiente que rodea a la señora Margarita, sugiriendo su aspecto absorbente y devorador de Madre Terrible.

7   Felisberto reitera su preferencia ya señalada por el color verde; el color del bote desdice
de su asociación con la barca de Caronte, el botero que llevaba las almas de los muertos
por el Estigio al Hades, y reitera la noción de circularidad, en el que la muerte se une al
renacimiento.

8   Así como el bote, la pantalla de la lámpara también es verde, uniendo dos símbolos centrales de Felisberto: la luz de la visión y el verde del mundo natural y el renacer.

sombra agradable. En el instante de encenderla sonó el teléfono colocado detrás de la portátil, y lo atendió la española. Decía muchos «sí» y las pequeñas flores blancas acompañaban conmovidas los movimientos del moño. Después ella sujetaba las palabras que se asomaban a la boca con una sílaba o un chistido. Y cuando colgó el tubo suspiró y salió de la habitación en silencio.

Comí y bebí buen vino. La española me hablaba pero yo, preocupado de cómo me iría en aquella casa, apenas le contestaba moviendo la cabeza como un mueble en un piso flojo. En el instante de retirar el pocillo de café de entre la luz llena de humo de mi cigarrillo, me volvió a decir que la señora me llamaría por teléfono. Yo miraba el aparato esperando continuamente el timbre, pero sonó en un instante en que no lo esperaba. La señora Margarita me preguntó por mi viaje y mi cansancio con voz agradable y tenue. Yo le respondía con fuerza separando las palabras.

—Hable naturalmente –me dijo–; ya le explicaré por qué le he dicho a María (la española) que estoy sorda. Quisiera que usted estuviera tranquilo en esta casa; es mi invitado; sólo le pediré que reme en mi bote y que soporte algo que tengo que decirle. Por mi parte haré una contribución mensual a sus ahorros y trataré de serle útil. He leído sus cuentos a medida que se publicaban. No he querido hablar de ellos con Alcides por temor a disentir, soy susceptible; pero ya hablaremos...

Yo estaba absolutamente conquistado. Hasta le dije que al día siguiente me llamara a las seis. Esa primera noche, en la casa inundada, estaba intrigado con lo que la señora Margarita tendría que decirme, me vino una tensión extraña y no podía hundirme en el sueño. No sé cuándo me dormí. A las seis de la mañana, un pequeño golpe de timbre, como la picadura de un insecto, me hizo saltar en la cama. Esperé, inmóvil, que aquello se repitiera. Así fue. Levanté el tubo del teléfono.

—¿Está despierto?

—Es verdad.

Después de combinar la hora de vernos me dijo que podía bajar en piyama y que ella me esperaría al pie de la escalera. En aquel instante me sentí como el empleado al que le dieran un momento libre.

En la noche anterior, la oscuridad me había parecido casi toda hecha de árboles; y ahora, al abrir la ventana, pensé que ellos se habrían ido al amanecer. Sólo había una llanura inmensa con un aire claro; y los únicos árboles eran los plátanos del canal. Un poco de viento les hacía mover el brillo de las hojas; al mismo tiempo se asomaban a la «avenida de agua» tocándose disimuladamente las copas. Tal vez allí podría empezar a vivir de nuevo con una alegría perezosa.[9] Cerré la ventana con cuidado, como si guardara el paisaje nuevo para mirarlo más tarde.

Vi, al fondo del corredor, la puerta abierta de la cocina y fui a pedir agua caliente para afeitarme en el momento que María le servía café a un hombre joven que dio los «buenos días» con humildad; era el hombre del agua y hablaba de los motores. La española, con una sonrisa, me tomó de un brazo y me dijo que me llevaría todo a mi pieza. Al volver, por el corredor, vi al pie de la escalera —alta y empinada— a la señora Margarita. Era muy gruesa y su cuerpo sobresalía de un pequeño bote como un pie gordo de un zapato escotado.[10] Tenía la cabeza baja porque leía unos papeles, y su trenza, alrededor de la cabeza, daba la idea de una corona dorada. Esto lo iba recordando después de una rápida mirada, pues temí que me descubriera observándola. Desde ese instante hasta el momento de encontrarla estuve nervioso. Apenas puse los pies en la escalera empezó a mirar sin disimulo y yo descendía con la dificultad de un líquido espeso por un embudo estrecho. Me alcanzó una mano mucho antes que yo llegara abajo. Y me dijo:

—Usted no es como yo me lo imaginaba... siempre me pasa eso... Me costará mucho acomodar sus cuentos a su cara.

Yo, sin poder sonreír, hacía movimientos afirmativos como un caballo al que le molestara el freno. Y le contesté:

—Tengo mucha curiosidad de conocerla y de saber qué pasará.

Por fin encontré su mano. Ella no me soltó hasta que pasé al asiento de los remos, de espaldas a la proa. La señora Margarita se removía con la respiración entrecortada, mientras se sentaba en el sillón que tenía el respaldo hacia mí. Me decía que estudiaba un pre-

---

9   Aquí se reitera el carácter asociativo del agua y la inundación con regeneración y renacimiento.

10   Muy citado por los estudiosos de la obra felisbertiana, este símil especialmente apto capta la enormidad física y psíquica de Margarita ante los ojos del narrador, y aúna su bondad con su monstruosidad. Cabe señalar que hacia el final de su vida Felisberto se había dejado engordar hasta alcanzar proporciones monstruosas (Ver Onetti, en Rela 1982:33).

supuesto para un asilo de madres y no podría hablarme por un rato. Yo remaba, ella manejaba el timón, y los dos mirábamos la estela que íbamos dejando. Por un instante tuve la idea de un gran error; yo no era botero y aquel peso era monstruoso. Ella seguía pensando en el asilo de madres sin tener en cuenta el volumen de su cuerpo y la pequeñez de mis manos. En la angustia del esfuerzo me encontré con los ojos casi pegados al respaldo de su sillón; y el barniz oscuro y la esterilla llena de agujeritos, como los de un panal, me hicieron acordar de una peluquería a la que me llevaba mi abuelo cuando yo tenía seis años. Pero estos agujeros estaban llenos de bata blanca y de la gordura de la señora Margarita. Ella me dijo:

—No se apure; se va a cansar en seguida.

Yo aflojé los remos de golpe, caí como en un vacío dichoso y me sentí por primera vez deslizándome con ella en el silencio del agua. Después tuve cierta conciencia de haber empezado a remar de nuevo. Pero debe haber pasado largo tiempo. Tal vez me haya despertado el cansancio. Al rato ella me hizo señas con una mano, como cuando se dice adiós, pero era para que me detuviera en el sapo más próximo. En toda la vereda que rodeaba al lago, había esparcidos sapos de bronce para atar el bote. Con gran trabajo y palabras que no entendí, ella sacó el cuerpo del sillón y lo puso de pie en la vereda. De pronto nos quedamos inmóviles, y fue entonces cuando hizo por primera vez la carraspera rara, como si arrastrara algo, en la garganta, que no quisiera tragar y que al final era un suspiro ronco. Yo miraba el sapo al que habíamos amarrado el bote pero veía también los pies de ella, tan fijos como otros dos sapos. Todo hacía pensar que la señora Margarita hablaría. Pero también podía ocurrir que volviera a hacer la carraspera rara. Si la hacía o empezaba a conversar yo soltaría el aire que retenía en los pulmones para no perder las primeras palabras. Después la espera se fue haciendo larga y yo dejaba escapar la respiración como si fuera abriendo la puerta de un cuarto donde alguien duerme. No sabía si esa espera quería decir que yo debía mirarla; pero decidí quedarme inmóvil todo el tiempo que fuera necesario. Me encontré de nuevo con el sapo y los pies, y puse mi atención en ellos sin mirar directamente. La parte aprisionada en los zapatos era pequeña; pero después se desbordaba la gran garganta blanca y la pierna rolliza y blanda con ternura de bebé que ignora sus formas; y la idea de inmensidad que había encima de aquellos pies era como el sueño fantástico de un niño. Pasé demasiado tiempo esperando la carraspera; y no sé en qué pensamientos andaría cuando oí sus primeras palabras. Entonces tuve la idea de que un inmenso jarrón se había ido llenando silenciosamente y ahora dejaba caer el agua con pequeños ruidos intermitentes.

—Yo le prometí hablar, pero hoy no puedo... tengo un mundo de cosas en qué pensar...

Cuando dijo «mundo», yo, sin mirarla, me imaginé las curvas de su cuerpo. Ella siguió:

—Además usted no tiene culpa, pero me molesta que sea tan diferente.

Sus ojos se achicaron y en su cara se abrió una sonrisa inesperada; el labio superior se recogió hacia los lados como algunas cortinas de los teatros y se adelantaron, bien alineados, grandes dientes brillantes.

—Yo, sin embargo, me alegro que usted sea como es.

Esto lo debo haber dicho con una sonrisa provocativa, porque pensé en mí mismo como en un sinvergüenza de otra época con una pluma en el gorro. Entonces empecé a buscar sus ojos verdes detrás de los lentes. Pero en el fondo de aquellos lagos de vidrio, tan pequeños y de ondas tan fijas, los párpados se habían cerrado y abultaban avergonzados. Los labios empezaron a cubrir los dientes de nuevo y toda la cara se fue llenando de un color rojizo que ya había visto antes en faroles chinos. Hubo un silencio como de mal entendido y uno de sus pies tropezó con un sapo al tratar de subir al bote. Yo hubiera querido volver unos instantes hacia atrás y que todo hubiera sido distinto. Las palabras que yo había dicho mostraban un fondo de insinuación grosera que me llenaba de amargura. La distancia que había de la isla a las vidrieras se volvía un espacio ofendido y las cosas se miraban entre ellas como para rechazarme. Eso era una pena, porque yo las había empezado a querer. Pero de pronto la señora Margarita dijo:

—Deténgase en la escalera y vaya a su cuarto. Creo que luego tendré muchas ganas de conversar con usted.

Entonces yo miré unos reflejos que había en el lago y sin ver las plantas me di cuenta de que me eran favorables; y subí contento aquella escalera casi blanca, de cemento armado, como un chiquilín que trepara por las vértebras de un animal prehistórico.

Me puse a arreglar seriamente mis libros entre el olor a madera nueva del ropero y sonó el teléfono:

—Por favor, baje un rato más; daremos unas vueltas en silencio y cuando yo le haga una seña usted se detendrá al pie de la escalera, volverá a su habitación y yo no lo molestaré más hasta que pasen dos días.

Todo ocurrió como ella lo había previsto, aunque en un instante en que rodeamos la isla de cerca y ella miró las plantas parecía que iba a hablar.

Entonces, empezaron a repetirse unos días imprecisos de espera y de pereza, de aburrimiento a la luz de la luna y de variedad de sospechas con el marido de ella bajo las plantas. Yo sabía que tenía gran dificultad en comprender a los demás y trataba de pensar en la señora Margarita un poco como Alcides y otro poco como María; pero también sabía que iba a tener pereza de seguir desconfiando. Entonces me entregué a la manera de mi egoísmo; cuando estaba con ella esperaba, con buena voluntad y hasta con pereza cariñosa, que ella me dijera lo que se le antojara y entrara cómodamente en mi comprensión. O si no, podría ocurrir, que mientras yo vivía cerca de ella, con un descuido encantado, esa comprensión se formara despacio, en mí, y rodeara toda su persona. Y cuando estuviera en mi pieza, entregado a mis lecturas, miraría también la llanura, sin acordarme de la señora Margarita. Y desde allí, sin ninguna malicia, robaría para mí la visión del lugar y me la llevaría conmigo al terminar el verano.

Pero ocurrieron otras cosas.

Una mañana el hombre del agua tenía un plano azul sobre la mesa. Sus ojos y sus dedos seguían las curvas que representaban los caños del agua incrustados sobre las paredes y debajo de los pisos como gusanos que las hubieran carcomido. Él no me había visto, a pesar de que sus pelos revueltos parecían desconfiados y apuntaban en todas direcciones. Por fin levantó los ojos. Tardó en cambiar la idea de que me miraba a mí en vez de lo que había en los planos y después empezó a explicarme cómo las máquinas, por medio de los caños, absorbían y vomitaban el agua de la casa para producir una tormenta artificial. Yo no había presenciado ninguna de las tormentas; sólo había visto las sombras de algunas planchas de hierro que resultaron ser bocas que se abrían y cerraban alternativamente, unas tragando y otras echando agua. Me costaba comprender la combinación de algunas válvulas; y el hombre quiso explicarme todo de nuevo. Pero entró María.

—Ya sabes tú que no debes tener a la vista esos caños retorcidos. A ella le parecen intestinos... y puede llegarse hasta aquí, como el año pasado... –Y dirigiéndose a mí–: Por favor, usted oiga, señor, y cierre el pico. Sabrá que esta noche tendremos «velorio». Sí, ella pone velas en las budineras que deja flotando alrededor de la cama y se hace la ilusión de que es su propio «velorio». Y después hace andar el agua para que la corriente se lleve las budineras.

Al anochecer oí los pasos de María, el gong para hacer marchar el agua y el ruido de los motores.[11] Pero ya estaba aburrido y no quería asombrarme de nada.

Otra noche en que yo había comido y bebido demasiado, el estar remando siempre detrás de ella me parecía un sueño disparatado; tenía que estar escondido detrás de la montaña, que al mismo tiempo se deslizaba con el silencio que suponía en los cuerpos celestes; y con todo me gustaba pensar que «la montaña» se movía porque yo la llevaba en el bote. Después ella quiso que nos quedáramos quietos y pegados a la isla. Ese día habían puesto unas plantas que se asomaban como sombrillas inclinadas y ahora no nos dejaban llegar la luz que la luna hacía pasar por entre los vidrios. Yo transpiraba por el calor, y las plantas se nos echaban encima. Quise meterme en el agua, pero como la señora Margarita se daría cuenta de que el bote perdía peso, dejé esa idea. La cabeza se me entretenía en pensar cosas por su cuenta: «El nombre de ella es como su cuerpo; las dos primera sílabas se parecen a toda esa carga de gordura y las dos últimas a su cabeza y sus facciones pequeñas». Parece mentira, la noche es tan inmensa, en el campo, y nosotros aquí, dos personas mayores, tan cerca y pensando

---

11   Esta mención nos remite al «ruido de las máquinas» que funciona como contrapunto a lo largo de «Las Hortensias». Lockhart observa que «Las 'máquinas que en 'La casa in-undada' producen tormentas artificiales, provocan en él un rechazo análogo al que le produce el agua del mar sobre la que caen lluvias, 'un agua tragándose a la otra'» (1991:187). Graziano subraya la intertextualidad de los dos relatos al observar que «Margarita of 'The Flooded House' employs 'specialists' to stage her fantasy just as Horacio does to stage his (...) and water –including the reflective properties of water– plays a central role in both narratives» (1997: 72).

quién sabe qué estupideces diferentes. Deben ser las dos de la madrugada... y estamos inútilmente despiertos, agobiados por estas
ramas... Pero qué firme es la soledad de esta mujer...

Y de pronto, no sé en qué momento, salió de entre las ramas un
rugido que me hizo temblar. Tardé en comprender que era la carraspera de ella y unas pocas palabras:

—No me haga ninguna pregunta...

Aquí se detuvo. Yo me ahogaba y me venían cerca de la boca palabras que parecían de un antiguo compañero de orquesta que tocaba
el bandoneón: «¿quién te hace ninguna pregunta? ... Mejor me de-
jaras ir a dormir...»

Y ella terminó de decir:

—... hasta que yo le haya contado todo.

Por fin aparecían las palabras prometidas –ahora que yo no las esperaba–. El silencio nos apretaba debajo de las ramas pero no me
animaba a llevar el bote más adelante. Tuve tiempo de pensar en la
señora Margarita con palabras que oía dentro de mí y como ahogadas
en una almohada. «Pobre, me decía a mí mismo, debe tener necesidad
de comunicarse con alguien. Y estando triste le será difícil manejar
ese cuerpo...»

Después que ella empezó a hablar, me pareció que su voz también
sonaba dentro de mí como si yo pronunciara sus palabras. Tal vez por
eso ahora confundo lo que ella me dijo con lo que yo pensaba. Además
me será difícil juntar todas sus palabras y no tendré más remedio que
poner aquí muchas de las mías.

«Hace cuatro años, al salir de Suiza, el ruido del ferrocarril me era
insoportable. Entonces me detuve en una pequeña ciudad de Italia...».

Parecía que iba a decir con quién, pero se detuvo. Pasó mucho rato
y creí que esa noche no diría más nada. Su voz se había arrastrado con
intermitencias y hacía pensar en la huella de un animal herido. En el
silencio, que parecía llenarse de todas aquellas ramas enmarañadas,
se me ocurrió repasar lo que acababa de oír. Después pensé que yo me
había quedado, indebidamente, con la angustia de su voz en la memoria, para llevarla después a mi soledad y acariciarla. Pero en seguida, como si alguien me obligara a soltar esa idea, se deslizaron
otras. Debe haber sido con él que estuvo antes en la pequeña ciudad

de Italia. Y después de perderlo, en Suiza, es posible que haya salido de allí sin saber que todavía le quedaba un poco de esperanza (Alcides me había dicho que no encontraron los restos) y al alejarse de aquel lugar, el ruido del ferrocarril la debe haber enloquecido. Entonces, sin querer alejarse demasiado, decidió bajarse en la pequeña ciudad de Italia. Pero en ese otro lugar se ha encontrado, sin duda, con recuerdos que le produjeron desesperaciones nuevas. Ahora ella no podrá decirme todo esto, por pudor, o tal vez por creer que Alcides me ha contado todo. Pero él no me dijo que ella está así por la pérdida de su marido, sino simplemente: «Margarita fue trastornada toda su vida», y María atribuía la rareza de su ama a «tanto libro». Tal vez ellos se hayan confundido porque la señora Margarita no les habló de su pena. Y yo mismo, si no hubiera sabido algo por Alcides, no habría comprendido nada de su historia, ya que la señora Margarita nunca me dijo ni una palabra de su marido.

Yo seguí con muchas ideas como éstas, y cuando las palabras de ella volvieron, la señora Margarita parecía instalada en una habitación del primer piso de un hotel, en la pequeña ciudad de Italia, a la que había llegado por la noche. Al rato de estar acostada, se levantó porque oyó ruidos, y fue hacia una ventana de un corredor que daba al patio. Allí había reflejos de luna y de otras luces. Y de pronto, como si se hubiera encontrado con una cara que le había estado acechando, vio una fuente de agua. Al principio no podía saber si el agua era una mirada falsa en la cara oscura de la fuente de piedra; pero después el agua le pareció inocente; y al ir a la cama la llevaba en los ojos y caminaba con cuidado para no agitarla. A la noche siguiente no hubo ruidos pero igual se levantó. Esta vez el agua era poca, sucia y al ir a la cama, como en la noche anterior, le volvió a parecer que el agua la observaba, ahora era por entre hojas que no alcanzaban a nadar. La señora Margarita la siguió mirando, dentro de sus propios ojos y las miradas de las dos se habían detenido en una misma contemplación. Tal vez por eso, cuando la señora Margarita estaba por dormirse, tuvo un presentimiento que no sabía si le venía de su alma o del fondo del agua. Pero sintió que alguien quería comunicarse con ella, que había dejado un aviso en el agua y por eso el agua insistía en mirar y en que la miraran. Entonces la señora Margarita bajó de la cama y anduvo vagando, descalza y asombrada, por su pieza y el corredor; pero ahora, la luz y todo era distinto, como si alguien hubiera mandado cubrir el espacio donde ella caminaba con otro aire y otro sentido de las cosas. Esta vez ella no se animó a mirar el agua; y al volver a su cama sintió caer en su camisón, lágrimas verdaderas y esperadas desde hacía mucho tiempo.

A la mañana siguiente, al ver el agua distraída, entre mujeres que hablaban en voz alta, tuvo miedo de haber sido engañada por el silencio de la noche y pensó que el agua no le daría ningún aviso ni la comunicaría con nadie. Pero escuchó con atención lo que decían las mujeres y se dio cuenta de que ellas empleaban sus voces en palabras tontas, que el agua no tenía culpa de que se las echaran encima como si fueran papeles sucios y que no se dejaría engañar por la luz del día.[12] Sin embargo, salió a caminar, vio un pobre viejo con una regadera en la mano y cuando él la inclinó apareció una vaporosa pollera de agua, haciendo murmullos como si fuera movida por pasos. Entonces, conmovida, pensó: «No, no debo abandonar el agua; por algo ella insiste como una niña que no puede explicarse». Esa noche no fue a la fuente porque tenía un gran dolor de cabeza y decidió tomar una pastilla para aliviarse. Y en el momento de ver el agua entre el vidrio del vaso y la poca luz de la penumbra, se imaginó que la misma agua se había ingeniado para acercarse y poner un secreto en los labios que iban a beber. Entonces la señora Margarita se dijo: «No, esto es muy serio; alguien prefiere la noche para traer el agua a mi alma».

Al amanecer fue a ver a solas el agua de la fuente para observar minuciosamente lo que había entre el agua y ella. Apenas puso sus ojos sobre el agua se dio cuenta que por su mirada descendía un pensamiento. Aquí la señora Margarita dijo estas mismas palabras: «un pensamiento que ahora no importa nombrar» y, después de una larga carraspera, «un pensamiento confuso y como deshecho de tanto estrujarlo. Se empezó a hundir, lentamente y lo dejé reposar. De él nacieron reflexiones que mis miradas extrajeron del agua y me llenaron los ojos y el alma. Entonces supe, por primera vez, que hay que cultivar los recuerdos en el agua, que el agua elabora lo que en ella se refleja y que recibe el pensamiento. En caso de desesperación no hay

---

12   «...no se dejaría engañar por la luz del día/...alguien prefiere la noche para traer el agua a mi alma». Como la mayor parte de los protagonistas de los cuentos de Felisberto, la señora Margarita decide no compartir el mundo de las convenciones diurnas, y escoge el mundo nocturno, el de las aguas del inconsciente. Toda esta sección se apoya en la metáfora sostenida del agua como el inconsciente, fuente de vida e inspiración.

que entregar el cuerpo al agua; hay que entregar a ella el pensamiento; ella lo penetra y él nos cambia el sentido de la vida». Fueron éstas, aproximadamente, sus palabras.

Después se vistió, salió a caminar, vio de lejos un arroyo, y en el primer momento no se acordó que por los arroyos corría agua –algo del mundo con quien sólo ella podía comunicarse. Al llegar a la orilla, dejó su mirada en la corriente, y en seguida tuvo la idea, sin embargo, de que esta agua no se dirigía a ella; y que además ésta podía llevarle los recuerdos para un lugar lejano, o gastárselos. Sus ojos la obligaron a atender a una hoja recién caída de un árbol; anduvo un instante en la superficie y en el momento de hundirse la señora Margarita oyó pasos sordos, como palpitaciones. Tuvo una angustia de presentimientos imprecisos y la cabeza se le oscureció. Los pasos eran de un caballo que se acercó con una confianza un poco aburrida y hundió los belfos en la corriente[13]; sus dientes parecían agrandados a través de un vidrio que se moviera, y cuando levantó la cabeza el agua chorreaba por los pelos de sus belfos[14] sin perder ninguna dignidad. Entonces pensó en los caballos que bebían el agua del país de ella, y en lo distinta que sería el agua allá.

Esa noche, en el comedor del hotel, la señora Margarita se fijaba a cada momento en una de las mujeres que habían hablado a gritos cerca de la fuente. Mientras el marido la miraba, embobado, la mujer tenía una sonrisa irónica, y cuando se fue a llevar una copa a los labios, la señora pensó: «En qué bocas anda el agua». En seguida se sintió mal, fue a su pieza y tuvo una crisis de lágrimas. Después se durmió pesadamente y a las dos de la madrugada se despertó agitada y con el recuerdo del arroyo llenándole el alma. Entonces tuvo ideas en favor del arroyo: «Esa agua corre como una esperanza desinteresada y nadie puede con ella. Si el agua que corre es poca, cualquier pozo puede prepararle una trampa y encerrarla: entonces ella se entristece, se llena de un silencio sucio, y ese pozo es como la cabeza de un loco. Yo debo

---

13   El caballo, emblemático del recuerdo en «El caballo perdido», enamorado de una mujer en «La mujer parecida a mí», y agente de cambio en «Las Hortensias», reaparece ahora como heraldo del recuerdo. Lockhart subraya la intertextualidad de las referencias al caballo y el agua en este cuento: «Aquel caballo que bajaba a beber agua y mojaba sus belfos en el líquido claro, reaparece así en el caballo de 'La mujer parecida a mí', que también bajaba a beber las aguas de un arroyo; y así la casa de Celina en 'El caballo perdido', rodeada de agua, reaparecerá en la casa de Margarita de 'La casa inundada', a la que ya no sólo rodea sino también penetra, agua de hondo sentido que se va convirtiendo así en tema principal, casi obsesivo» (1991:178).

14   Belfos: labios del caballo.

tener esperanzas como de paso, vertiginosas, si es posible, y no pensar demasiado en que se cumplan; ese debe ser, también, el sentido del agua, su inclinación instintiva. Yo debo estar con mis pensamientos y mis recuerdos como en un agua que corre con gran caudal...»

Esta marea de pensamientos creció rápidamente y la señora Margarita se levantó de la cama, preparó las valijas y empezó a pasearse por su cuarto y el corredor sin querer mirar el agua de la fuente. Entonces pensaba: «El agua es igual en todas partes y yo debo cultivar mis recuerdos en cualquier agua del mundo». Pasó un tiempo angustioso antes de estar instalada en el ferrocarril. Pero después el ruido de las ruedas la deprimió y sintió pena por el agua que había dejado en la fuente del hotel; recordó la noche en que estaba sucia y llena de hojas, como una niña pobre, pidiéndole una limosna y ofreciéndole algo; pero si no había cumplido la promesa de una esperanza o un aviso, era por alguna picardía natural de la inocencia. Después la señora Margarita se puso una toalla en la cara, lloró y eso le hizo bien. Pero no podía abandonar sus pensamientos del agua quieta: «Yo debo preferir, seguía pensando, el agua que esté detenida en la noche para que el silencio se eche lentamente sobre ella y todo se llene de sueño y de plantas enmarañadas. Eso es más parecido al agua que llevo en mí, si cierro los ojos siento como si las manos de una ciega tantearan la superficie de su propia agua y recordara borrosamente, un agua entre plantas que vio en la niñez, cuando aún le quedaba un poco de vista».

Aquí se detuvo un rato, hasta que yo tuve conciencia de haber vuelto a la noche en que estábamos bajo las ramas; pero no sabía bien si esos últimos pensamientos la señora Margarita los había tenido en el ferrocarril, o se le habían ocurrido ahora, bajo estas ramas. Después me hizo señas para que fuera al pie de la escalera.

Esa noche no encendí la luz de mi cuarto, y al tantear los muebles tuve el recuerdo de otra noche en que me había emborrachado ligeramente con una bebida que tomaba por primera vez. Ahora tardé en desvestirme. Después me encontré con los ojos fijos en el tul del mosquitero y me vinieron de nuevo las palabras que se habían desprendido del cuerpo de la señora Margarita.

En el mismo instante del relato no sólo me di cuenta que ella pertenecía al marido, sino que yo había pensado demasiado en ella; y a veces de una manera culpable. Entonces parecía que fuera yo el que escondía los pensamientos entre las plantas. Pero desde el momento en que la señora Margarita empezó a hablar sentí una angustia como si su cuerpo se hundiera en un agua que me arrastrara a mí también; mis pensamientos culpables aparecieron de una manera fugaz y con la idea de que no había tiempo ni valía la pena pensar en ellos; y a medida que el relato avanzaba el agua se iba presentando como el espíritu de una religión que nos sorprendiera en formas diferentes, y los pecados, en esa agua, tenían otro sentido y no importaba tanto su significado. El sentimiento de una religión del agua era cada vez más fuerte. Aunque la señora Margarita y yo éramos los únicos fieles de carne y hueso, los recuerdos de agua que yo recibía en mi propia vida, en las intermitencias del relato, también me parecían fieles de esa religión; llegaban con lentitud, como si hubieran emprendido el viaje desde hacía mucho tiempo y apenas cometido un gran pecado.

De pronto me di cuenta que de mi propia alma me nacía otra nueva y que yo seguiría a la señora Margarita no sólo en el agua, sino también en la idea de su marido. Y cuando ella terminó de hablar y yo subía la escalera de cemento armado, pensé que en los días que caía agua del cielo había reuniones de fieles.

Pero, después de acostado bajo aquel tul, empecé a rodear de otra manera el relato de la señora Margarita; fui cayendo con una sorpresa lenta, en mi alma de antes, y pensando que yo también tenía mi angustia propia; que aquel tul en que yo había dejado prendidos los ojos abiertos, estaba colgado encima de un pantano y que de allí se levantaban otros fieles, los míos propios, y me reclamaban otras cosas. Ahora recordaba mis pensamientos culpables con bastantes detalles y cargados, con un sentido que yo conocía bien. Habían empezado en una de las primeras tardes, cuando sospechaba que la señora Margarita me atraería como una gran ola; no me dejaría hacer pie y mi pereza me quitaría fuerzas para defenderme. Entonces tuve una reacción y quise irme de aquella casa; pero eso fue como si al despertar, hiciera un movimiento con la intención de levantarme y sin darme cuenta me acomodara para seguir durmiendo. Otra tarde quise imaginarme —ya lo había hecho con otras mujeres— cómo sería yo casado con ésta. Y por fin había decidido, cobardemente, que si su soledad me inspirara lástima y yo me casara con ella, mis amigos dirían que lo había hecho por el dinero; y mis antiguas novias se reirían de mí al descubrirme caminando por veredas estrechas detrás de una mujer gruesísima que resultaba ser mi mujer. (Ya había tenido que andar detrás de ella, por la vereda angosta que rodeaba el lago, en las noches que ella quería caminar).

Ahora a mí no me importaba lo que dijeran los amigos ni las burlas de las novias de antes. Esta señora Margarita me atraía con una fuerza que parecía ejercer a gran distancia, como si yo fuera un satélite, y al mismo tiempo que se me aparecía lejana y ajena, estaba llena de una sublimidad extraña. Pero mis fieles me reclamaban a la primera señora Margarita, aquella desconocida más sencilla, sin marido, y en la que mi imaginación podía intervenir más libremente. Y debo haber pensado muchas cosas más antes que el sueño me hiciera desaparecer el tul.

A la mañana siguiente, la señora Margarita me dijo, por teléfono: «Le ruego que vaya a Buenos Aires por unos días; haré limpiar la casa y no quiero que usted me vea sin el agua». Después me indicó el hotel donde debía ir. Allí recibiría el aviso para volver.

La invitación a salir de su casa hizo disparar en mí un resorte celoso y en el momento de irme me di cuenta de que a pesar de mi excitación llevaba conmigo un envoltorio pesado de tristeza y que apenas me tranquilizara tendría la necesidad estúpida de desenvolverlo y revisarlo cuidadosamente. Eso ocurrió al poco rato, y cuando tomé el ferrocarril tenía tan pocas esperanzas de que la señora Margarita me quisiera, como serían las de ella cuando tomó aquel ferrocarril sin saber si su marido aún vivía. Ahora eran otros tiempos y otros ferrocarriles; pero mi deseo de tener algo común con ella me hacía pensar: «Los dos hemos tenido angustias entre ruidos de ruedas de ferrocarriles».[15] Pero esta coincidencia era tan pobre como la de haber acertado sólo una cifra de las que tuviera un billete premiado. Yo no tenía la virtud de la señora Margarita de encontrar un agua milagrosa, ni buscaría consuelo en ninguna religión. La noche anterior había traicionado a mis propios fieles, porque aunque ellos querían llevarme con la primera señora Margarita, yo tenía, también, en el

---

15 El ruido de máquinas, en este caso ferrocarriles, se presenta como contrapunto a las emociones humanas.

fondo de mi pantano, otros fieles que miraban fijamente a esta señora como bichos encantados por la luna. Mi tristeza era perezosa, pero vivía en mi imaginación con orgullo de poeta incomprendido. Yo era un lugar provisorio donde se encontraban todos mis antepasados un momento antes de llegar a mis hijos; pero mis abuelos aunque eran distintos y con grandes enemistades, no querían pelear mientras pasaban por mi vida: preferían el descanso, entregarse a la pereza y desencontrarse como sonámbulos caminando por sueños diferentes. Yo trataba de no provocarlos, pero si eso llegaba a ocurrir preferiría que la lucha fuera corta y se exterminaran de un golpe.

En Buenos Aires me costaba hallar rincones tranquilos donde Alcides no me encontrara. (A él le gustaría que le contara cosas de la señora Margarita para ampliar su mala manera de pensar en ella). Además yo ya estaba bastante confundido con mis dos señoras Margaritas y vacilaba entre ellas como si no supiera a cuál, de dos hermanas, debía preferir o traicionar; ni tampoco las podía fundir, para amarlas al mismo tiempo. A menudo me fastidiaba que la última señora Margarita me obligara a pensar en ella de una manera tan pura, y tuve la idea de que debía seguirla en todas sus locuras para que ella me confundiera entre los recuerdos del marido, y yo, después, pudiera sustituirlo.

Recibí la orden de volver en un día de viento y me lancé a viajar con una precipitación salvaje. Pero ese día, el viento parecía traer oculta la misión de soplar contra el tiempo y nadie se daba cuenta de que los seres humanos, los ferrocarriles y todo se movía con una lentitud angustiosa. Soporté el viaje con una paciencia inmensa y al llegar a la casa inundada fue María la que vino a recibirme al embarcadero. No me dejó remar y me dijo que el mismo día que yo me fui, antes de retirarse el agua, ocurrieron dos accidentes. Primero llegó Filomena, la mujer del botero, a pedir que la señora Margarita la volviera a tomar. No la habían despedido sólo por haber dejado nadar aquel pan, sino porque la encontraron seduciendo a Alcides una vez que él estuvo allí en los primeros días. La señora Margarita, sin decir una palabra, la empujó, y Filomena cayó al agua; cuando se iba, llorando y chorreando agua, el marido la acompañó y no volvieron más. Un poco más tarde, cuando la señora Margarita acercó, tirando de un cordón, el tocador a su cama (allí los muebles flotaban sobre gomas infladas, como las que los niños llevan a las playas), volcó una botella de aguardiente sobre un calentador que usaba para unos afeites y se incendió el tocador. Ella pidió agua por teléfono, «como si allí no hubiera bastante o no fuera la misma que hay en toda la casa»,[16] decía María.

La mañana que siguió a mi vuelta era radiante y habían puesto plantas nuevas; pero sentí celos de pensar que allí había algo diferente a lo de antes: la señora Margarita y yo no encontraríamos las palabras y los pensamientos como los habíamos dejado, debajo de las ramas.

Ella volvió a su historia después de algunos días. Esa noche, como ya había ocurrido otras veces, pusieron una pasarela para cruzar el agua del zaguán. Cuando llegué al pie de la escalera la señora Margarita me hizo señas para que me detuviera; y después para que caminara detrás de ella. Dimos una vuelta por toda la vereda estrecha que rodeaba al lago y ella empezó a decirme que al salir de aquella ciudad de Italia pensó que el agua era igual en todas partes del mundo. Pero no fue así, y muchas veces tuvo que cerrar los ojos y ponerse los dedos en los oídos para encontrarse con su propia agua. Después de haberse detenido en España, donde un arquitecto le vendió los planos para una casa inundada —ella no me dio detalles— tomó un barco demasiado lleno de gente y al dejar de ver tierra se dio cuenta que el agua del océano no le pertenecía, que en ese abismo se ocultaban demasiados seres desconocidos. Después me dijo que algunas personas, en el barco, hablaban de naufragios y cuando miraban la inmensidad del agua, parecía que escondían miedo; pero no tenían escrúpulo en sacar un poquito de aquella agua inmensa, de echarla en una bañera, y de entregarse a ella con el cuerpo desnudo. También les gustaba ir al fondo del barco y ver las calderas, con el agua encerrada y enfurecida por la tortura del fuego. En los días que el mar estaba agitado la señora Margarita se acostaba en su camarote, y hacía andar sus ojos por hileras de letras, en diarios y revistas, como si siguieran caminos de hormigas. O miraba un poco el agua que se movía entre un botellón de cuello angosto. Aquí detuvo el relato y yo me di cuenta que ella se balanceaba como un barco. A menudo nuestros pasos no coincidían, echábamos el cuerpo para lados diferentes y a mí me

---

16   Obviamente, para la señora Margarita no era «la misma [agua] que hay en toda la casa»; el agua de la casa es una proyección de su espíritu y no puede tener una función utilitaria.

costaba atrapar sus palabras, que parecían llevadas por ráfagas des-encontradas. También detuvo sus pasos antes de subir a la pasarela, como si en ese momento tuviera miedo de pasar por ella; entonces me pidió que fuera a buscar el bote. Anduvimos mucho rato antes que apareciera el suspiro ronco y nuevas palabras. Por fin me dijo que en el barco había tenido un instante para su alma. Fue cuando estaba apoyada en una baranda, mirando la calma del mar, como a una in-mensa piel que apenas dejara entrever movimientos de músculos. La señora Margarita imaginaba locuras como las que vienen en los sueños: suponía que ella podía caminar por la superficie del agua; pero tenía miedo que surgiera una marsopa que la hiciera tropezar; y en-tonces, esta vez, se hundiría, realmente. De pronto tuvo conciencia que desde hacía algunos instantes caía, sobre el agua del mar, agua dulce del cielo, muchas gotas llegaban hasta la madera de cubierta y se precipitaban tan seguidas y amontonadas como si asaltaran el barco. En seguida toda la cubierta era, sencillamente, un piso mojado. La señora Margarita volvió a mirar el mar, que recibía y se tragaba la lluvia con la naturalidad con que un animal se traga a otro. Ella tuvo un sentimiento confuso de lo que pasaba y de pronto su cuerpo se empezó a agitar por una risa que tardó en llegarle a la cara, como un temblor de tierra provocado por una causa desconocida. Parecía que buscara pensamientos que justificaran su risa y por fin se dijo. «Esta agua parece una niña equivocada; en vez de llover sobre la tierra llueve sobre otra agua». Después sintió ternura en lo dulce que sería para el mar recibir la lluvia; pero al irse para su camarote, moviendo su cuerpo inmenso, recordó la visión del agua tragándose la otra y tuvo la idea de que la niña iba hacia su muerte.[17] Entonces la ternura se le llenó de una tristeza pesada, se acostó en seguida y cayó en el sueño de la siesta. Aquí la señora Margarita terminó el relato de esa noche y me ordenó que fuera a mi pieza.

Al día siguiente recibí su voz por teléfono y tuve la impresión de que me comunicaba con una conciencia de otro mundo. Me dijo que me invitaba para el atardecer a una sesión de homenaje al agua. Al atardecer yo oí el ruido de las budineras, con las corridas de María, y confirmé mis temores: tendría que acompañarla en su «velorio». Ella me esperó al pie de la escalera cuando ya era casi de noche. Al entrar,

---

17   La imagen de una niña que va hacia su muerte se había utilizado anteriormente en «El caballo perdido» y obviamente alude a la inmolación de la inocencia y la plenitud psí-quica que exige el contrato social.

de espaldas a la primera habitación, me di cuenta de que había estado oyendo un ruido de agua y ahora era más intenso. En esa habitación vi un trinchante. (Las ondas del bote lo hicieron mover sobre sus gomas infladas, y sonaron un poco las copas y las cadenas con que estaba sujeto a la pared). Al otro lado de la habitación había una especie de balsa, redonda, con una mesa en el centro y sillas recostadas a una baranda: parecían un conciliábulo de mudos moviéndose apenas por el paso del bote. Sin querer mis remos tropezaron con los marcos de las puertas que daban entrada al dormitorio. En ese instante comprendí que allí caía agua sobre agua. Alrededor de toda la pared —menos en el lugar en que estaban los muebles, el gran ropero, la cama y el tocador– había colgadas innumerables regaderas de todas formas y colores; recibían el agua de un gran recipiente de vidrio parecido a una pipa turca, suspendido del techo como una lámpara; y de él salían, curvados como guirnaldas, los delgados tubos de goma que alimentaban las regaderas.

Entre aquel ruido de gruta, atracamos junto a la cama; sus largas patas de vidrio la hacían sobresalir bastante del agua. La señora Margarita se quitó los zapatos y me dijo que yo hiciera lo mismo; subió a la cama, que era muy grande, y se dirigió a la pared de la cabecera, donde había un cuadro enorme como un chivo blanco de barba parado sobre sus patas traseras. Tomó el marco, abrió el cuadro como si fuera una puerta y apareció un cuarto de baño. Para entrar dio un paso sobre las almohadas, que le servían de escalón, y a los pocos instantes volvió trayendo dos budineras redondas con velas pegadas en el fondo. Me dijo que las fuera poniendo en el agua. Al subir, yo me caí en la cama; me levanté en seguida pero alcancé a sentir el perfume que había en las cobijas. Fui poniendo las budineras que ella me alcanzaba al costado de la cama, y de pronto ella me dijo: «Por favor, no las ponga así que parece un velorio». (Entonces me di cuenta del error de María). Eran veintiocho. La señora se hincó en la cama y tomando el tubo del teléfono, que estaba en una de las mesas de luz, dio orden de que cortaran el agua de las regaderas. Se hizo un silencio sepulcral y nosotros empezamos a encender las velas echados de bruces a los pies de la cama y yo tenía cuidado de no molestar a la señora. Cuando estábamos por terminar, a ella se le cayó la caja de los fósforos en una budinera, entonces me dejó a mí solo y se levantó para ir a tocar el gong, que estaba en la otra mesa de luz. Allí había también una portátil y era lo único que alumbraba la habitación. Antes de tocar el gong se detuvo, dejó el palillo al lado de la portátil y fue a cerrar la puerta que era el cuadro del chivo. Después se sentó en la cabecera de la cama, empezó a arreglar las almohadas y me hizo señas para que yo tocara el gong. A mí me costó hacerlo; tuve que andar en cuatro pies por la orilla de la cama para no rozar sus piernas, que ocupaban tanto espacio. No sé por qué tenía miedo de caerme al agua –la profundidad era sólo de cuarenta centímetros–. Después de hacer sonar el gong una vez, ella me indicó que bastaba. Al retirarme– andando hacia atrás porque no había espacio para dar vuelta–, vi la cabeza de la señora recostada a los pies del chivo, y la mirada fija, esperando. Las budineras, también inmóviles, parecían pequeñas barcas recostadas en un puerto antes de la tormenta. A los pocos momentos de marchar los motores el agua empezó a agitarse; entonces la señora Margarita, con gran esfuerzo, salió de la posición en que estaba y vino de nuevo a arrojarse de bruces a los pies de la cama. La corriente llegó hasta nosotros, hizo chocar las budineras, unas contra otras, y después de llegar a la pared del fondo volvió con violencia a llevarse las budineras, a toda velocidad. Se volcó una y en seguida otras; las velas al apagarse, echaban un poco de humo. Yo miré a la señora Margarita, pero ella, previendo mi curiosidad, se había puesto una mano al costado de los ojos. Rápidamente, las budineras se hundían en seguida, daban vueltas a toda velocidad por la puerta del zaguán en dirección al patio. A medida que se apagaban las velas había menos reflejos y el espectáculo se empobrecía. Cuando todo parecía haber terminado, la señora Margarita, apoyada en el brazo que tenía la mano en los ojos, soltó con la otra mano una budinera que había quedado trabada a un lado de la cama y se dispuso a mirarla; pero esa budinera también se hundió en seguida. Después de unos segundos, ella, lentamente, se afirmó en las manos para hincarse o para sentarse sobre sus talones y con la cabeza inclinada hacia abajo y la barbilla perdida entre la gordura de la garganta, miraba el agua como una niña que hubiera perdido una muñeca. Los motores seguían andando y la señora Margarita parecía, cada vez más abrumada de desilusión. Yo, sin que ella me dijera nada, atraje el bote por la cuerda, que estaba atada a una pata de la cama. Apenas estuve dentro del bote y solté la cuerda, la corriente me llevó con una rapidez que yo no había previsto. Al dar vuelta en la puerta del zaguán miré hacia atrás y vi a la señora Margarita con los ojos clavados en mí como si yo hubiera sido una budinera más que le diera la esperanza de revelarle algún secreto. En el patio, la corriente me hacía girar alrededor de la isla. Yo me senté en el sillón del bote y no me importaba dónde me llevara el agua. Recordaba las vueltas que había dado antes, cuando la señora Margarita me había parecido otra persona, y a pesar de la velocidad de la corriente sentía pensamientos lentos y me vino una síntesis triste de mi vida. Yo estaba destinado a encontrarme solo con una parte de las personas, y además por poco tiempo y como si yo fuera un viajero distraído que tampoco supiera dónde iba. Esta vez ni siquiera comprendía por qué la señora Margarita me había llamado y contaba su historia sin dejarme hablar ni una palabra; por ahora yo estaba seguro que nunca me encontraría plenamente con esta señora. Y seguí en aquellas vueltas y en aquellos pensamientos hasta que apagaron los motores y vino María a pedirme el bote para pescar las budineras, que también daban vuelta alrededor de la isla. Yo le expliqué que la señora Margarita no hacía ningún velorio y que únicamente le gustaba ver naufragar las budineras con la llama y no sabía qué más decirle.

Esa misma noche, un poco tarde, la señora Margarita me volvió a llamar. Al principio estaba nerviosa, y sin hacer la carraspera tomó la historia en el momento en que había comprado la casa y la había preparado para inundarla. Tal vez había sido cruel con la fuente, desbordándole el agua y llenándole con esa tierra oscura. Al principio, cuando pusieron las primeras plantas, la fuente parecía soñar con el agua que había tenido antes; pero de pronto las plantas aparecían demasiado amontonadas, como presagios confusos; entonces la señora Margarita las mandaba cambiar. Ella quería que el agua se confundiera con el silencio de sueños tranquilos, o de conversaciones bajas de familias felices (por eso le había dicho a María que estaba sorda y que sólo debía hablarle por teléfono). También quería andar sobre el agua con la lentitud de una nube y llevar en las manos libros, como aves inofensivas. Pero lo que más quería, era comprender el agua. Es posible, me decía, que ella no quiera otra cosa que correr y dejar sugerencias a su paso; pero yo me moriré con la idea de que el agua lleva adentro de sí algo que ha recogido en otro lado y no sé de qué manera me entregará pensamientos que no son los míos y que son para mí. De cualquier manera yo soy feliz con ella, trato de comprenderla y nadie me podrá prohibir en que conserve mis recuerdos en el agua.

Esa noche, contra su costumbre, me dio la mano al despedirse. Al día siguiente, cuando fui a la cocina, el hombre del agua me dio una carta. Por decirle algo le pregunté por sus máquinas. Entonces me dijo:

—¿Vio que pronto instalamos las regaderas?

—Sí, y... ¿andan bien? (Yo disimulaba el deseo de ir a leer la carta).

—Cómo no... Estando bien las máquinas, no hay ningún inconveniente. A la noche muevo una palanca, empieza el agua de las regaderas y la señora se duerme con el murmullo. Al otro día, a las cinco, muevo otra vez la misma palanca, las regaderas se detienen, y el silencio despierta a la señora; a los pocos minutos corro la palanca que agita el agua y la señora se levanta.

Aquí lo saludé y me fui. La carta decía:

> «Querido amigo: el día que lo vi por primera vez en la escalera, usted traía los párpados bajos y aparentemente estaba muy preocupado con los escalones. Todo eso parecía timidez; pero era atrevido en sus pasos, en la manera de mostrar la suela de sus zapatos. Le tomé simpatía y por eso quise que me acompañara todo este tiempo. De lo contrario, le hubiera contado mi historia en seguida y usted tendría que haberse ido a Buenos Aires al día siguiente. Eso es lo que hará mañana.
>
> »Gracias por su compañía; y con respecto a sus economías nos entenderemos por medio de Alcides. Adiós y que sea feliz; creo que buena falta le hace. Margarita.
>
> »P.D. Si por casualidad a usted se le ocurriera escribir todo lo que le he contado, cuente con mi permiso. Sólo le pido que al final ponga estas palabras: Esta es la historia que Margarita le dedica a José. Esté vivo o esté muerto.»

Thank you for acquiring

LAS HORTENSIAS Y OTROS CUENTOS

from the
Stockcero collection of Spanish and Latin American significant books of the past and present.

This book is one of a large and ever-expanding list of titles Stockcero regards as classics of Spanish and Latin American literature, history, economics, and cultural studies. A series of important books are being brought back into print with modern readers and students in mind, and thus including updated footnotes, prefaces, and bibliographies.

We invite you to look for more complete information on our website, **www.stockcero.com**, where you can view a list of titles currently available, as well as those in preparation. On this website, you may register to receive desk copies, view additional information about the books, and suggest titles you would like to see brought back into print. We are most eager to receive these suggestions, and if possible, to discuss them with you. Any comments you wish to make about Stockcero books would be most helpful.

The Stockcero website will also provide access to an increasing number of links to critical articles, libraries, databanks, bibliographies and other materials relating to the texts we are publishing.

By registering on our website, you will allow us to inform you of services and connections that will enhance your reading and teaching of an expanding list of important books.

You may additionally help us improve the way we serve your needs by registering your purchase at:
http://www.stockcero.com/bookregister.htm

CPSIA information can be obtained at www.ICGtesting.com
Printed in the USA
LVOW060140140112

263757LV00002B/60/P